日本の家族

身の上相談に見る夫婦、百年の変遷

有地 亨・植木とみ子

海鳥社

はじめに

いまあなたは結婚に何を求めていますか？　自分の育ってきた家族のこと、これから作るべき家族のことをどのように考えていますか？

これは明治の終わり、大正時代を経て昭和の第二次世界大戦が終わるまでの、つまり二十世紀前半、皆さんの祖父母、曾祖父母の時代の愛と結婚の、そしてそのなかで育った子どもたちの物語です。

その頃、男性は平均二十七歳、女性は二十三歳で結婚していました。今では男性三十歳、女性二十八歳が平均の初婚年齢です。この五十年間に男性は三年、女性は五年、結婚するのが遅くなったのです。二十代後半の女性を見ると、一九二〇年代には結婚してない人は一〇％以下だったのですが、二〇〇五年になると五九％と半数以上の女性がまだ結婚していないのです。当然そのまま一生結婚しない女性も増えています。この傾向は男性も同じです。

子どもの数を見ると、以前は一家族平均四、五人、つまりきょうだいもたくさんいたのですが、今では二人以下、一人っ子の家族も多数あります。結婚しても子どもを作らない夫婦もかつてと比較して、ずいぶん多くなっていますよね。それまでほとんど変わらなかった日本の家族の形が、この五十―百年の間にずいぶん変わってしまったのです。そして、わが国は、世界のなかでも超少子化社会になってしまいました。

では、その家庭生活はどうでしょうか。

いま皆さんは恋愛関係なしに結婚するなんて想像できないでしょう。でも以前は、相手の顔もよく見ないで結婚するということはよくあることでした。そして多くの女性が相手の「いえ」に入り、〝しゅうと〟、〝しゅうとめ〟、なかには〝こじゅうと〟たちもいるかも知れません、まったく縁のなかった人たちとの同居が始まります。立場は〝嫁〟、あくまでもよそ者です。嫁として婚家の人たちに仕え、当時は農家が大部分ですから、家事のかたわら野良仕事を手伝い、その間に子どもを四、五人産むのです。

家事がどんなものだったか想像してみましょう。

今のようにどの家にも電気、ガス、水道が引かれているわけではありません。朝起きてまず、井戸からの水汲みが大きな仕事、つぎにかまどの火おこし。食事も冷凍食品やレトルト食品はありませんので、すべて手作り。みそ、漬物などの保存食も自家製です。洗濯機もありませんから、洗濯板でごしごし手洗い、力一杯しぼって戸外で乾かします。もちろん着物や衣服もデパートで買えるわけではなく、ほとんどは自分で縫わなければなりません。その他季節の変わり目には、布団の綿の打ち直しなどの大仕事もあります。

晩秋のある晴れた日、布団の打ち直しのために家のなかには白い綿が一面に敷かれ、まるで雲の上のようです。母が着物を解いて洗って、伸子張《しんしばり》を刺して干している様が目に浮かびます。これが新しい布団のがわになるのです。子どもたちは大はしゃぎ、私の子ども時代でもこのような光景はまだ残っていました。農村婦人じゃなくても、主婦の仕事は朝から晩まで目の回るような忙しさでした。

このような生活のなかで、夫婦、親子の人間関係はどうだったのでしょうか。まず恋愛結婚なんてほとんどありませんでした。信じられないでしょうが、〝愛〟という感情はそれまでの夫婦の間にはあまり知られていない感情だったのです。恋とか愛は男性が、家庭の外で遊びで語る色ごとという位置づけだったようです。夫婦の間では、夫と妻、それぞれがそれぞれの役割をきちんとこなすことの方が重要だとされていたのです。

親子の間ではどうだったでしょうか。親と子の間でも親密な関係はなく、だいいち親は忙しいですから、現在のように子どもをかまう時間もありません。子どもは幼い頃から、大家族のなかで祖父母やきょうだいを見よう見まねで基本的な生活習慣を学び、少し大きくなると地域の子ども集団や大人たちから遊びや仕事を通して、社会的な常識を学びました。親にとっては、子どもは大切に育てるべき対象であるというより、「いえ」を守るためのあとつぎや労働力だと考えられていました。親は子どもを自分の思い通りにできる権限を持っていたのです。どうも今の私たちの家族の間にある、またはあるべきだとされている感情とは大分異なっています。しかしほとんどの人は普通に結婚し、当たり前に家庭生活を送っていました。

さて現代、はじめに述べましたが、今、晩婚、非婚の男女が増えています。それでもほんとうはまだ九割の人たちは「いずれは結婚したい」と考えているのです。結婚に関する情報誌がたくさん創刊され、すてきな結婚を夢見る若い人たちがどんどん買って読んでいます。しかし実際になかなか結婚に踏み切れないのには、いろいろな理由があります。結婚をあまりにも理想化しているので、現実の相手を見つけられない場合もありましょう。反対に親の結婚や家庭生活を見ているので、あんな結婚はしたくないと思っている場合もありましょう。シングルでいることにあまり不便を感じていないので、真剣に結婚を考えていない人もいるでしょうね。またそもそもきっかけとなる男女の出会いがなかったり、あっても付き合い方が分からないのかもしれません。

さらに結婚生活をはじめても、夫婦のコミュニケーション不足や親子の意識のずれなどから、離婚の増加や子どもの非行の問題は深刻ですし、家庭内で起こる悲惨な事件も後を絶ちません。また、家庭できちんとしたしつけができていないために、子どもたちに基本的な生活習慣が身についていない、社会性がなくなったということも大きな社会問題となっています。昨今、頻発する若年者による凶悪犯罪も、その背後には、このような家庭の問題が潜んでいることも少なくありません。これらの社会現象は、男性と女性、夫婦、親子が相互に理解し合い、ほんとうに暖かい家庭を作りたいと願っているのに、それがうまくいっていないことを示しているのではないでしょうか。

結婚、家族の形はこの五十年間にずいぶん変わりました。では良くなったのでしょうか、悪くなっているのでしょうか。たった五十年前の家族、それなのに私たちはその家族のこと、その家族がどんな過程を経て現在のようになったのかを全く忘れて、理想の配偶者像を追い求めたり、親子の関係はどうあるべきかを模索したりしています。

たまに戦前の家族の方が夫婦親子の秩序がきちんとしていてよかったと、郷愁を感じておられる方もいらっしゃいます。ほんとうにそうなのでしょうか。戦前の人たちはその家庭生活のなかでいろいろなことに耐えて生きていました。なんとかその状況を変えようとしている人も多くいました。家族や家庭が悩みの多い対象であることは、五十年たった今とあまり変わりがないのかもしれません。では当時、いったい家族のなかの何が問題で何をどう変えようとしていたのでしょうか。現在から振り返って、本当はどう変わらなければならなかったのでしょうか。

本書では、約百年前のさまざまな家庭の悩み相談を紹介しますが、なかには、百年前の人たちの投書とは思えないほど、現在の私たちと同じような悩みを抱えている人がいます。また、当時変えなければならないと言われながらも、今でも変えなければと言われ続けている因縁深い家族制度も見受けられます。こうやって見ると、家族のあり方は大きく変化した一方で、それを形作る私たちの意識や社会の因襲がいかに変わっていないかということに驚かされます。

ですからこの辺でもう一度、この結婚と家族の歴史をきちんと振り返って、これらの反省から私たちはどのような結婚が望ましいのか、ほんとうに夫婦、親子の関係はどうあるべきなのか、望ましい関係を作るにはどうすればよいのかなどを、この歴史を通して考えてみるのはいかがでしょうか？

なんといっても、私たちの生きる基盤は自分の生まれた家族、自分の作る家族にあるのですから。

本書は私の恩師、有地亨九州大学名誉教授が亡くなるときまで執筆されていたものが基になっています。これを刊行することを先生は心から願っておられましたが、志半ばにして残念ながら命の炎は尽きてしまいました。それで、私が遺稿をお借りして、少し手を入れて、また少し書き足して完成させていただきました。さらに現代の人たちにできるだけ多く読んでいただきたいと思い、表記などを多少アレンジしています。

「私は近代人とは真に自己の確立をした者のことだと思います。しかし、戦前の日本には『家制度』において個人が抑圧されているなかで、残念ながらそのような素地はありませんでした。そのために、あの第二次世界大戦中にレジスタンス運動が起こらず、ほとんどの日本人が浮かれたように戦争遂行の国策に進んで参加していったのです。戦後はどうかというと、『家制度』はなくなり核家族となって、個人は自由になったかに見えますが、今のマスコミの報道のありかたや世論の形成のされかたなどを見ていると、やはりいまだに多くの日本人には近代人としての自己確立はなされていないように思われます。それはなぜなのでしょうか」

先生はつねづねこのようなことを仰っておられました。この疑問が、先生の幅広い精力的なご研究の底流をなすものだったと、私は理解しています。

じつは私が学生時代、先生から「君は新しい制度、ありかたを研究しており、それを実践しようとしているのに、心のなかにとても古い部分を持ち続けているようだね。その点でいろいろ辛いこともあるだろうね」と言われたことがありました。私は女性ではありますが、個人としての自立した生き方を目指しながら、やはりこれまでの「いえ」や親の期待とうまく折り合いをつけつつ何とかしていこうとしていました。しかしなかなかうまくいくものでもなく、つねに家庭問題をかかえていました。このことをズバリ指摘されたのです。

私自身がこの近代人におけるジレンマを抱えていましたので、先生のご研究は、そのまま私自身の研究でもありました。先生のこの原稿をぜひ世に送り出したい、それはまた私自身の思いでもあります。

ちょっと大きなことを言うようですが、私たちが、次の世代を育て、きっちりと文化を伝えていくこと、私はこれこそ、私たちが生かされている使命であると考えます。そのことを全うするためには、どのような家庭環境つまり夫婦親子の関係があれば良いのか、この根源的な問題を本書を通してみなさまとご一緒に考えて行くことができれば幸いです。

植木とみ子

二〇〇八年五月十五日

日本の家族◉目次

私たちの家族物語

植木とみ子

福岡県上毛郡黒土村（現・豊前市）での蚕種製造所の風景、1927（昭和２）年（写真提供・益田啓一郎氏）。当時、黒土村は製糸業がさかんであった。家族を中心としながらも、近隣の人々を雇用している。急激な発達で自らの家を作業所としての作業風景か。家庭はもともと生活の場であるとともに生産の場でもあったが、このようにして農村にも徐々に商品交換経済が浸透してきて、家族の機能が縮小されていく。

「家制度」

みなさんは「家制度」という言葉をご存じでしょうか。

我が国では戦国時代の頃から武士がその身分を安定的に持続させるために、領地や家来などに対する権利を嫡出の男子が単独で相続する習慣を確立しました。また土地を持った百姓など一般庶民の間にも、その農地を保持し家族経営を永続させるためにこの慣行は広まり、家長となる者が家の財産を一括して相続するということが普通に行われるようになりました。

明治時代になると、この「いえ」に国を構成する最小の単位としての位置づけがなされ、国民を把握するための戸籍は「いえ」単位で作られました。さらに、明治民法は「いえ」の長に「戸主権」を与え、家族員の身分に対し、たとえば結婚を許可するとか、子どもを勘当するといった様々な権限を持たせるとともに、「いえ」の財産は戸主＝家長に一括相続させるという「家督相続」を規定しました。これが「家制度」と言われるもので、この制度が今から六十年前の民法改正のときまで維持されていたのです。

今の民法では「家制度」は廃止され、戸主権、家督相続はなくなり、ご存じのように家族員はみな平等で、相続も均分相続になりました。しかし、いまだにこの「いえ」は私たちの身の回りにいろいろな形で残っています。

たとえば結婚式に際しては「〇〇家と〇〇家の結婚披露宴」と印刷された案内状が届くことが多いですし、お墓だって日頃は核家族でお先祖様を意識したことはなくても、その時になれば「〇〇家の墓」に入ることになる方が圧倒的に多いのではないでしょうか。

ところで、それでは戦前には「家制度」は民法が期待していたようにきちんと機能していたのでしょうか？ところがどうもそうではないようです。明治時代の国の産業の飛躍的な発展により、「家制度」の基盤であった村落の中にも商品交換経済が浸透し、一方では産業の担い手として農村を離れる者が出てきたり、また農村内部でも、たとえば農機具など個人で買えるようになって、すべてを人の力に頼り共同で働かなければならないという状態ではなくなってきます。こうなると村落共同体、ひいてはそれを構成する個々の「いえ」の拘束力も弱くなってきます。

新聞の身の上相談からは、すでに大正時代には社会の発展とともに伝統的な「いえ」が崩壊し始めている、そんなことが推測される訴えがたくさんあります。「いえ」のあととりという地位は窮屈だから、なんとか分家をして自由な暮らしが出来る方法がないかと模索したり、親の農業経営を引き継がず都会に出てサラリーマンになることを望んだり、かといえば、家長の中にも同居している息子の嫁にセックスを迫るなど、その権威を失墜させるような不埒なものがでてきたり。しかしこのような社会の動きを察知しながらも、これまで何百年も伝統的に続いてきた中規模あるいは大規模の農家の家長たちが、「いえ」を継ぐ意志のない子どもたちを嘆く声も聞かれます。

さらに昭和の初めの世界恐慌は、農産物価格の暴騰という形で我が国にも多大の影響を及ぼし、引き続いた凶作、風水害、冷害などの自然災害で農村の大多数は壊滅的な被害を受けました。農家の生活苦が原因で口減らしのために「いえ」を追い出される嫁もいました。自分の耕作地を持たない次三男の窮乏生活はわずか一反の小作地を争い、まるで「血で血を洗う」ような様子だったということです。いやおうなしに、「いえ」の崩壊は加速されたのです。

このような状況下で、すべての財産をただ一人の家督相続人にだけ相続させるのは、他の子どもたちに酷だということで、昭和の初めに相続法の改正の提案がなされました。しかしこれに対しては、まだ農民が大多数であった当時の日本では農業経営が成立しなくなるという反発が多く、結局は家督相続を多少緩和して、次三男にも家を維持するのに必要な財産のあまりの部分を分配することが出来るという、なんとも中途半端な改正に終わりました。

さてこの時代の村落の中で、子どもはどんな生活をしていたでしょうか。

生まれた子どもの守りは、今のようにおもに母親が一手に引き受けるというのではなく、兄や姉、近所や親戚の子が子ども仲間として集団でみていたようです。そういえばその名残でしょうか、私も小学校一、二年の頃まで、近所の赤ちゃんをおぶいひもで背中にくくりつけられ、そのまま遊んでいた記憶もありますよ。赤ちゃんがお漏らしすると背中がじわっと暖かくなってすぐ気がつきます。そんな習慣はいつ頃からなくなったのでしょうか。

貧しい家庭の女の子は、裕福な家に専門の子守りとして雇われるということもありました。六、七歳から十二、三歳までの女の子が子守りにちょうど良いとされ、その後は家事手伝いとして働きました。さらにこの年頃の男の子は、大工や左官の見習いとして奉公に出されるものも多かったそうです。

子どものしつけは物心がつく頃から始められます。基本的には家庭で親の言いつけを守ること、善悪の判断などについて、親や祖父母、きょうだい、子守りからしつけられ、三、四歳になって子守りがいらなくなると、子ども仲間の遊びの中で、変なことをすると「恥ずかしい」ということを学びました。このように子ども集団で互いに学び合うことを「群れの教育」といいます。七歳にもなると、奉公に出たものは奉公先で立ち居振る舞いまでみっちり鍛えられ、村に残った子どもたちは子ども組の中で、草履作りや縄ない、草刈りなど集団で労働することにより、他人から後ろ指をさされないよう行動することを、村の人たちから教えられました。その後、男の子も女の子も十三、四歳になると畑仕事や機織りなどの仕事をさせられるようになり、一人前になる準備を始めます。たいていは十五歳になれば一人前として認められ、これ以後男の子は若者組、女の子は娘組で村付き合いを学びます。

というわけで、子どもに対するしつけは親、仲間、村人等により重層的、系統的に行われます。また早くから一人前の大人として扱いますから、今日高校生や大学生がそれなりの年はとってもまだ幼い感じで、独立した人間とは考えられていないのとは、大きな違いがあります。ただしこれは子どもの人権を考えた上できちんとしつけをしていたというよりも、村落共同体の中で互いに衝突することを避けて生きていくための方策としての、村の人たちの共通の価値観や慣習を教え込むという面が強かったということは、考えておかなければならないでしょう。しかし、このような共同体内でのしつけや見習いの慣行は、学校教育が普及した明治の終わり頃には衰退してしまいました。

私の子ども時代、昭和の二十年代ですが、夕方遅くまで外で遊んでいると、「人買いがくるよ」とか「サーカスに売られるよ」などと言って親から叱られた記憶があります。後に、我が国でも実際にこのような風習が昭和の初めまであったということを知り、ほんとうに驚きました。

とくに貧しい農家などでは親が前金をもらって、子どもを他の裕福な農家や商家に売ったり、娘を芸、娼妓などの売春関係に従事させたりすることもありました。また、新聞の身の上相談にも娘本人から、親が自分を売ろうとしているがどうしたらいいかなどの相談も寄せられています。親の生活が苦しいのが原因ですが、子どもは親のもので親の言うことを聞かなければならないという、子どもの人権無視の状況がありました。

このことに関しては、現代でも子どもを保険金目当てで殺害する親がいます。また親が子どもを道連れに無理心中する事件もなくなりません。たとえそこまではいかなくても、子どもの思いとは関係なく過剰な期待をかけて、自分自身の夢を実現しようとする親は多いのではないでしょうか。ここに、このような戦前の、子どもは親のものという意識が尾を引いているということはないでしょうか。実際は子どもは親とは別人格で、子ども自身が守られるべき自己実現の権利を持っているのです。

さて、結婚についても農村社会ではけっこう厳しい決まりがありました。若い男性は若者宿で、若い女性は娘宿で共同の活動をして、またいっしょに夜なべや神事をすることもありました。この中で男女は出会うのです。今で言えば、合コンのようなものですね。今と違うのは、男女はここで知り合って、つぎに〝よばい〟へと進むのですが、これは正式な結婚に至るひとつの儀式のようなもので、この性関係を持つときには村中が関心を持って見守っているということです。だからもしどちらかが不誠実なことをしようものなら、賠償金を払わなければならなかったり、なんらかの制裁を課されます。〝よばい〟といっても、けっして今のような自由気ままな男女の関係ではなかったのですよ。

しかし、若者がしだいに農村から離れて都会に出たり、また農村の上層階級では同じような家格の相手を探さなければならないとなると、同じ村の中では結婚相手を見つけられなくなります。このようなことからだんだんと村の中での結婚は少なくなり、遠距離の人たちとの結婚が増えてきました。

いっぽう、明治政府が国として力を増していく中で、村落の自治に関しては若者組などに任せるのではなく、国家的な統制下に置くこととしました。若者組は、一九一〇（明治四十三）年頃から着々と青年団という組織に再編され、同じ頃、女子についても娘宿が、処女会という組織に衣替えをさせられました。これらは村落の自治のためというより、国の「教育勅語」や良妻賢母教育の普及のために組織されたものでした。

このような流れの中で、村の自治組織は徐々に弱体化し、若者の結婚や子どものしつけに関しても、これまでの村落共同体の統制はだんだんと効かなくなってしまったのです。それとともに〝よばい〟の慣行も衰退してしまいました。

恋愛の登場

「いえ」や農村共同体の束縛からすこし解放された男性と女性は、現代のみなさんのように自由に恋をして結婚をすることができるようになったのでしょうか？　答えはノーです。

まず「恋愛」という感情について考えましょう。この「恋愛」は厳密にいうとじつは百年前まで私たちの国では知られていなかった感情なのです。

「恋」という言葉も、「愛」という言葉も昔からありました。「恋」は異性に身も心も引かれるという意味、「愛」は男が女を大切にしてかわいがるという意味に使われていたようですが、それ以上に積極的にお互いが求め合うという感情はなかったといわれています。

明治になって西欧から「ラヴ」という言葉が輸入され、この言葉を翻訳するために「恋愛」という言葉を作りました。「恋愛」という言葉は一八八九（明治二十二）年頃から登場するのですが、このときはじめて「異性がお互いに求め合う」という気持ちが登場したといってもいいでしょう。まさに、「はじめに言葉ありき」、それによって私たちの感情も作られていくものなのです。

しかしこの「恋愛」という言葉の意味も、初めのうちは様々に解釈されていました。「恋愛は人間が人生を賭けるにふさわしい精神現象で、これこそが純粋の愛である」、つまりセックスを伴わない精神的な愛情だけの恋愛が本物であるという考えを主張する人たちがいました。反対に、「恋愛は道徳的なものだが、恋愛にはかならず生理的要求を伴うので、恋愛を完全なものにするにはセックスで確認しなければ本物ではない」、つまり恋愛とセックスは一体だと主張する人たちもいて、どちらかというとこちらの方が多数派でした。今から考えれば「なんと可愛らしい議論」と思われるでしょうが、当時の思想家、評論家と言われる人たちが、本気でこのような議論を戦わせたのです。それだけ、「恋愛」という感情は、日本人にとって目新しいものだったと言えるでしょう。

ところで、結婚は女性にとってセックスが許容される大変重要な条件であると考えられていましたから、結婚前にセックス経験のある女性は傷物とみなされました。そこで恋愛とセックスが一体であるならば、恋愛そのものも女性にとってはあってはならないものと考えられる傾向にありました。つまり、恋愛ではセックスの面が強調され、結婚では処女、純潔の部分が強調され、いずれにしろ、恋愛が持ち上げられれば持ち上げられるほど、結果的に結婚における精神的な愛情の部分が軽んじられるという、皮肉なことになったのです。

結婚の主流が恋愛結婚にはならず、見合い結婚であるという状態が長く続くのには、このような理由があったのです。しかし世の中、流れは止まりません。大正時代ともなるとこの恋愛思想はだんだんと若い男女の間に広まり、交際をしてみて自分で選んだ人と結婚したいと願う若者たちも、少しずつではありますが登場し始めます。

身の上相談には、「交際している人がいるけれども、最近になって自分にはいいなずけがいることを親から聞いた。どうすればよいだろうか」、「恋愛して婚約中だが、相手の男性がセックスを迫ってくるので、困っている」、結婚前にセックスを経験した女性から、「その人とは死に別れたので、今では他の男性と結婚したいとの気持ちがあるが、処女でないために踏み切れない」、「女性の方から男性に愛を告白することは許されないのか」、「将来を約束した方があまりにも立派なので、愛すればこそその方に自分の身内のことなどで負担をかけるのが辛い」といった悩みが寄せられています。

形は違うけれども、いずれも結婚する前の交際の段階での恋愛感情に関する諸問題といったところでしょう。でも今の若い人たちからみれば、「なんてウブなんでしょう」と一笑されかねませんね。それほど「恋愛」は百年前の人たちにはなじみの薄いものだったのです。

結婚してからの身の上相談には、親に勧められるまま相手をよく確かめもせず結婚したため、不和になったというものがほとんどです。当時は見合いといっても形式的に一、二度会うだけです。交際して愛情を育む暇もなく、見合いの時には親同士すでに結婚は決められており、実際の見合いの場は当事者の顔見せのようなものでした。その結果、当事者の思惑と異なり、別居したり離婚したりする夫婦も多かったのです。

このような結婚を、「維新以来旧来の制度や慣習が破壊されただけで、いまだ新しい秩序も成立せず、家庭内の風儀も混乱してしまった」と言って、嘆く論者がいました。結婚という人生の中で大変重要な儀礼に際して、極論すれば犬の子や猫の子を貰うように無造作なやり方が、離婚のことをも無造作に考えるようにさせると指摘しています。

欧米人は日本人の結婚について、愛がないのに結婚する見合い結婚を不思議がっていますが、愛なくして見合いで結婚しても、結婚してから愛し合うことを学ぶことができるという論者がいます。反対に、「結婚初夜を愛なくして始めるというのは、まるで獣の性交と変わらないではないか」と、見合い結婚を強姦結婚であるなどと激しく批判する学者もいました。明治末から昭和にかけて結婚の新しいあり方をいろいろ模索している姿が窺えます。

さて、見合い結婚がほとんどである当時において、それでは愛はどのように育まれたのでしょうか？　身の上相談では、夫から「結婚後に妻が処女でなかったと告白したために、今では妻を愛せなくなり、もんもんと苦しんでいる」といったものがありました。これは結婚後ですら、夫はあくまでも家柄とか財産、妻の処女性など形式的なことにこだわって、妻に対してはそれらしい愛情もまだわいていないという、当時の一般的な夫婦関係を代表するものであるといえるでしょう。

それでも大正時代になると、結婚生活の中に愛情を求めるけれども相手がそれに応えてくれないとの、妻や夫のつぶやきが聞こえてくるようになります。「夫は温厚で優しく、人格高潔だが、結婚してしばらく経つけれども、打ち解けることも、夫婦らしい親しみもない」「別に不自由なく暮らしているが、自分たちの生活が平凡に思える。夫は非常に冷ややかで、愛というものを持っていないようだ」という妻側からの身の上相談や、「妻はあまりにも従順で、世間のしきたりに機械のように従うだけなので、面白みもなく愛情もわかない」という、夫側からの妻に対する苦情がよせられています。夫も妻も、お互いに結婚生活で相互の愛情や理解が必要だと思い始めているのですが、見合いからいきなりいっしょに生活を始める中で、どのように胸の内を開いて率直に話し合いをするのか、その糸口を見いだせないでいる夫婦の姿が見られます。

このような状況の中で、一九一五（大正四）年、今から九十年前、「結婚は愛が先か」、つまり恋愛結婚と見合い結婚のいずれがいいのか、に関して「読売新聞」紙上で大激論が戦わされました。十人以上の有名人と読者の意見が次々に紙上で紹介されます。詳しくは後章で読んでいただくことにして、結論を簡単に述べますと、おおかたの意見は見合い結婚に軍配が上がりました。

当人同士が理解し合い永続する愛に基づく結婚が必要であるという、恋愛結婚賛成派もいましたが、残念ながらこちらは少数派でした。男女は愛し合って結婚するのが理想だが、今の状況では、若い男女が知り合って交際する機会も少ないし、自分で夫を選択するだけのしっかりした考え方をもった女性も少ないので、親や兄弟の選択にまかせて、それを自分が気に入るなら同意して結婚するのがよいだろうというのが、有識者の多数意見でした。読者の多数意見も、結婚において愛情を重視すると盲目的な感情に支配されて危険であるというものでした。

この議論の中では、結婚における愛の問題は、結婚時における愛の問題として限定的に捉えられ、結婚後の愛情はどうあるべきか、愛情をどう育てればよいかなどについては、扱われませんでした。まだまだ当時のみなさんの考えはそこまでは及んでいないようです。

さあ、現代のみなさんたちはこんな形での結婚がいいと思われますか?

恋愛と結婚

大正の初めは見合い結婚が主流でした。また当時の結婚では女性の側の純潔、処女性がとても重要な条件として考えられていました。しかし恋愛では愛情を確認するためにもセックスは許されると考えられていましたから、恋愛結婚が推奨され一般化するためにはこの関係が少し整理される必要がありました。

この問題について、一九一四(大正三)年から一九一五年にかけて「貞操論争」と言われる議論が雑誌や新聞紙上で戦わされています。有識者の意見には「女性が処女を捨てるのは、食べるため生きるためには仕方のないこともある」とするものから、「セックスは恋愛と一体化して初めて意味を持つもので、両者が切り離されると、たとえ生きるためであっても肉体の切り売りであり、売春婦と変わらない」とするものまであります。後者の立場からすれば、愛情の存在しない当時の夫婦関係では、セックスはまさに肉体の切り売りにほかならないわけです。

さらに、愛情のある夫婦の間では貞操の観念は当然の気持ちとして生じるものであり、またこれは夫も妻も同様に守るべきものだという主張もあります。一般の読者からは、「因襲にしたがって親の命ずるまま愛のない結婚をするところに、不貞や離婚が多く生じる原因があります」と、因襲や形式にとらわれた結婚を排斥し、男女ともに愛情に基づいた結婚をするべきだ、つまり恋愛結婚推進派の声も寄せられています。

この「貞操論争」を通してマスコミの上では、現代では当然とされているように、貞操は夫婦間で平等に守る義務があると論じられましたが、当時の実際の社会はそのような甘いものではありませんでした。そもそも法律自体、明治民法では夫は妻が姦通をしたらすぐに離婚ができたのですが、妻の方からは夫が姦通してもそれだけではだめで、姦淫罪で処罰を受けた時だけ離婚することができたのです。当時の刑法では、男性は姦通をしただけでは罪にはなりませんでした。夫のある女性と姦通しそのことで相手の夫から訴えられた時だけ、姦淫罪として処罰されることになっていたのです。どうですか、たった六十年前までこのような不平等な法律が実際にあったのですよ。

それで大正時代には、一般には貞操を守る義務は妻に対してだけ厳しく要求され、夫婦の愛情のありかたはほとんど問題にされませんでした。しかし、貞操は女性だけではなく男性にも守ることが要求されるべきだとの男女平等の貞操観が、はじめは有識者からでしたが、徐々に一般の人たちにも受け入れられ始めました。さらに一九二六年には大審院、今の最高裁判所にあたりますが、ここでも画期的な判断が下されました。なんと、法律上の姦通に関する男女の不平等規定は「古来の因襲に胚胎する特殊の立法政策に属する規定」として、これがあるために妻が夫に対して貞操義務を要求できないということではないと、妻からの夫に対する貞操要求を認めたのです。

昭和の時代になるとこのような男女平等の貞操観はより進化し、愛なくして貞操を守る義務は問題にならないと、ある有識者は主張します。しかし現実の社会では「妻以外の女に子を産ませた男は妻に捨てられても困らないけれども、夫以外の男によって子を産んだ妻とその子はともに闇であり、再婚も就職もできず、肉親からも捨てられる」という状況がありました。世間ではまだまだ妻の貞操は絶対的とされていたのです。

結婚前の妻の性関係については、処女でないことを告白した妻からの身の上相談があります。夫は承知の上で結婚したのに、その後の自分の浮気を、処女でなかった妻のせいにするのです。

一九四〇（昭和十五）年、太平洋戦争の勃発直前でしたが、「読売新聞」紙上で「当世女大学座談会」が開かれました。ここで結婚前の妻の性関係に関して告白すべきか否かが話題になっています。正直に告白した結果悲劇が起こったという事例が数多くあり、妻の夫に対する告白はタブーだとするのが、論者たちの一致した見解でした。これらのことからして、結婚の条件として処女であることはとても重要で、まだまだ女性には結婚前の自由な恋愛は禁じられているに等しいものでした。

つぎに結婚における当事者の意思は、重要な条件だったのでしょうか？

これまで述べてきたようにマスコミ上では、愛情、恋愛、貞操などの問題が活発に論議されているのですが、でも何度も言うように実際はほとんどの人は見合い結婚をしています。それではこの見合い結婚において、相手方を選ぶ場合に当事者の気持ちはどの程度重視されていたのでしょう。

身の上相談によると、女性の場合には大正の初めから昭和に入っても、親の勧めるままに結婚したけれども夫婦の情愛がわかず後悔をしているというケースがたくさんあります。男性にもこのような悩みを相談する人がいて、「男だったらもっとしっかりしろ！」と言いたくなるのですが、この時代では仕方のないことだったのでしょうか。そうは言っても一九三五年頃には、数少ないけれども自分の意思をはっきり述べて、父親に対して恋愛をするのがそんなに悪いのかと反抗し、自分の好きな人と結婚したいという相談が登場します。時代は確実に進展していようです。

一九三〇年、「文藝春秋」紙上で、菊池寛、徳田秋声など当時の文壇のスターたちが、「見合い結婚と恋愛結婚のどちらが優れているか」について話し合っています。今で言えば、三谷幸喜や村上春樹みたいな売れっ子作家だと思いますよ。この方たちの認識は、親が家柄とかで勝手に決めるという結婚は少なくなっているけれども、親がある程度選択してやって見合いをさせるというのが一般的だということです。一九一五年「読売新聞」の「結婚は愛が先か」の論争の時に識者の間で望ましいと推奨されていた形が、十五年後のこの時期にはようやく一般的になってきたようですね。しかしまだ見合いをしてから交際をしてみて、本人が決めるというところまではいっていないようです。

この十年後、一九四〇年「大阪朝日新聞」紙上での討論会では、若い人たちは見合い後の実質的な交際期間を重視しているのに対して、年輩者はこれに反対で結婚前の若い者同士の交際は危なっかしくて見ていられないと言っています。新旧の考え方の違いがでてきました。だんだんと見合い後に交際してみるという形式が拡がっていく予感がします。

さて、見合い結婚の場合、とくに女性は何を基準にして相手を選んでいたのでしょうか？　今だったらさしずめ「三高」、つまり学歴、収入、背丈の高いことでしょうけれど。あっ、それと現在では親と同居しなくていいことというのが、上位にあげられていますね。

当時の有識者は、精神の根底、妻を扶養する能力、品格など、さすがに従来のような相手方の資産、家柄などの物質的要素とは違う、精神的基準を重視するべきだと考えています。現実には従来の親の主張する財産、家柄など物質的基準と、当事者が相手方の人物に注目したいとする精神的基準が折り合わず、悩んで寄せられた相談がたくさんあります。回答者は「今は家柄などを尊んでいる時代ではありません」とはっきり言っています。すでに「いえ」が変化している中で、家柄の善し悪しなどが配偶者選択の基準にはなっていない状況が生まれていました。

しかしそのような時代にあっても、「身分違い」の結婚についてはまだまだ高いハードルがありました。ここで問題にされている身分というのは、士・農・工・商という伝統的な職業身分よりむしろ華族、士族、平民といった新たな出生身分に基づくものです。そしてこれは、裕福な者とそうでない者、土地を持つ者と持たない者、高等教育を受けた者と受けなかった者、その他の差別にまで拡げられて、制度的でないにもかかわらず、そのなかの人々の心をかたくなに縛り付けるものでした。小学校卒の私生子で派出看護婦をしている女性と旧家の医大生、旧家の学生とその家のお手伝い、財産家の息子と貧乏暮らしの家督相続人である娘などの、悲恋の主人公からめんめんと辛い心の内を吐露する相談が寄せられています。

この種の悲恋小説は以前はたくさんありましたね。私も中学生や高校生の当時は、主人公の気持ちになって涙したものでした。でも今になって考えれば、ほんとうに一緒になりたいならその時代でもそれなりの方法はあったのに！　と、これらの相談を読みながら憤慨しているのです。男女ともに「身分違い」ということで、最初からあきらめている姿が目立ちすぎます。知恵と知識があれば解決できることはたくさんあります。でもこんなことで悩んだり、あきらめたりしていることって、今でもあるような気もしますが……。

結婚生活と離婚

結婚してうまくいけばいいけれど、うまくいかない場合離婚ということになってしまいます。現在の離婚率は人口千人あたり二件で、これを「二パーミリ」といいます。結婚件数に対する離婚件数は〇・三から〇・四の間、つまり結婚の三分の一が離婚に終わるということになります。こうしてみるとずいぶん大きな数字です。

さて、わが国で離婚が最も多かったのは一八九九（明治三十二）年に明治民法が施行されるまでの一八〇〇年代で、三パーミリ、結婚に対する離婚の割合はじつに四割です。これが明治民法が施行されたとたんに一・五三パーミリに激減し、その後一九四三（昭和十八）年の〇・六八パーミリまで一貫して減少し続けます。戦後はご存じの通りまた一貫して増加し続け、現在の数字になるのです。

明治の始め離婚率がとても高かったのは、江戸時代からの流れで、結婚・離婚・再婚がかなり自由に行われていたことが知られています。ときどき時代劇なんか見ても、だんなから「三行半《みくだりはん》」を突きつけられるだけでなく、おかみさんが家を「飛び出す」シーンなどがあるでしょう。あれは実際にあったことなのです。明治民法の制定で、結婚・離婚が国家の統制の下に置かれるようになって、両方ともその数は急激に減りました。国の関与というものは、それだけ庶民の生活を規制するものなのでしょうね。

その後しばらく離婚は継続して減少します。それは一方では「いえ」の中の家父長による「追い出し離婚」があからさまにできなくなったことがあります。また他方では離婚は「いえ」に対するマイナス要因としてタブー視されるようになったこともあって、かなりの部分が我慢を余儀なくされるようになったからだと思われます。しかしその中でも離婚の訴えはあります。妻からの訴えが多いのは、それだけ妻の側に過酷な状況があったからでしょうか。

大正時代になると、このような状況に反発し始めた妻たちの身の上相談が登場します。とくに、結婚しているのに公然と浮気をして妻子を顧みない夫に愛想をつかした妻側からの相談は非常に多いのですが、妻は離婚しても生活のあてもないので、ぎりぎりまで我慢をしようとします。

一九二六（大正十五）年の「婦人公論」では、「家庭争議に関する女流相談会」と題して、このような場合に妻はどのような対応をすべきかについて、時の女性の代表者の座談を掲載しています。一方には農業社会から近代化、都市化が進行し、サラリーマン家庭が増える中で、夫婦は役割分業し、夫が外で働く代わりに妻は家庭で夫に慰安を提供しなければならないのに、それを怠る家庭に問題があるのではないかとの見方があります。他方には、男性の浮気は道徳的にも非難されるようになってきたのだから、そのような行為は許されないとする広い世論づくりをし、また妻はそのような夫に苦しめられるより離婚の途を選択するべきだという意見も強く出ています。

身の上相談では、妻をないがしろにするどころか、家の中で情婦と関係を続けていたり、妻に病気を移し子ができない体にさせた上に、病床の枕元に来て離婚を迫ったりと、今の常識では考えられないようなひどいことをする夫に苦しめられている妻の姿があります。いくらなんでもこのような夫には毅然とした態度を取るようにと、相談を受けた回答者は離婚を勧めます。

回答者は一般には夫が浮気や不貞をしても、ほとんどのケースでは妻のその後の生活を考えて離婚を勧めることはせずに、我慢して夫の愛を取り戻すよう助言をしています。しかしながら大変めずらしい事例ですが、そのような妻の辛抱がかえって夫の横暴をつのらせるのだから、夫にその態度を改めさせるか、離婚をせまるかどちらかきっぱりとした態度を取るよう助言するものがありました。妻からの離婚申し立てで、示談が整い離婚が成立したということが新聞で報じられるような時代でもありました。

この時期の離婚に関する身の上相談は、ほとんどが妻からのもので、その内容も夫の不貞に関するものでした。夫からの相談はとても少ないのですが、「四回も離婚すると世間体が悪くなるのではないか」とか、「不倫を犯した妻を一度は家に入れたが、やはりうまくいかないので離婚したい」などの相談がありました。夫側からの離婚はほとんどが協議ですまされるので相談は少なく、また相談を受けた回答者も、男性の場合にはあっさりと離婚を勧めているのが実態でした。

ちょっと驚くのは、妻の自分自身の不倫に関する相談です。このような相談は大正時代まではあまり見られなかったのですが、昭和にはいると少数ながら現れます。夫に対して愛情を持てなくて、他の男性と恋愛する妻、夫との性生活の不満から他の男性に走った妻、自分の不義が露呈して離婚話になった妻、真面目な夫を棄てて若い男に走ったけれども、今はその恋人から別れ話が持ち出されている妻など、様々な形があります。回答者はいずれも相談者の結婚に対する軽率な態度を非難し、自ら招いた不幸は自分で責任を負わねばならないと厳しく諭しています。これは今でも当たり前のことですよね。

さて、配偶者と死別したり離婚した後も、男性の場合再婚には何の障害もなく、むしろ不便だろうからと縁談は山のように降ってきます。でも女性の場合はなかなかそんなわけにはいきませんでした。明治民法が施行される以前は離婚率も高ければ再婚率も高かったのと比較して、とても不思議なことです。女性に対してだけ貞操の義務が厳しく要求されていたことと、明治民法で「家」制度を確立するために儒教的な倫理を浸透させてきたことがあいまって、「貞女は二夫にまみえず」なんて信じ込まされたのでしょうか。

身の上相談には、親、兄弟もない若い寡婦が遺児をかかえて再婚してもいいかというものがありますが、ほんの百年前までこんなことを相談しなければならない状況だったのです。男性の方に結婚歴のある女性と結婚することにこだわりを持つ者も多くいましたし、家族も娘の再婚はその道は険しいからと反対するのでした。

つぎに、当時の結婚生活では夫と妻との関係の外に、嫁としゅうとめの関係も大きな位置を占めていました。嫁としゅうとめとの不和は今でも問題ですが、百年前も同じで、しかもその頃でさえ「わが国家庭上の古い宿題である」などと述べられています。

一九一八年の「読売新聞」では「嫁と姑の噂」と題した記事が載っています。それによると、嫁としゅうとめが同居する結婚が半数以上ですが、その中では十中八、九が嫁としゅうとめの問題をかかえていると言っています。また、嫁はしゅうとめを母と思え、しゅうとめは嫁を娘と思えと言うけれども、これは不自然で、実際娘でも母でもない「ただ他人同士の特殊な関係」にすぎないことを知るべきであると言っています。嫁しゅうとめ問題を前にして、現代とまったく同じ事が九十年前も言われていたのですね。

相談は、しゅうとめとの仲がうまく行かず別居したところが、夫婦関係までおかしくなった事例、嫁しゅうとめのトラブルに夫がしゅうとめにばかり加担するので、妻が実家に帰った事例、しゅうとめが嫁を嫌い、嫌がらせをして夫との離婚をせまる事例などがあります。嫁は夫の「いえ」の中にひとり入っていくのですが、夫婦のきずなよりも母子のきずなが強いためにさまざまなトラブルが生じるのです。

しかし一九二〇年代には、若い人たちが新しい家庭を作りその家庭にしゅうとめが入り込むなら若い人の家風に従うのが当然で、それが嫌なら健康、経済上の問題がなければ別居して自由な生活を送った方がよいという、新たな提案もなされるようになりました。一九二〇年代は、大正デモクラシーと呼ばれる時代に入っており、家庭に関してもそのデモクラシー化を主張する論説が雑誌やマスコミを賑わしています。伝統的な「いえ」が変容し始め、新しい家庭のあり方を問う人たちが登場したのです。

一九二三年、「婦人公論」の主幹嶋中雄作は、「家庭革命の提唱」として、家庭は安息所と次代の養成との機能を持つべきであると言い、明治民法の「家制度」上の家庭を批判しています。マスコミでは、主婦の家事労働の合理化、近代化を論じたもの、家族の中の自由、平等な人間関係の必要性を論じたもの、家庭における信頼と愛情を論じたものなど、様々な論者が様々な観点から新しい家庭論を展開しました。この中には「いえ」の復活を望むものは一つもありませんでした。むしろ夫婦とその子どもを中心として、相互の愛情で結ばれた憩いの家庭、まさに現代でもそうあるべきだとされている理想の家庭が描かれています。

家庭の民主化のために、ある主婦が「家計を主婦に任せよ」との提案をしました。今では当たり前のことですが、その頃まではほとんどの家庭で、家長が家計だけでなくいっさいの財産を管理していたのです。主婦の地位の低さを問題にしたこの提案は、主婦に報酬を支払うべしとの案にまで発展します。賛成と反対の立場からたくさんの論者が参加して論争をしました。戦後、主婦論争として家事労働が有償か無償かの議論がありました。今でもときどきそのような主張を見かけます。しかしすでに大正末に家庭の民主化の一環として、同様の議論がなされていたのです。

「いえ」の中での親子

明治民法の「家制度」は「いえ」をもって国家の基礎とするものでしたから、国の主権者つまり天皇と「いえ」との関係は、「いえ」の代表者つまり家長と家族員との関係と同じように考えられました。そこで明治の天皇制政治体制を支えるための国民の忠義の気持ちを、「いえ」の親への孝行の気持ちから学ばせようとしたのです。一八八二(明治十五)年、明治天皇の勅命を受け全国の小学校に配布された『幼学綱要』には、「孝行をもって、人倫の最大義とす」とし、また「臣の忠節を子の孝行にならべて、人倫の最大義とす」と説かれています。これを「忠孝一本」の思想といいます。この思想をより強化しようとしたものが、一八九〇年に発布された「教育勅語」です。学校ではすべての子どもがこれを暗誦することを強く求められ、式典のときにはみんなで唱和することが義務づけられました。

この考え方からは、親と子は決して対等ではなく、親は子を支配する権力を持ち、子は親に服従する義務があるものとされます。著名人が語るその頃の父親像は、家庭内の絶対者であり、権威を振り回し、周りの者を恐れさせている姿です。反対に、子どもたちの方はそのような父親を尊敬し、父親のいいつけは絶対に守らなければならないと固く思っていました。父親がそれだけしっかり頼れる存在であったともいえます。しかしこのような父親は家庭を留守にすることが多く、子どものしつけはふだんは祖父母が担当していたという記録もあります。

ところが明治も後半になり、大正時代にさしかかるようになりますと、産業化、都市化の波の中で、伝統的な「いえ」がしだいに崩れてきたということは、これまでに見てきました。国は修身などの教育や民法などで「家制度」のイデオロギーを補強しようとしましたが、都市のサラリーマン家庭など核家族が急激に増加する中では、大勢を挽回することはできませんでした。欧米の家族や家庭生活のありさまが紹介されると、一家団欒で和気あいあいと家庭生活を楽しんでいる姿にあこがれを持つ知識人も出てきます。大正デモクラシー下で、家庭の民主化のために雑誌などに発表された数々の提言には、「家庭の中心は子どもである」「子ども本位の家庭を作れ――子どもの権利としての衣食住」、などの表現も目につきます。

夫婦の問題についての身の上相談と比較して、親子の関係についての身の上相談はあまり見当たりません。たぶん「家制度」下で家長という名を背負っている以上、親の方からすれば、親子関係の紛争を自分の力で解決できずに他人に相談するということは、自分の沽券《こけん》にかかわることになると思うでしょう。また子どもの方からすれば、親の悪口を世間に向かって公言するということは、親に対する孝行を強要されている身の上では、なんとしてもはばかられることだったでしょう。

しかし大正時代ともなれば、「いえ」の中での親子の緊張した序列関係にもゆるみが生じてきます。なかには、子どもが親に対して無条件で絶対的な服従を義務づけられていることをいいことにして、親としての役割も果たさずに、子どもに対して勝手な振る舞いをする親も出てきます。

家を出ていろいろな女性と同棲を繰り返し、勝手に家の財産を売り払ったりして放縦な生活をしている父親についての相談、病床にある父親を裏切って不貞を働いている母親に復讐をしたいとの相談、母親から働いたお金を全部巻き上げられ、体を壊してからまでも働くことを強要される娘からの相談など、親として以前に人としても許されない行動をする親に対し、子どもの側から反発の声をあげ始めました。また、父親が酒癖の悪い聟《むこ》に愛想をつかして娘と別れさせようとするけれども、娘はまだ夫を愛していて別れたくないという、父親のいいつけと夫婦の愛情といずれを優先させるかという相談に対して、回答者は父親よりも夫を選ぶように勧めています。これも父権の弱体化の表れと見ていいでしょう。

こんな中、これまで親子間の争いを公の場に持ちだして解決しようなどという考えは無きに等しかったのですが、大正末から昭和の初めになると、子があまりにも頑固で分からず屋の父親を訴えるというケースが新聞で紹介されています。もっともこれが新聞沙汰になったのは、当時でもこのような事件がいかに珍しかったかを示すものでもあるかもしれません。

さてこの時代、これまでの親孝行の教育に対する批判も現れます。国定教科書の修身の科目で取り上げられた「親孝行の手本」には、「二宮金次郎は家がたいそうびんぼうであったので、小さい頃から父母の手だすけをしました」と記述されています。このことについて、芥川龍之介は「これは尊徳には名誉だが、両親には尊徳の教育に障害ばかりを与えたという意味で不名誉な話である」「尊徳の意気に感激するとともに、尊徳ほど貧家に生まれなかったことを不仕合わせに感じた」と述べています。同じような意見は新聞投書欄にも一般市民から寄せられています。

同じ頃、「孝の説法は今日の若い人間に向かっては何等の権威を有せぬ」として、親子関係は強制的なものではなく自発的なものだから、親が子に対して当然の義務をつくせば、子も親に対して強制をしなくても孝行をつくすようになるとの主張も雑誌に掲載されています。この親子間の相互的な権利義務の考え方は、現代の人権尊重の時代にあっても十分に通用する考え方です。

しかしながら、昭和に入って太平洋戦争に突入し、世の中の戦時体制が進行する中で、このように平等な親子関係を主張する声はかき消されていきました。戦争を遂行するために、国を挙げて「忠孝一本」の倫理の再確立が図られるようさまざまな動きが出てきます。裁判所の判決ですら、というより裁判所だからと言うべきでしょうか、一九四三（昭和十八）年には、子が親を訴えることは道義上許されないという判断をしたのです。「訴権の行使は……醇美《じゅんび》なるわが家族制度の精神にもとり、その孝道をもって百徳の基とするわが国古来の道義に反し、許されざるものと断ず」と、麗々しく述べられています。

この後、終戦まで子の親に対する孝のみが強調される時代が続きます。親子の感情や関係というものは、このように政治体制によって急転回するものなのでしょうか。

さて、ここで日本の親子関係の情緒的な面を見ておきましょう。

日本ではとくに母親と子どもとの関係がきわめて濃密であったということは、これまで多くの学者が明らかにしているところです。母親は子どものためにのみ生き、すべてを子どもに捧げつくし、子どもだけが生きがいとして苦労を重ねる。子どもはその母親の苦労を十分に理解して成長し、この母親の苦労に報いたいと念じる。これが日本の典型的な母子関係だとされてきました。

この点については、子どもよりずっとわがままな母親も多くなり、現代はおおいに変化してきているかも知れません。でも間違いなく少し前までは、それは事実だったのです。どんなにわがままを言っても、どんなに迷惑をかけても、母親だけは許してくれる。愛するとは母親のようにすることであり、愛されるとは母親のようにしてもらうことである。こんな感覚がみなさんのどこかにありませんか？　これが現代の男女の愛情関係にも反映されているということはありませんか？

母子関係はなぜこのように濃密になったのでしょうか。「いえ」の中で、嫁はしゅうと、しゅうとめ、こじゅうとに囲まれ、最初はひとり孤立した立場に置かれます。夫との間にも愛情という強いきずながができていない状況で、自分が産んだ子どもだけは自分のもの、この子しか頼れるものはいないと思うのも当然でしょう。この思いをさらに強くする役割を果たしたのが明治三十年代からの「良妻賢母」の教育でした。家庭における家事育児という主婦の役割を強調する教育により、妻=母だけが家庭生活における、子育てにおける主要な役割を担う人になり、母と子の結びつきはいっそう強まったのです。

当時の著名人に「父と母、いずれに影響を受けているか」との調査をしたものがあります。多くの人が母親の影響を強く受けたと回答しています。母親の力は偉大です。しかし、このような特殊な母子関係はややもすると母子密着になり、むしろ子どもの自立の障害になる場合があります。マザーコンプレックスの男の子の問題は、たしかに今でもありますよね。なぜそうなるのかに関する精神分析学者や文学者の見解については、どうぞ後章をお読みいただければと思います。

わが国のとりわけ男子は、この母との関係を克服しなければ、一人前の男にはなれません。息子を手放すまいとする母親と、母親から独立して子どもらしさを切り捨てようとする息子。この葛藤を通して息子ははじめて一人前になるのですが、その過程を経ることなくいわゆる大人になってしまうことがあります。そうすると妻からすればいつまでも母親のいいなりになる夫であるということになるのです。現代でもこのことに自分自身気づかず「甘え」の体制の中にいて、大きな顔をしている日本男子のいかに多いことか、私は嘆かずにはいられません。

では父親と子どもとの情緒関係はどうだったのでしょう

冒頭に書いた著名人の語った父親像は、これはあくまでも理想型の父親で、ほんとうは多くの父親は実際の実力で家族員から尊敬されたのではなく、家長という法律上与えられた地位のおかげで権力を振るうことができたのです。だから家の中では強くても外に対しては案外弱くて、外圧に対して家族員を守るというより、むしろ外の力に迎合して「いえ」の中を押さえる役割を果たしました。だから戦時体制下で、「いえ」の中で家族同士の自由な会話さえ許されなかったということが理解できるでしょう。

言ってみれば、上ばかり見ている中間管理職というところでしょうか。戦前の日本の多くの父親は、国家から与えられた戦争遂行という目的を無批判に受け入れ、子どもたちの出征も「お国のためだ」と祝い酒で送ります。戦争にほんとうに反対したのは、自分が実際にその手で育てた子どもをとられる母親たちでした。はたして日本の多くの男性に、ほんとうの意味のリーダーシップという資質はあったのでしょうか？　この点については、今後おおいに議論をしなければならないところでしょう。

間違った「家制度」の中で間違った女子教育によって子育てがなされている限り、母子密着はあっても子どものしっかりした自立心を形成することは非常に困難であるということは、すでにいろいろな場面で論じられています。このことについても、しっかり反省してみる必要がありそうです。

さまざまな恋愛結婚

現代では結婚のうち約九割が恋愛結婚だという統計がありますが、大正、昭和前期にはまだまだほとんどが見合結婚でした。しかし、恋愛という言葉が輸入されて以降、恋愛に対するあこがれは着実に日本人の男女の心を捉え、それを実践する人たちも増えてきます。

大正時代にはまずは有名人の不倫に関する事件がマスコミを賑わせました。

大杉栄の日陰の茶屋事件だとか、松井須磨子の後追い心中だとか、柳原白蓮の家出、有島武郎と波多野秋子の心中事件など、今のみなさんには想像できないのではないかと思いますが、ともかく当時の政財界、文化・芸能界などでもとりわけ有名な人たちの恋愛スキャンダルがたて続けに起こったのです。これは一般の人たちにもかなりの影響を与えたのではないかと思われます。

この時期「恋愛と結婚」に関して、マスコミに取り上げられた論考もたくさんあります。「結婚は異性たる二つの人格の肉体的ならびに精神的結合」であるとして、「恋愛に基づく理想的結婚を実現」させなければならないとするもの、結婚は社会的便宜のための制度であり、恋愛とは区別して考えなければならないとするもの、恋愛は自己犠牲の至高の道徳性が現れるとして高く評価し、結婚するとこの恋愛はさらに物的基礎の上に固められ強められ深められるとして、結婚の前提に恋愛を置くもの、結婚が恋愛を前提としていないために夫婦関係以外に恋愛を求め、不幸な事件が起こっていると指摘するものなど、さまざまな面から考察されています。いずれにしても若者はこれらから恋愛に向けて多くの刺激を受けたことでしょう。

新聞の身の上相談にも、これまでの古い伝統的な結婚より自由恋愛をして結婚したいという男女が現れます。それでも回答者は、いま具体的に恋愛するような相手がいなくても、見合の候補者の中から条件がよい人と一緒になれば愛と理解が得られるような結婚になるでしょうとか、今の時代はまだ恋愛結婚がよいという意見に耳を傾けているのはほんの一部の人間にすぎないのですと言っています。まだまだ世間は恋愛結婚に対して冷たいようですが、しかし若者の間では恋愛への渇望の気持ちが止むことはありませんでした。

恋愛して一緒に生活しはじめても、それですべてが解決というわけにはいきません。今だと結婚は当事者の合意だけで成立するのですが、当時は親や親族の承認が必要でした。若い二人が恋をして同棲していても、国元の親が同意せず自分たちの気に入った他の縁談を持ち込むというようなこともたくさんありました。これに対して自分の意思を貫き通せるような若者はあまりいませんでした。有名人でさえ恋愛しても結婚まで進んだのはごく一部でした。

本書では様々な恋愛ケースとして七例をあげています。

浜田病院令嬢事件は、家督相続人栄子が恋愛しているいとことの結婚を許されずに、服毒自殺した事件です。栄子は当時十八歳でした。この事件は、マスコミに大きく取り上げられ、様々な論評もされました。

平塚らいてうは一八八六（明治十九）年に生まれ、フェミニスト運動や平和運動で大活躍をして、一九七一（昭和四十六）年に没しています。一九一一年、二十五歳の時に、日本初の女性による女性のための文芸誌「青鞜」を発刊し、多くの新進的な女性の集う場を提供しました。その創刊の辞「元始、女性は太陽であった」はあまりにも有名で、その後のフェミニズム運動をおおいに鼓舞するものとなりました。一年後、五歳年下で画家志望の奥村博史と出会い事実婚を始めました。

らいてうは当時の結婚制度や「家制度」に反対する立場でしたので、ずっとその姿勢を貫き通しました。しかし世間から言えばずっと物分かりのよい母親でも、この件に関してはらいてうに賛成という立場はとりません。さらに生まれた子どもは「私生児」となるという、戸籍法上の障害もあったのでした。

山川菊栄は一八九〇年に生まれ、一九八〇年に没しましたが、理論的にも実践的にも女性解放運動の第一人者です。とくに戦後、労働省婦人少年局の初代局長に就任し、現代の男女平等の法制度整備の基礎を築いた女性として、今でも高く評価されています。二十五歳の時の「青鞜」への投書が評論活動のきっかけとなり、翌年二月に平民講座に出席し検束され、留置された際に社会主義者山川均と出会い、九月婚約、十一月に結婚しました。

山川菊栄は、女性の良妻賢母主義教育に反対し、女性も一人の人間としての自立が必要であることを、生涯を通して説き続け実践しました。またその生涯は夫、山川均との恋愛に基づいた結婚と、互いの自立を尊重し合う協業の家庭生活を営むことができたという点でも、自分の理論を実践するものでした。山川夫妻の夫婦仲のよさは「均菊相和す」と周りから評されるほどでした。婚約期間中に菊栄から均にあてたラブレターは「それはそれはとてもお熱いものでした」と、私は御子息の振作氏から伺ったことがあります。そんな菊栄の結婚に際しては、母との三つの約束がありました。「仲人をたて形だけでも式を挙げること、式後すぐ入籍すること、ペンネームにもいっさい実家の姓は使わないこと」、菊栄にとってはお安いご用だということで、三つの条件をさっさと飲んで、結婚に到達したのでした。

伊藤野枝は一八九五年、福岡市の現在は西区今宿で生まれましたが、一九二三年に関東大震災の混乱の中で内縁の夫、大杉栄とともに惨殺され、二十八歳の短い人生を終えました。周船寺高等小学校を卒業後、家計を助けるため働いていましたが、東京へのあこがれが強く、親戚に頼み込み上野高等女学校に入学します。そこで英語教師辻潤と知り合いました。卒業後郷里に帰ると、本人が知らない間に親が勝手に決めた相手と結婚させられますが、八日目に出奔。辻潤のもとに走り同棲し、結婚して二子を儲けます。この間青鞜社に集い、数々の女性問題に関する論文を書いています。

一九一六年に辻潤に飽き足らなくなり離別、アナーキズム運動の中心人物大杉栄と交際するようになりました。その当時大杉栄には内妻がおり、また神近市子という婦人記者の愛人もいて四角関係になりましたが、神近市子が起こした「日陰の茶屋事件」後、野枝だけが残り、結局恋愛関係の勝利者となりました。その後、貧乏生活の中、大杉栄との間に五人もの子どもを産んで、執筆活動、社会運動に充実した日々を送っていました。野枝はこのように奔放な恋愛に生きて、結婚制度を厳しく批判しているのです。

宮本百合子は一八九九年出生、一九五一年没で、旧姓は中條といいます。十七歳、日本女子大学に入学早々、小説『貧しき人々の群』で文壇デビュー、天才少女として注目を浴びました。ほどなく女子大を中退して父とともにアメリカに遊学しましたが、そこで十五歳年上の古代東洋語学研究者荒木茂と知り合い、一九一九年、周囲の反対を押し切って結婚、しかし一九二四年に生活観の違いから離婚しました。

本書ではこの五年間の二人の夫婦関係に関する百合子の心の中の葛藤、とくに愛とはなにかに関する深い洞察が描かれています。百合子はその後一九三一年、日本共産党に入党し、翌年党員だった九歳年下の宮本顕治と結婚して、一九三四年に正式に入籍し宮本姓を名乗るようになりました。それからは夫婦で共産党員としての活動や執筆活動に精力的に取り組みました。

藤原義江は日本を代表するテノール歌手で、一八九八年、スコットランド人を父に、日本人の芸者を母に生まれ、一九七六年、七十八歳で亡くなりました。生涯を通して金銭浪費の激しさと女性関係の多彩さは一貫していましたが、いつも助力してくれる人があったようです。幼い頃は苦労もしたようですが、一九一八年、二十歳の時にオペラ歌劇団の一員となり、その日本人離れした舞台映えする身体と、六歳年上のプリマドンナ安藤文子の引き立てにより運命の階段を上り始めました。すぐに二人は正式に結婚しました。一九二〇年から二三年まで、声楽の研鑽のために義江は一人で海外に渡航しますが、この間文子との関係は解消されています。帰国後各地でリサイタルを開いて、大好評を博します。

一九二七年、義江は夫のあるあき子と出会い、恋愛、姦通し、結果的に夫からあき子を奪いました。世間はこの二人の行動をあまりにも個人的だと非難しました。しかし義江はこの非難に対し、真っ向から「女房を得た後の自分の芸術のこれからに大きな期待をしてもらいたい」と挑戦し、その言葉通り二人で藤原歌劇団を結成しておおいに活躍しますが、一九五六年、あき子は止むことのない義江の女性遍歴にとうとう愛想を尽かして離婚しました。

『痴人の愛』『細雪』などの代表作で有名な小説家谷崎潤一郎は、一八八六年に生を享け、一九六五年に七十九歳の生涯を閉じました。私生活の部分だけで言うと一九一五年、一番目の妻千代子と結婚しましたが、一九二一年、千代子の妹せい子に惹かれ、二人は不仲になります。これを知った谷崎の友人佐藤春夫は千代子に同情を寄せ、これが恋愛へと移ってしまい、三角関係になりました。一九三〇年に谷崎と千代子は離婚し、千代子は佐藤と一緒になりました。このとき三人連名で挨拶状を出したので、「細君譲渡事件」と話題になったのです。その後、谷崎は婦人記者吉川丁未子《とみこ》と再婚しましたが、ほどなく夫のある松子に恋慕してしまいます。

本文ではこの丁未子との結婚解消のための話し合いが紹介されています。谷崎は三番目の妻、松子と一緒になって、とても充実した生活を送ったそうです。

以上の著名人たちは世間の非難を浴びながらも、それぞれの形で恋愛を全うし結婚生活へと到達しています。しかしながら大正時代の多くの若い男女は、恋愛小説を読み異性と接触する機会も増えて、好きな人ができ性関係を持つまで進んだとしても、最後には親の選んだ人と結婚するパターンがたくさんありました。親の勧めにしたがって好きな人と別れて結婚したけれど、結婚後、前の人の子を妊娠していることが分かって悩んでいる、などという相談がかなり寄せられています。本人たちの無自覚を反省させるほかない事例ですが、まだまだ男女交際の訓練が足りないし、結婚の重要性を分かっていないということを物語っているものでもあります。

しかし昭和に入り一九三〇年代にもなりますと、たしかに恋愛結婚も徐々に増加し始め、全体の一割を超えたというデータがあります。さらに見合の内容も変化して、見合いの後にしばらく交際してみて、お互いに気に入ったら結婚するのがよいと考える若者が増えてきました。しかしながら、戦時体制の進行の中で、この恋愛結婚にもまた批判の矢が向けられるようになりました。

その頃アメリカでは「友愛結婚」なるものが流行っていました。友愛結婚というのは結婚前に同棲をしてみて、相性が良ければ結婚へと進み、もし良くなければ解消するというものです。同棲中は子どもを持たないようにします。アメリカでは離婚や堕胎の増加が社会問題となっており、これに対処するための有効な手だてとして、この「友愛結婚」が提唱されたのです。一九三〇年、わが国にこのことを紹介した翻訳本が出版されると、日本の若者の間でも爆発的な人気で歓迎されました。

しかし、一般の識者の間ではこの制度は、産児制限を公認し、子どものない夫婦が離婚する際に慰謝料を請求しないという制度で、わが国の現状にそぐわないとして厳しい批判の対象とされています。とくに羽仁もと子や高群逸枝など、女性の地位向上を目指して活動している論者たちは、結婚の本当の意義を考えなくてきわめて簡単に同棲関係に入ることを奨励するような制度だと、反情を示しています。

同じ頃、「恋愛と結婚とを結合する時代は去った。結婚は恋愛の墓場である」といった論や、しばらくは恋愛至上主義などと恋愛を謳歌していたが、そろそろ熱を冷まし恋愛の永続性を保つためにも緊縮するのがよい、などの主張が婦人雑誌上に現れています。自由恋愛に対するストップが、いろいろな方面からかけられ始めました。自由恋愛の影の部分として、私生子の問題も大きなテーマです。そもそもわが国では長い間、男性が妾を持つことが公認され、妾の産んだ子も庶子として「いえ」の中に入れられましたが、妾以外の女性が産んだ子は、私生子として「いえ」の庇護下には置かれませんでした。一八八〇（明治十三）年からは、妾の産んだ子も妾でない女性が産んだ子も、父親が認知すれば庶子としての身分を持つようになりました。

父親に認知されない子は、「いえ」の外で男女のふしだらな関係から生まれた子として、世間からさまざまな差別や侮蔑を受けました。このことに関する相談は数多くあります。みずからは罪も責任もない私生子のあまりにも惨めな状況に世間の同情が集まり、一九二五（大正十四）年には法制審議会で私生子の名称は廃止されることになりました。しかし名称が廃止されても、惨めな状況が改善されるわけではありません。

統計によると当時全国で八万人弱の私生子がいましたが、この中には結婚しても漫然と届出を遅らせていたり、男女双方が家督相続人であるために入籍できないとか、親が承認しないとかで、事実上結婚生活をしていて届出をしていないケースが多いことが分かりました。私生子を少なくするためには、このような内縁関係を解消させて、届出をさせることが重要だとの指摘もなされています。

さらに、戦時体制下では人的資源として私生子も重要視され、「明るく健康に育てる」ために乳児院を建設するといった施策が講じられました。第二次世界大戦まっただ中の一九四二（昭和十七）年には、民法、戸籍法から「私生子」「庶子」の名称を廃止して、「嫡出に非ざる子」に統一されました。

国を挙げて戦争を遂行するために、すべての態勢は整えられました。恋愛などは浮ついた男女関係として非難の対象になりました。「いえ」を強固にするために婚姻による子どもと婚姻外の子どもを峻別し、「いえ」の中では「忠孝一本の思想」で子の親に対する孝行がより強調されました。いっぽう「いえ」から排除された子どもも、戦争遂行のための貴重な人的資源として放っておかれることはありませんでした。

戦争と家族

一九三一（昭和六）年に満州事変が勃発しますが、その前後で日本国内の雰囲気ががらりと変わったと、当時の識者は回顧しています。それまでインテリ層は大正デモクラシーの中で自由、解放を口にしていたのに、この人たちはみごとに沈黙し、あまつさえ国家主義的思想をかざしこの「侵略」戦争を支持したと、異口同音に述べています。有地名誉教授は、本書で「警察による思想の弾圧、軍部の暴力的圧力などが、国民に強力に働きかけたのも事実であろうが、なぜこのような大きな転換が苦もなくなされたのか不思議である」「さしたる理由もなく大きく左右に揺れ動く日本人の精神構造について、この歴史的事実を検証してじっくり検討をする必要がある」と書いていますが、まさにこのことの検討も本書の大きな目的になっています。

この戦時体制下で、家族論は戦時体制を強化するための理論として展開されました。経済学者大熊信行や社会学者樺《かんば》俊雄は、愛情は個人的な官能、情感にとどまらずに生命の創造、「家」の形成、さらには民族の形成へとつながることを自覚せよと言います。恋愛というのは非常に個人的なものだと思うのですが、民族の形成のための恋愛というものがあるのかどうか、大変乱暴な理論が国民意識高揚のために編み出されたものです。

評論家徳富蘇峰は、家族は国家の国防的単位であるから、女性は外に働きに行くことなく家庭に帰って家を守るべし、と言います。医学評論家杉靖三郎も、個人主義、社会主義、能率主義は「いえ」を破滅させ、日本婦道を絶やすとして、大正時代に謳歌された自由思想を批判しています。このような状況下で、働ける男性のほとんどは戦場にかり出され、残された家族は銃後の家族として妻の手、あるいは母の手によって守られなければなりませんでした。それを乱すような行動は厳重に排斥されました。

他方、この非常時にあっては、いつ、いかなる別れが来るかも知れないという緊張感から、日頃は見られない人間的な感情の高まりが、夫婦間、親子間のきずなを強めるという側面もありました。ある妻は明日は出征するという前の晩、夫が「お前にほれている」と言った言葉を胸にきざむことで、夫への強い思慕の情を持ち続けています。また、ある戦場の夫から妻に宛てられた手紙には、妻への愛情が率直に述べられています。

普通では考えられないような異常な状態に置かれた人たちもいます。婚約中の男性に召集令状が来たのであわてて結婚し、たった三日間の新婚生活で夫は出征しました。その夫は戦死したのですが、妻は夫の「いえ」に入ったのですから、これ以後ずっと他人の中で嫁として働かなければならなかったのです。病床の妻を置いて、応召した夫もいます。妻の死に目に会うことはできませんでした。

夫を戦場に送った妻が、残された「いえ」の中で過酷な状況にさらされる場面もありました。同じ屋根の下に棲むしゅうとに犯されるという事件はかなりひんぱんにあったようです。そのことを聞きつけた戦地の夫は「いえ」に生きて帰る意欲をなくしてしまったとか、嫁としゅうとが仲よくなって幾十年連れ添ったしゅうとめがじゃまもの扱いされたというようなケースもあったそうです。また戦争未亡人についても、世間は暖かく庇護するどころか好奇の目で見る場合もありました。いずれにしても、戦争は引き離された夫と妻を異常な状態に追い込むのです。

同じことは親と子についても言えます。

母親を亡くした姉妹は、父親に召集令状が来て父親とも悲しい別れをしなければなりませんでした。女学校を出たばかりの十七歳の姉が、小学生の妹を託されるのです。息子に召集令状が来ると、憲兵に踏み込まれるのを覚悟で「かならず生きて帰ってこい」と懇願する母親。息子の戦死の公報を受けた母親は人前では健気に「軍国の母」を演じますが、一人になると仏壇の前で「息子を返せ」と身をよじって号泣します。

戦争に行っていない内地の家族の中でも、悲しい別れはあります。『ガラスのうさぎ』の作者高木敏子さんは東京の大空襲で母親と二人の妹を亡くしましたが、ただ一人残った父親をも自分の目前で米軍の機銃掃射によってやられました。

「なぜ私にばかりこのようなことが。神様、仏様って本当にこの世にいるのだろうか。ひどい、ひどい。そんな私から父をうばうなんて。いやだ、いやだ。私も死んじゃおう」

学童の集団疎開でも親子の別れがありました。初めのうちは遠足気分ではしゃぎ回っていた子どもたちも、月一回の面会日が二月に一回と、だんだん間遠くなってくると、そのうちに会えるのはこれが最後かもしれないと、面会日は「別れの水杯」を交わすための恐ろしい日になったと回顧しています。小学生の子どもたちですら覚悟を決めさせられ、万感の思いでお父さんやお母さんと別れを惜しんだのです。

「いえ」の変化

有地　亨

福岡県朝倉郡立朝倉女子実業学校での大正中頃の裁縫の授業風景、(写真提供・平原健二氏)。女性の中等教育はもっぱら「いえ」を守る教育に主眼が置かれた。1918（大正７）年には、文部、内務両省により地方農村に処女会が設置され、すべての女子に裁縫、育児、作法、修身などが教えられることになる。

農村における「いえ」の変化と共同体規制の弛緩

一九一二（明治四十五）年七月三十日、明治天皇が崩御し明治時代は終わった。日清、日露の両戦争で勝利を収めた日本は国際的地位を高め、資本主義経済は著しく発展し、産業化、都市化の進展によって、国民の生活や家族の環境は変化の兆しを見せ始めた。明治政府はこれらの事態を淳風美俗の崩壊と捉え、それを阻止するために民法を改正して「家」制度を補強しようとしたり、あるいは教育制度を整備して修身教育を強化しその回復を試みようとした。しかしながら、明治からとうとうと進んできた資本主義経済の発展に基づく社会の変動の歩みを押し止めることは、容易な業ではなかった。

大正期に入り、世界を風靡したデモクラシーが様々な形で我が国に流れ込み、政治、国民生活のあらゆる層に浸透していった。その結果、デモクラシーの政治目標は普通選挙と政党内閣制の実現におかれ、また、国民生活の面では、個人の自由を拘束する「国家」制度や「家」制度に対する批判、具体的には、人間性の回復の訴えとして主張された。これらのデモクラシーは当時の社会、思想界を大いに揺さぶる思潮であった。

日本の職業別人口比をみると、一八七二年には、有業者の八四パーセントに当る一四四九万人は農民であって、この高い比率は先進諸国の中で断トツで、この傾向は第二次世界大戦の終結まで続いた。

農家についてみると、大正初めの日本全国の総戸数の五七パーセントが農家で、約五八〇万戸、そのうち自作農家は三三パーセント、小作農家が二八パーセント弱、残る四〇パーセントが自小作農家であった。小作農家や自小作農家の一戸の経営規模は一町（九九・二アール）未満が圧倒的で、なかでも五反（五〇アール）未満が全農家の三七パーセントを占め、当時の日本の農家の大部分は零細小農家であった(1)。

このように農民が国民の大多数を占めている状況で、それらの農家は伝統的な「いえ」を墨守してきた。ところがそれらの農業経営に対して、不況の波が一九二一（大正十）年頃から押し寄せ、一九二九（昭和四）年には恐慌はピークに達した。

（1）大橋隆憲『日本の階級構成』岩波新書、一九七一年、二二―二四頁。

「いえ」の変容

明治期に入って資本主義体制の飛躍的な発展により、当時の村落共同体は大きな影響を受けた。村落内に商品交換経済が浸透し、次第に村落内の隅々に至るまで行き渡り、個々の農民が自由に取引を行うようになり、そのような農家では村落共同体の拘束から離脱して、経済的自立も可能になってきた。また、農業技術の発展進歩により村落共同体の構成員の共同作業（てまがえ）の必要性が減少し、この点でも共同体的規制が緩和されてきた。村落共同体規制が徐々に弱くなり、個々の農家の自立が可能となりだすと、農家の内部でも全員が無償の労働力の提供者として農業経営に参加しなくてよい状態になり、「いえ」そのものが変容していった。たとえば、伝統的な「いえ」の拘束力が弱化したため、その構成員にも単独で労働力を販売して賃金を得る者も現れ、「いえ」崩壊の萌しが少しずつ表面化してくる。

このような状況でまず目につくのは、商品交換経済の影響を受けやすい都市近郊の農家における伝統的な「いえ」の動揺である。もっとも、「いえ」の動揺や崩壊は地域、社会階層、職業によってかなりの差があり、一方で、「いえ」は依然としてその構成員に対する心理的、情緒的拘束が厳しく、また、「いえ」の家長の中には状況が変わってしまっているにもかかわらず、その地位に固執する者も多い。しかし、「いえ」の構成員には、「いえ」の拘束力から離脱して、自由な生活を求める若者も出始めた。

大正の初めには、家督相続人の地位からくる拘束を窮屈だと受け止め、家督相続人の地位から離脱して自由になりたいと願うあととりからの相談がある。これまでは、このような相談事例は全く見られなかった。

一九一四（大正三）年七月二日「読売新聞」の「身の上相談」は「自由を得たい」というものである。

私は四十余歳で、妻帯して二十年、子も数人あるが、家庭は子どもの時代と同じく何の自由も独立も無いのです。世間からは若旦那として丁重な扱いを受けており、自分の名義として数万円の財産を持ちながら、経済上の独立はもちろん、自分の実印さえ自由にはなりません。自分はどうか財産を持って分れたいと思いますが、父はすこぶる精力家でその手から離れて行くという事は好みません。子孫を愛することは人並み以上ですが、自治的に教導して個人として立派なものにしようというよりも、自身が大に働いて美田を残すというやり方です。自分はいままでは相続人として堪えてきましたが、数年来の持病がひどく、寿命が短いと思います。自分としては自由な平安な境遇で世と没交渉に成り静かに余生を楽しむ以外にはないと思うが、よい工夫はございませんか。

（愛読生）

これに対し、回答者の記者は、「父上とよく話し合って分家ができるものならばなさった方がよいと思います」と簡単に答える。「いえ」の存立の基礎の家産は、法的には戸主の個人名義の財産であって、減されることなくそのまま保存維持して子孫に継承されるべきことが運命づけられている。したがって、家督相続人はそれらの家産を継承しても自由に処分することはできないのである。相談者はそのような自由のない生活を二十年も続けたが、もはや堪えられず、伸び伸びと自由に暮らしたいという気持ちを訴える。あととりとして敬われるけれども、処分できる財産とてない地位から抜け出して、多少の自由にできる財産を貰って独立して、平穏に余生を送る途を選択したいという要望である。

このような相談が出てくる背景には、あととりが親とは違った生活をする選択が許されるほど、すでに「いえ」の締め付けが緩み、分家したり、親とは違った新しい職業に就く者が周辺に現れ、それらを選択した若者たちは夫婦と親子だけの家族生活を始めているという状況がある。

「いえ」は社会学的には直系家族で、「いえ」の構成員には多人数が含まれる。多くの人たちが同一の家屋内で生活すれば、ともすればそこに歪んだ人間関係も生じてくるが、これまで家長の権威によって統制されてきた。しかしその権威も弱化し、統制力を失ってくるだけでなく、家長自体にもアウトローが出てくる。

次は、夫婦の間に四歳の女の子があるが、六十七歳の父親（義父）と四人で同居生活をする嫁からの相談である。義父は息子の嫁に夫の留守中にセックスを求めてくるので、困った嫁の訴えである。

一九三一（昭和六）年七月十四日「読売新聞」「婦人」の「悩める女性へ」に掲載された「操たてると不孝呼ばわり——良人と義父の間に挟まれて——身も世もあらぬ嘆きの妻」というものである。

良人（三十六歳）は立派な尊敬すべき人です。私には四歳になる女児がおり、義父（義母は死亡）（六十七歳）と四人で生活しています。良人の留守中に、時々義父が私に愛を求めます。もちろん、その度ごとに体よくさけて参りました。近頃いよいよ露骨になって参りますので、情けないやら浅ましいやら身も世もあらぬ心地がいたします。それとなく、良人に別居をすすめてみますが、親孝行の良人はかえって私を親不孝と言って叱ります。

（二十八歳の忠実な女）

回答者の河崎夏子（文化学院教授）は「正直に良人に話すべきだと思います。父を神様のように思っている良人は恐らく信じないでしょうし、また多少気づいたら失望するでしょう。しかしそれはやむを得ないことです」と言う。さらに、「いえ」の中では昔からこのような事態がしばしば生じていたことを指摘し、その原因は「昔ながらの家族制度が生む一つの欠陥と思います」とする。

河崎は、家族は夫婦単位であって、「いえ」では二つ以上の単位が同居するがゆえに、このような欠陥が生ずると指摘し、また、この夫の態度は旧来の父権的家族制度を中心とした親孝行で、個人を尊重した親孝行ではない、今後は個人が「いえ」の拘束から脱した新しい親孝行の型を目指すべきだとする見解を披瀝する。河崎は子の親に対するあり方を問題にする。それも重要であるが、「いえ」の内部で倫理規範が遵守されなくなってきたことも問題である。

普通、「いえ」にあっては、親夫婦と子夫婦など二組以上の夫婦とそれらの子どもを含んで多人数が同居する。このような多人数の「いえ」では、家長が統率力を行使して、整然と上下の秩序を維持し、統制された団体として機能する。ところが、家長が権威なく統率力を失うと、「いえ」の構成員はバラバラになり、「いえ」は無秩序になる。家長が「いえ」の秩序からはみ出すような行為をしでかすのであるから、すでに「いえ」の実体は失われている。相談者の夫が「いえ」の秩序である孝道を遵守しても、もはや通用しない。

後述のように、戦時中夫が出征した農家で、残された妻が義父からセックスを求められた事例が数多く報告されており、「いえ」が実体を失い、形骸化した中での、残された妻の悲劇が多発している。

次のものは、農村の旧家に嫁いだ妹について、その夫がいつの間にか都会に出てサラリーマンになり、夫婦が別居生活している状態を見て、ショックを受けた姉からの、一九二〇年の「婦人之友」四月号への、静岡美知子「家族制度の圧迫から」(「解放の叫び」)という投稿である。この投稿では、豪農のひとり息子が大学を卒業していったん「いえ」に戻ったのだが、すぐ単身で都会に出てサラリーマンになる脱農のプロセスが分かり、当時の古い「いえ」の崩壊の進行と、都会に若い人たちの家族が形成される状況を知ることができる。

私(姉)は夫とともに遠い任地から六年ぶりに帰り、妹に逢いました。妹はありあまる縁談の中、選りに選って隣村の豪農のひとり息子の嫁になりました。二千俵も入る田地や広い山林があり、夫となる人の性質、教育もなに一つ不足はないと母から聞かされ、妹の幸福を喜んでいました。今度、久しぶりに妹に会うと、老けているのに驚きました。聞けば、妹は「家の高等下女という格」です。「広い家の薄暗い納戸に、終日姑から指図されるままに縫物ばかりして暮らしています」「むろん一銭のお金も自由にはならず、新聞一枚読むにも幾間か離れた舅の部屋へ借りに行ってまた返しに行く煩わしさ」。一方、妹の夫は帝大の法科を出たけれど、親が就職を許さず山林や田畑の見回り、財産の管理など父の命のままに動かねばならず、新しいことを言っても父は全く耳を傾けない。というわけで、妹の夫は二年目に無断で家を出て某市のある会社に勤めました。それ以来四年間、妹は両親に仕えて味気ない日々を送っています。両親は「嫁をやったら倅はなお帰って来なくなる」と言って妹を出さず、夫はときどき帰ってくるようですが、おいおい地位も進み面白くなりますので、この頃は帰る気もしないと言っているそうです。妹は実家に帰り母に訴えますが、可哀想には思っても人並み以上に世間体を気にする両親は、やはり辛抱せよというばかりです。夫婦の間まで遠くなっていくのを思うと、妹が可哀想でたまりません。

評者は「こうした旧家のお嫁様はたいてい妹さんのような悲しみを包んでいらっしゃるように思われます」と言う。しかし、妹はやがて夫の「いえ」を出て、夫とともに新しい家族を作って都会で暮らす生活を選ぶことは目に見えている。わりあい裕福な農家では、あととりを含む息子たちに高等教育を受けさせるが、それらのあととりは農村に戻って「いえ」を継ぐ生活には飽き足らず、離農の途を選ぶ。農家の息子が離農してサラリーマンになるには、生活可能な賃金を取得できるだけの教育を受けていなければならないから、子にある程度の高等教育を受けさせることができる大・中の農家や地主などの階層に属する者が多い。

前述の投稿に見られるような村落社会の中核を占め、その周辺を分家などの親族や小作人たちに取り囲まれているような地主層の「いえ」においてさえ、家産の維持のためのみで創意工夫を挟む余地のない生活に飽き足らず、あととりとしての地位を放棄して都会に出てサラリーマンになることが許されるほど、「いえ」の締め付けは緩んできている。

一九四一年、福島県の十四代目の中農の箭内名左右衛門により雑誌「村」に発表された「家の将来を憂い農村の実情を思う」の論説は、翌年の「文藝春秋」二十巻五号（一九四二年五月）の特集「いえの精神について」の中に「家郷を護る」と題して、再録されている。これは、箭内名左右衛門が大正の半ばから多くなった離村の流れを慨嘆し、その感想を孫たちに語り、筆記させたものである。

古希を迎えた箭内名左右衛門は、十四代四百年続いた中農以上の農家で、田畑十五町歩、山林雑種地三十町歩をもつ。あととりは一八九二年、中学に入り、大学を出て裁判官になって「いえ」を継がない。前の例もそうであるが、大学を出たあととりは帰村して「いえ」を承継する意思がないのである。

箭内名左右衛門は「其許《そこもと》（長男）は名裁判を行い、一人の親として喜び、誇りに思い、これまで家庭的にも社会的にも理想であった」と言い、概略次のように語りかける。

俺等親として考えは、言うまでもなく吾が家はあくまで農を以て立たせたいのだ。なぜならば、人間が世に立ちてここに一個の職業を見付け得たと言うことは一つの誇りだ。別して其代々の祖先がその同じ職業の上に立って幾百年、何十年連綿として今日に至ったことは、吾が家としても、吾が祖先としても、特に大なる誇りである。だから相続人としての其許は、よろしく報本反始《ほうほんはんし》の主旨から、当然吾が家の職業そのものに対して、大いに酬いねばならぬことだ。

さらに、某銀行支店長が挨拶にやって来たので、離村の問題を出してみたところ、それはお家のみの問題ではなくて、農村に於ける上中流社会通有の問題であり、全国的傾向だ。そしてこの傾向は何に基づくものかを考えるとき、自ら解決されるはずだと素気なく言い放った。

「其許に知って貰わなければならぬことがある」と言い、次のことを挙げる。

まず第一に、農業の利益が薄く、借金は一文もないが、恥ずかしくて物が言えぬ消極的生活である。生活難の原因は、本来収入が少ないところへ、支出が割合多い。租税、公課、寄付、義捐《ぎえん》などが多く、利益とは没交渉で、土地を持つ者は富める者という因習的観念で重い負担を課せられる。さらに、小作争議も生じ、自分のような最小地主さえその余波を受けている。

俺のように財産を人格化して財産は祖先なりとまで渇仰して来た者からは、全く寸前暗闇で、将来のこと誰と共にか語らんと言いたくなる。

其許らを無理に百姓に引戻すということは生活問題からは虐待になり、人道上の問題であって、親としても容易に言うことはできない。相続人の努めは必ずしも祖業と一致せられぬものでもないらしい。ああ俺たち夫婦にも、こうした時代の風が吹く。正に自己革命だ。

箭内名左衛門もあととりが裁判官になって、農家としてのあとを継がないことを嘆きながら、親としては強制はできないとした上で、離農の烈しく吹く風を押し止めることはできないと言うのである。

中農以上の農家でも、当主はあととりが農業を承継してあとを継ぐことを願いながらも、離村したあととりに対して帰農を強制することは、利益をなさない農家の現状からはできないというのである。まして、中農以下の自小作農においては、農業収入だけでは生活できないことが目に見えており、食べるために離村せざるをえない若者たちがどんどん増えていく状況が続いた。

昭和の初めの農村の窮乏化

一九二九（昭和四）年に起こった世界恐慌により生糸や繭の価格が暴落し、養蚕農家がまず直撃を受け、余波は次第に米作農家にまで及び、パニックは日本の農村全体に拡大していった。

一九三〇年は豊作にもかかわらず、国民の購買力の低下により米価の暴落を招き、翌年の一九三一年には凶作が東北、北海道を襲い、一九三四年には九州の干害、関西の風水害、東北地方三県の大冷害など自然災害が相続き、農村は壊滅的な打撃を受けた。窮乏化のどん底に追い込まれた農民は、農村にいても食べることすらできないので、離村して都市に職を求めたがそこでも職にありつけず、再び帰村を余儀なくされる状態に陥る者さえあった。しかし農村には、これらの帰村農民を受け入れる余地はなく、彼らは農村の窮乏化に一層の拍車をかける結果になった。

この間の事情について、農民作家、和田伝は「改造」一六巻四号（一九三四年）に載せた「村の次男」の中で、昭和の初めになって農村から都市へと農村の過剰労働力が流出していた時代が終焉し、逆に都市が呑み込んだ農民を失業者として吐き出し、都市から農村へ逆流する状態になり、わずか一反の田をめぐって血で血を洗う争を行う小作人の姿を描く。長男が父親から相続した八反の田、五反の畑の小作地は、家の生計を維持するのにぎりぎりの土地であった。次男は分家しても一握りの小作地を貰えるめどもなく、また、小作地を新たに借りられることもないため、甲種合格の軍隊の志願に望みをかけたがそれさえもくじに漏れて、食べるに事欠く有様を伝える。

一九三一年に出版された東京朝日新聞社編『明るい里暗い村』（日本評論社）は、前年の夏、関東、東北の農村の不況が深刻を極めた時期の惨状の調査結果を、次のように報告している。宮城県南部地方の柴田郡沼辺村では、小学校全児童数六六〇余人中、欠食児童は一割をはるかに越え、八十人を下らない。また、赤ん坊を背負って通学する子守児童が多く、全校の十三学級中、三学年以上の各室に少なくとも六、七名の子守児童がいる。

一九三三年には、農家の生活苦が原因で、嫁いで二十年、六人の子をもうけながら夫婦の不和になり、夫から離婚の申し出があったという、妻からの相談がある（一九三三年二月三日「読売新聞」「婦人」「悩める女性へ」）。

私は二十年前全財産が三千円位の農家へ嫁ぎました。二十二歳の長女を頭に六人の子どもがあり、上二人は工場に出て働いています。不況のため千円ばかりの借金ができました。するとしゅうと、しゅうとめや夫は、お前のやり方が悪いために借金ができたのだから里方より金を持ってこい、それができなければ離縁するから、今すぐ出てゆけと再三再四言います。里方へ行き話しましたが、不況続きで里方でも何ともならぬと言いました。それならばお前の箪笥衣類を質に入れると言って暴れまわり、衣類をメチャメチャにしました。そして出てゆけと申しますので、詮方なく里方に帰りました。夫は二歳の児を連れてきて預かれと申します。私は乳が出ませんので、ミルク代もないからと断ると、その時は帰りましたが、二、三日して家中が留守の時に幼児を置いて行きました。二十年間婚家で働いたのに、涙金のようなものを貰えないでしょうか。子どもを引取っては私が身動きができませんが、拒否できないでしょうか。

（不孝な女）

回答者の貴族院議員の丸山鶴吉は「婚家の仕打ちは穏やかではない、いちおう弁護士に相談なさい」と言い、「不況が生む悲劇は数えることができぬほど沢山あると思うが、あなたの場合もその一つではあるまいか」と答える。

不況のために夫婦が離婚するケースが多いと答えているが、本相談は夫は苦し紛れに妻の実家に援助を求めている。妻の実家も経済的に苦しく援助ができないことが分かると、妻に離縁を迫る。妻は離縁もやむなしと思っても、現在のように離縁に伴う財産分与制度が立法されていない状況の中で、二十年も働いて涙金でも貰えないかと訴えている。農村を襲った不況のための負債にもかかわらず、「いえ」の内部の問題として解決しようとし、妻の家計処理のまずさのせいにし、妻の実家に借財を申し込ませて、経済的苦境を打開しようとする。それが不可能と分かると、多分に口減らし趣旨もあってか、幼い子を連れて実家に帰れと妻に強要し、婚姻は破綻してしまう。

村を襲った不況は社会問題になっただけでなく、このような形で家庭内に不和を醸し出し、「いえ」の崩壊を導くケースさえあることを示している。

農家相続

農地を所有する農家では、農地＝家産に基礎づけられた「いえ」を維持し、存続せしめることが何よりも優先される。そのような「いえ」について、中部相模村の地主の長男に生まれた和田伝は一九四二（昭和十七）年の『農村生活の伝統』（新潮社）の中で、自らの目で確かめた相模村の「いえ」を、次のように描写する(1)。

「百姓家はみんな実に古い」「みんなこういう古い家に住んでいる。みんなこういう風にして護られて来た家や屋敷である。みんなこうして幾代も十幾代もつづいて来ている家々である。そして、同じ家で、同じ家具や器具、同じ農具で、同じ耕作の法を継いで同じ耕地に依存して来たそれら村人の家々は、みんな実に壮麗な祖先の叙事詩をもっているのである」。その叙事詩は次のようなものである。

「みんないまも祖先と一緒に生きている。ここでは人々はいずれも祖先の切株から生えあがった若木でしかない」「その家の部落に於ける信用である。そして、この信用こそはなまなかの不動産の担保などよりも確実とされるのである。だからこれは立派にその家の祖先が残した財産であると言ってもいいのだ。そして、こういう財産も、資産とは別に、また部落に於けるその家の格、つまり道義的な席次を決定する有力な要素となる。部落の席次――つまり祭典における神社や、集会場でなど暗黙のうちにしかも厳格にさだめられる席次は、資産によってばかりさだめられるのではない」

農民の「いえ」は祖先から承継された田畑だけでなく、家屋敷、家具、農器具が一体となって、祖先とともに生き、祖先にまつわる歴史も含まれており、それらがその「いえ」の信用や格を形成し、必ずしも資産の多寡とは一致しない。「いえ」は財産を基礎にするけれども、祖先より伝承された信用、格などの精神的、情緒的要素をも含んでいる。田畑だけでなく、これらが「いえ」の財産＝家産としてあととりに一括承継されるのが農家相続である。

戦後と異なり、戦前には農家相続に関する組織的調査はなされていない。ただ、わずかに大正、昭和戦前期に民俗学者の手によって農家に関する相続慣行の調査が行われているだけである。それらは、狭い田畑を基礎に零細な農業経営を維持していくために、地域の実情に応じて農地をなんとかまとめて農業を引き継ぐ子に承継させようとする、工夫に満ちた相続慣行である。

民俗学者大間知篤三によれば、当時の日本農村に存在した相続慣行はほぼ次の四つである。(2)

(一)長男子を残す長子相続。

長子相続は中世の武士社会で発達し、単独相続と結びつき、支配的形態になったのは、武士、庶民ともに、中世から近世にかけてであったといわれる。

(二)男女にかかわらず、初生の長子を残す姉家督相続（初生子相続）。

姉家督相続（初生子相続）は初生の子が女子で、その下に長男がいる場合に行われるケースで、実際には、長女自身は相続せず、その夫である婿養子が相続人となる。長男が相続するまでは長女が家督人と称されていた。「いえ」の早期の労働力の充実という要請にこたえ、単独相続を維持する方策として採用されていた。東北、とくに岩手、秋田、宮城、山形、福島などの農村、漁村に多い。

(三)末男子を残す末子相続。

末子相続は西南日本に存在し、北限は長野県である。分割相続を基礎にし、年長順に次々と農地等を分与し、最後に末子が残った農地を一括承継する相続の慣行である。[3]

（四）親が適当と考える一人を選定して残す選定相続。

選定相続はいずれの子を残すかは慣習的に定まっておらず、親の選択に任される相続である。選定相続は末子相続と並存する地域があるために、末子相続の近縁の相続形態ともいわれる。

当時の農業経営で、「いえ」の田畑を維持していくのに必要な無償労働を提供する人数は五人である。民俗学者瀬川清子は、一九四八年、宮城県宮城郡大沢村の平ナツの次のような話を伝える。[4]

「けさきたじっちゃでも兄の娘と一緒になったけど、百姓は子がないと駄目だ。子は三人では足りない。五人なけにゃ。百姓は子が少ないと世がつまる。あまり多いとかかり負けするが、一家に働き手が五人あるとまずよい」

ナツの「いえ」の農地を承継し農業経営を続けるには、働き手が五人なければ行詰るというのである。そのため、おじとめいの屋内婚（近親婚）をも辞さないという計算すらなされた。

農家で、農地を減らさずに維持していくについては、労働力一つをみても「いえ」の構成員に多くの犠牲が強いられた。あととりは一定人数の無償の労働力に頼らざるをえないので、他の「いえ」の構成員は食べさせて貰う代わりにあととりの統制下に入り、嫁取りも嫁入りも自由にできないこともあり、不便が強いられた。また、当主＝家長としても、早く生まれた長男にすべての財産を与え、次三男や女の子には何も分与しないというのは、親の子に対する情として忍びないのも事実であった。

柳田国男は、一九三一年の『明治大正史・世相篇』で、この間の事情を次のように述べている。[5]

「温厚なる多くの家長は、自分をただ長いくさりの一つの環と考えるゆえに、常に恩愛の岐路に迷った。早く生れた子にたくさんの力を残し、末々の弟たちを従属のごとくにしてしまうには、かりに母を異にした利害の衝突はなくとも、親の情としては自然でなかった。しかし、そこには冷酷な家の法則があって、資産を均分して一門の主力を弱めることを許さなかった。しかし、農村では少しずつ自由となって、対等に近い分家がおいおい起り、従ってその間の拮抗は激しくなり、盛衰の等差はようやく著しくなるとともに、ついに小農は日本の名物とまでになってしまった。家はただかすかにしか永続することができなくなったのである」

柳田は以上のように日本では「いえ」の規制が緩み、小農が一般化し、「いえ」がもとのまま永続できなくなったと言い、その原因は家長が親子の情として諸子に対して財産を分与するようになったことにあるとするが、それはさらに次のような事情によって促進されたとみる。第一には、戦争その他の外部との交渉が起こって長男ひとりの生活ばかり前進し、他の二、三男との差が目立って来た。第二には世の中の実情が少しずつ知られて来て、いくらも自由な職業がありそうだと考えられてきた。第三には女性の知識によって男子が動かされ始め、小さな独立した生活方法が考え出され、生産経済の改革が生じた。

一九一九（大正八）年八月、臨時法制審議会が設置され、一九二五年に、「民法親族編中改正の要綱」三十四項目、一九二七年には、「民法相続編中改正の要綱」七項目が議決され、政府に答申された。これらについては後述するが、「民法改正要綱」といわれているものである。この「民法相続編中改正の要綱」（以下「改正要綱」と略称する）の案が公にされるや、一九二七年六月十六日「東京朝日新聞」は社説「家督制度の将来」で、この案は長男子以下の諸子にも相続財産を分与するという分割相続を認容するものであるが、「法制審議会は、よもや民事裁判の報告、統計、もしくは法官弁護士等の実験のみを参考資料として、その判断を左右するような、迂遠なる機関ではないと信ずる。この顕著なる全盛期の世相変化を知り、さらに今後の国運に寄与すべき二男三男の使命が、いかに重大であるかを感じ得た人々ならば、今頃分割相続主義の採用というが如き、無益の空論に耳を貸す余裕などは無いはずである」と痛烈に批判する。

分割相続は近世以降続いた相続慣行であって、今頃になって臨時法制審議会がそれを取上げるのはなんらかの特別な意図がかくされているのではないか、と次のように言う。

日本の長子相続制なるものは、少なくとも財産の関係においては、実は既に数百年の昔から、その根底を覆されていたのである。おおよそ財産と名のつくほどの土地なり動産なりを所有する親にして、生前に二男三男のために未来の計を立てなかった者は、近世に至ってほとんど一人も無いといってよろしい。単に現行民法の原則の上に、それがまた権利として確認せられておらぬという理由で、今頃になってようやく改正の議が起ったというが如き愚論は、おそらくは何らか特殊の事由に出たものであろう。

本家を父の代の通りに、立派に取続かしめんとするのが家督相続の本旨ならば、常民は久しい間その必要を重視せぬようになっておる。家に対する愛情は江戸期の平和時代この方、徐々にして肉親の子女に移って来たのである。これはまた人間性の自然であるかも知れぬ。わずかに出生の順序を前後するために、一は親方たり大将たり、他は従属として働くか、しからざれば貧民の列に下らねばならぬのを、父母として忍び得る道理がない。故に財産の分割は三反百姓の数十万を作るまでに、国民の大多数を小売小商人たらしむるまでに、ほとんど止めどもなく進行してきたのである。それを今頃、立法の力をもって、如何にうぬぼれでもどうしてみようもないのである。

仮に分割を権利として新たに二男以下に認めたとて、いわば同じ状態に名を改めたに過ぎぬのである。そんな当たり前のことを五年七年もかかって考えてもらうためにお歴々は雇わなかった。むしろ彼らが国家に対して忠実なる責務としては、つくろい普請はもはや役に立たぬことを表白し、改めて学問のより深い研究を勘説するにある。

この社説はだれが執筆したのか明らかではない。しかし、数百年前から諸子への財産分与がなされ、実質的に分割相続が行われていたという見識は前述した柳田国男の見解とほぼ同じである。一九二七年頃には、柳田は朝日新聞社に入っており、また、「常民」とか「ヲジ坊」(一家内のおじ、おばなど居候)などの独特の民俗学用語が用いられている点をみると、この社説は柳田が執筆したと推測できるが、『柳田国男全集』には登載されていない。

第二次世界大戦後の一九四八年、憲法の趣旨に沿って民法が改正され、周知のように、「家」制度、戸主、家督相続が廃止され、相続法では男女平等の諸子均分相続が立法化された。ところが、昭和二十年代の終わり頃に、民法の定めた諸子の均分相続は狭い農地しか持たない農家の経営規模をさらに細分化し、日本農業は破壊されてしまうという論議が生じ、民法の再改正論が世上をにぎわした。日本私法学会は、私も九州地区で参加したが、全国の農地相続の実態調査を行い、多くの農家ではすでに農地を生前に諸子に分与する慣行が定着しており、諸子の均分相続法を採用したとしても、それによって新たに農地が細分化されることはないという結論を発表した(この調査結果は、農政調査委員会『農家相続と農地調査年報』東京大学出版会、一九六二年に掲載されている)。すでに昭和の初めに、柳田によって同様な結論が指摘されているのである。

臨時法制審議会は一九二七年に、「改正要綱」を議決答申した。それは柳田が厳しく批判した、家督相続を緩和して、家督相続人以外の者にも相続財産を分与するという内容のものであった。関連する「要綱」の第一の一、二のみを掲げておこう。(6)

第一　戸主ノ死亡ニ因ル家督相続
一　戸主ノ死亡ニ因ル家督相続ニ於テハ家督相続人ハ被相続人ノ直系尊属、配偶者及ビ直系卑属ニ対シ相続財産中家ヲ維持スルニ必要ナル部分ヲ控除シタル剰余ノ一部ヲ分配スルコトヲ要スルモノトスルコト
二　前項ノ分配ハ相続財産ノ状態ト分配ヲ受クル者ノ員数、資力、職業、家ニ在ルト否等諸般ノ事情ヲ斟酌シテ相当ノ生活維持ヲ標準トシテ之ヲ定ムルモノトスルコト但親族会ノ意見ヲ聴クコトヲ得ルモノトスルコト（三以下は略）

農家において分割相続が「生ける法」として存在しているのであれば、それを基礎にして法規範化するのは立法の常道である。もっとも、柳田は日本農業の将来を見据えて、小農から脱却できるような立法を期待し、審議会を批判しているのである。

臨時法制審議会がこのような家督相続を緩和する案になるまでには紆余曲折があった。その審議の模様を当時の新聞の記事から拾ってみる。

一九二七年六月四日「東京朝日新聞」は、「長子相続制度に重大なる改正　二、三男以下にも遺産は分配　小委員会の要綱成る」の見出しで、相続法は審議中で、穂積重遠（一八八三―一九五一、東京帝大教授）、鵜沢聡明（一八七三―一九五五、政治家）、池田寅二郎（一八七九―一九三九、司法省参事官、裁判官）らの小委員会は、現行相続法では、家督相続人（長子）が戸主の全財産を承継し、二、三男はなんらの財産をも取得しない点を改正し、「家督相続人（長子）は家格を維持し祭祀を行うに必要なる財産を家督相続として承継し、残余の財産は長子、二男、三男等が平等の割合にて承継する」という案を作成したと伝える。

同年八月八日「東京朝日新聞」によれば、穂積、鵜沢、池田の三小委員で決定された改正案は、主査委員会で

審議検討され、相続財産を数字的に分配することは不可能という反対論が出て、次のように決定され、総会に付議されることになった。「一　家督相続に関し相続財産の分配方法は左の順序による。（一）被相続人の生前における分配に従うこと、（二）被相続人の配偶者および家に在る相続人の兄弟は、その生活に必要なる程度の財産を承継し、残余はすべて家督相続人これを承継すること、もしこの分配につき紛議を生ずる場合は家事裁判の裁定に従うこと（後は省略）」

この主査委員会案は小委員会の案の逆であって、家督相続人の承継する財産が細分化されないようにするため、分家をしない二、三男、姉妹や被相続人の配偶者には生活に必要な程度の財産を取得させ、残余はすべて家督相続人に承継させる案である。

同年十一月二十八日「東京朝日新聞」は「長子主義緩和を主眼に相続法の根本改正」という見出しで、法制審議会に主査委員会案が富井政章主査委員長から平沼騏一郎法制審議会総裁に報告され、十一月二十九日午後一時、首相官邸で法制審議会総会の開催を報ずる。八月から十一月までの足掛け四カ月の間に、主査委員会案に対して改正が加えられ、ほぼ小委員会案に近い形に修正された「改正要綱」案が付議された。

同年十一月三十日「東京朝日新聞」は、「相続財産分配の標準で一流法律家の論戦 ― 相続法改正案を議題として ― 緊張した法審総会」の見出しで、前日開催された総会で松本烝治委員と他の委員の質問のやりとりを紹介する。

松田源治（一八七五―一九三六、政治家）「改正案では相続財産分配の標準が不明瞭ではないか」

松本烝治（一八七七―一九五四、東京帝大教授）「その通りである。相続財産の何割を誰に与えるとの事を書くと明瞭であるが、今度の改正は従来の淳風美俗を尊重し家長主義を基調とし、個人主義を加味したのだから、にわかに事を明確にしては進みすぎると思うので改正案の如く定めたが、第二項においてその標準を定めているからこれで救えると思う」

鈴木富士弥（一八八二―一九四六、政治家）「相続財産中家を維持するに必要なる部分を控除したる剰余の一部分としているが、家を維持するか否かを何人が判断するか、又分配の基準をだれが定めるか」

松本「被相続人が定める」

鈴木「剰余の一部を分配するを要すとしていて、権利なるかの如く規定しているが事実は極めて薄弱な制度ではないか」

松本「分配するを要すと義務を規定しているが、分配を請求する権利がないのである」

美濃部達吉（一八七三―一九四八、東京帝大教授）「権利なしとすれば単に徳義上の規定となり、道徳と法律との区別が明らかでないではないか」

松本・穂積両氏「現行民法は長子が全部を相続するので、これを徹底的に破る意思がなく、しかし次男等が何等の権利なしというのは気の毒だから残余の一部を分配するを要すと規定したものである。したがって家督相続人に財産を分配する義務はあるが相手方に権利を生じない制度にした故に、分配の件につき司法裁判所に訴える権利なく、ただ著しき不当な分配に対し家事裁判を求めるを得ることにした」

美濃部「訴権なき権利類似のものは余り見ない所である」

美濃部の主張が法律論としては筋が通っている。この「改正要綱」の相続法は次三男は長子に対して相続財産の分与を請求する訴権なしということが象徴しているように、家督相続に分割相続を取り入れて多少の修正を加えた程度のもので、社会情勢により家督相続一本だけを維持することができず、やむなくなされた妥協の産物である。

ところが、当時の新聞の投書欄には、あととり以外の兄弟たちに適当に相続財産を分与するという改正案では不徹底であるという、次のような投書が掲載されている。

一九二七年六月十八日「東京朝日新聞」「鉄箒（投書欄）」にK男が「相続法の不備」と題し、実例を挙げて当局の注意を促したいとする。


鳥取県の弓浜半島は海外発展が盛んな地方で、二、三男は米国や南洋に出かける。その中に、小一万円を送金した感心な青年があった。父危篤の電報を受けて急いで帰って来たが、父はもうこの世の人ではなかった。葬式も済み、後始末の段になって、自分が十年近くの間に送って置いた金はすべて長男が相続してしまい、自分は一文も貰えない。民法の規定はともかく、自分の送った金なのだからと米子の裁判所で争ってみたが、無論敗訴になった。彼は日本の制度を怨んで再び米国に発った。

これに似た例はまだ幾らもある。この場合、二、三男に長子の二分の一、三分の一の相続分でもまだ不適当である。

つぎに、妻の遺産が全然定められていないために、遺言無しに死んだ場合、かえって親子仲をまずくする実例がどれほど多いことか。昨日まで、母親として家事の宰配をふるっていた者が一転してただの一家族として扶養を受ける。それも代々の財産で当主が堅実な者ならよいが、長子にありがちの放蕩者で、その財産が親二人の共かせぎの結果だったとしたら、母親に対して気の毒であり、また、不当である。

日本の民法にはかかる実際生活を考慮した条項が乏しい。今少し勤労所得者の権利を重んずる方法を考えてほしい。

相続法の改正が提案されたけれども、その案は相続の実態とかなり隔たったもので、民俗学者や一般の人々から厳しく批判された。

（1）和田伝『農村社会の伝統』新潮社、一九四二年、八三―八六、八八―八九頁。
（2）『大間知篤三著作集』第一巻「家の伝承」、未来社、一九七五年、二二一―二二七、四三四―四三七頁。
（3）内藤莞爾「末子相続研究序説」「哲学年報」一九輯、一九七〇年。
（4）瀬川清子『村の女たち』未来社、一九七〇年、一六―一八頁。
（5）柳田国男「明治大正史・世相篇」『柳田国男全集』二六巻、筑摩書房、一九三一年（ちくま文庫、一九九〇年）、二五一―二五二、二六四―二六五頁。
（6）外岡茂十郎『親族法・相続法教材』敬文堂、一九五二年、一六五―一六六頁。

村落の中の子ども

子守り

日本の農村、漁村では、子どもが一定の年齢に達すると、他人の幼い子の子守りをやらされるのが通常であった。家族の貧富に関係なく、人手不足を補うためと女の子のしつけとして、親族や近所の人々の子守りをしたことは民俗学者、宮本常一によって詳しく報告されている。[1] 伊豆新島では、八歳になれば子守りをする能力がついたとされ、必ず子どもを背負わされた。子守りは、貧しい家の子ばかりでなく、親族などに適当な守りのできる子どもがいれば頼むこともあった。子どもを遊ばせておくのは身のためにならないと思われ、親たちは子守りを用事の一つとして言いつけた。宮本の郷里の山口県大島地方では、子守りはたいてい親類の子が頼まれた。十三歳になると、機織をさせられる。それまでが子ども仲間であり、子守りを集団で行い、子守りの年長者を守庄屋と呼び、他の子守りを統制した。

子を子守りに出す家庭は概して貧しい家庭が多かった。大正時代、長野県飯田町で開業医を父親にもった農学者古島敏雄は、自分の家に五人の子守りやお手伝いがいたことを追想する。一人は同じ町内の出身、一人は一二、三キロ離れた同郡の村の出身、二人は新潟県出身、五人目は神奈川県出身のおじの家の小作人の娘で、十歳前後であった。この年頃では、子守り奉公、家事手伝いがごく普通に、いずれも寄留届をして、奉公先から小学校に通った。[2]

詩人松永伍一は『子守唄の人生』の中で、丹後の老人ホームの稲山キク（一八九二〈明治二十五〉年生まれ）の聞き書きを披露する。七歳の時に子守りになって他所の家に行き二十歳で結婚するまで何軒かの家を転々とした。七―十五歳までが子守り、それ以後二十歳までが女中奉公で、小学校にはまったく行っていない。生家は小作のようであるが、本人は「それこそ犬の小便というか、あっちきてくれこっちきてくれで、……子どもの頃から親の世話で大きゅうなったのじゃない、他所においてもろうて大きゅうなった」と言う。子守り巡礼と言われるように、転々と他所の飯を食って生きついだ生活である。松永が手を尽くして聞き出したところによると、子守りと女中奉公を合わせた十三年間、長いのは七年、後は一年とか半年とかで、五、六軒は確実に移動している。[3]

一九〇七年、茨城県西中根、旧中野村に生まれた川又まさは幼児期から厳しい生活を余儀なくされたので、大正の初め、八歳のとき隣村の米酒販売の商家の子守りになり、一年の後に子が生まれた隣家に回され、さらに別の農家にやられ、子守りとも農雇ともつかない奉公を三年経験した。まさの語る子守りの生活は朝五時か六時頃から、夜の九時、十時まで赤ん坊をおぶった。食事は麦ばかりのご飯や芋のご飯が主体で、着る物は半反の反物を貰って母親が縫っていた。貰ったお金は使わず貯めて、すべて実家にもって帰るという惨めな生活である。[4]

一九一九（大正八）年十月四日「福岡日日新聞」は、福岡県の産炭地の学齢中の不就学者、尋常小学校中途退学者四十余名の保護者を調査し、不就学、中途退学の理由の大部分は「子守り」であると述べている。[5] 弟妹の子守りあるいは子守り奉公に出るために、学校に行けない児童が非常に多いことを示している。

一八九九年、福岡県遠賀郡芦屋尋常小学校で子守り生徒のために子守り教育を実施し、さらに三池郡の各町村学校も実施に踏みきり、正課時間後に二時間、二カ年、子守り生徒のために特別学級の編成をしている。その後、就学率の上昇とともに子守り学級は廃止されたが、貧困、子守り、その他の理由での不就学児童は非常に多かった。福岡市内の各小学校では、それらの児童のための特別学級が設定された。[6]

子守り、年長になっての女中奉公は戦前の農村、漁村では、子どもの間で広く行われていたのである。

これまで、日本の子どもが村落の中でどのように育てられ、生活してきたのかは必ずしも明らかにされていなかった。アリエスの『子供の誕生』が出版されて以来、ようやく注目され、明るみに出されつつある。

アリエスは、西欧中世で子どもが置かれていた社会は、地縁、血縁の多様な人間関係の網の目から構成された社会であって、そこは人と人との濃密な関係から生じた社交的感情――ソシャビリテで支配されていたとする。子どもは幼児期を終えると、このような人間関係の中に放り込まれ、結び目の一つを構成し、将来就くべき仕事を習得した。見習奉公こそ、中世の子どもについて知られていた唯一の教育の方法である。子どもたちは共同体の一員として大人たちと、労働も遊びも苦しみも喜びもともに分かち合ったというのである。[7]

日本の村落社会の子どもの状況は明らかにされていないけれども、アリエスなどにより示された子どもの置かれた状況は、わが国で村落共同体の中の地縁、血縁に縛られて生活している子どもの状況とそれほど隔たってはいないと思われる。

子どものしつけ

一八七二年「学制」が施行され、学校教育が普及し、就学児童も増加し始めると、それまで家庭内、村落共同体内で行われていた子どもに対するしつけの習慣も衰退し、日露戦争後すなわち明治四十年代半ば頃になると、しつけ、見習いのしきたりを民衆の日常生活の中に見ることができなくなったといわれる。

しつけは「礼儀作法や生活技術を身につけさせること」で、「人を一人前にすること、その訓練をいうのであって、仕事技術の能力だけではなく、衆人の承認する交際・生活の仕方、仕振りと、労働・交際・生活の見方・倫理・信仰などを会得させることが眼目」とされる(8)。しつけは男女の区別なく、社会生活に入る幼年期に、社会的承認を受ける言行を習得させるためになされる。

一九四六年「民間伝承」一一巻一号（一〇七号）は「躾・見習ひ」の特集を組む。

郷土史家田中耕之助は、秋田の仙北郡角館町地方にかつて行われていたしつけのしきたりを、次のように報告する(9)。男女ともに七歳頃までは各家庭でしつけがなされるが、それ以上になると、武家と町家ではやり方が違っていた。武家は専門的に錬成し、町家では職場を通じて修練するのが原則である。武家では、男の子は七歳頃から家庭外の塾または道場で学術錬成に伴うしつけを行い、女の子も七歳頃より十二、三歳までに武家の統領の佐竹家によって行儀、作法の実習がなされ、家主自らの手で言葉や立ち振る舞いが教えられた。町家の男の子は十一歳より成年になるまで見習い奉公といって、地方の家憲がしっかりした家庭に預けられ、その家の業務をしながら、家事、応接の言葉・動作などがしつけられた。女の子も同様に、十二、三歳より十五、六歳までの間、礼儀作法の行届いた家に見習い奉公に出された。行儀、作法を習ったが、その家の使用人とは別の取扱いを受けた。

郷土史家山口彌一郎は岩手の江刺郡福岡村水押などの農村を調査し、その地域のしつけの慣行を述べている。[10]もとはどの農家でも男の子を補習学校や青年学校などに入れることを嫌がっていた。小学生は手伝わせることはできても、農業技術を教えるなどの年齢ではないが、小学校を終えた十三、四歳を農業のしつけの年齢とみて、野良に親が連れて行って農業技術を教えた。女の子には、冬になると裁縫が教えられ、村の中の裁縫ができる人の家に習いに通わせた。幾冬通わせたかということが嫁にできる年齢の基準になった。男の子は中農以下では藁細工が教えられ、上層の一部が村の師匠について漢学を習った。

昭和になって男女とも青年学校に入るが、とくに教える人がいないから、男の子は草履もわらじも作れず、女の子も着物一枚縫えないといわれている。

男子は小学校高等科に入ると青年会に入会し、村付き合いを習う。多くは十四、五歳である。女子は嫁になってから一人前となって、村付き合いが教えられる。若者たちは田打餅、縄ない餅などを作って、雨降りの適当な日を選び、米一升を持ち寄って廻り宿で食べるが、総本家を別にすれば、他の者は貧富、上下の区別なく、年齢順に座席を定め、一つでも年上の者を目上として尊敬するなど、ここで厳重なしつけがなされた。

宮本常一によれば、山口県大島地方の農家のしつけの眼目は、子どもを村人から後ろ指を指されない人に育てることにあったという。[11]

村人としての資格は「後ろ指を指されるような事はせぬ」と他人の前で言い切れることであった。後ろ指を指されない第一の条件は、親の言い付けが守れることである。第二の条件は意地悪をしないことである。意地悪のことは「シゴンナラズ」といった。「シゴンナラズ」は、行為にひずんだところがあることをいい、「三つ子の魂六十まで」といって、幼少の折りにそういうものがあると死ぬるまで付きまとうといわれた。弱い者を苛めたり、嘘をついたり、人の物を盗んだりするのが「シゴンナラズ」である。こういうものは家庭のしつけ次第だといわれた。第三として、意気地なしも嫌われた。そういう子に限って家では乱暴をよくするので、「ヨコザベンケイ」といわれた。「ヨコザベンケイが何になるか」と後ろ指を指される。

子どものしつけは物心がついてから始められる。まず子守りが一つひとつ物事を教えていく。三、四歳になって子守りがいらなくなれば、仲間に入って遊ぶようになる。

家庭内のしつけも男女の別がある。女の子に対しては母親、また男の子については父親がしつけを担当する。父親は女の子に対してはあまりやかましくいわない。しかし、男の子に対しては母親も口を出す。子どもの過失で叱責する場合に、女の子はつねられることが多いが、男の子は叩かれる。しかし、長子にだけは頭に手を掛けない親が多い。

農家では、子が六、七歳になると、しつけは母親が主として担当した。子は学校から帰ると、男の子は親に連れられ田畑で働き、親の仕事振りを見習い、また女の子は子守りをさせられた(12)。子どもが幼い頃の父親のしつけが果たす役割は、母親ほど重要ではなかった。それは、しつけの範囲が母親のそれと異なっていたからである。男の子には父親によって、主として仕事の仕方が教えられた。いずれにしても、農家においても概して母親と父親がそれぞれ分担してしつけをしていたことが伺えるのである。

明治から戦後にいたるまでの日本人のしつけについては、拙著『日本人のしつけ』に詳しく論じているので、そちらを参照していただきたい。

身売り

日本では古くから子どもを売る歌や話は多かった。昭和十年代でも、子どもが夕方遅くまで遊んでいると、親から子取りが来るとか、サーカスに売られると言われた記憶が残っている。宮本常一は子どもの身売りについて、

次のような慣習を伝える。(13)

山形県最上地方は極度に窮乏化し、貧しい家では年季を切って子を売る風習があった。買い主は福島南部、茨城、栃木の関東平野の農村の人たちで、この子どもたちを最上子といった。人売りの男や老婆が子どもを縄でくくって、数珠つなぎで南へ南へと歩いて行ったという。このような風習は明治の中期頃からあまり見かけなくったが、一人二人を連れて売る風習は、昭和の初めまで続いていた。

このほか宮城県の北部では、石巻や気仙沼の方へ子どもを売る風習、出羽の庄内地方では、育てるのに困った六、七歳の子どもを沖の飛島にやる風習、伊豆や駿河の海岸、三河湾の島々でも身よりのない子どもを貰って育てる慣習などが、いずれも昭和の初めまであったと報告されている。

子どもの売買は貧しい農家、あるいは労働力が余っている農家と、人手が不足したり、暮らしに余裕のある農家の間でなされた。愛知県三河地方では、信濃との境の山中の村落に、生活に困った者や後家になった女性が、暮らしにゆとりのある家を訪ねて子どもを預かって貰う習慣があった。預かった家ではそれらの子を家族の一員として処遇し、古い戸籍には養子と記載されている。もっとも、それらの子は成長して妻帯し分家する際に、実子とは違って土地の分与を受けず、多くの者は小作人にとどまった。

これらを見ても、子どもの身売りやそれに類する子どもの売買は、昭和初め頃まで日本の各地で行われていたと考えられる。

一九三一(昭和六)年、柳田国男も『明治大正史・世相篇』の中で奥羽のある都市では、毎年何十人という小さな奉公人を託され売って歩く、巡回桂庵《けいあん》(周旋屋《しゅうせんや》)の次のような話を伝える。(14) 奥羽のある都市で、何十人かの子どもを引率して暖かい地方に出て来ることを職業とする老女がいた。沿道の農家から丈夫そうな者を見立て年季を切って抱える。子どもに若干の給金の前渡しをして、老女は雑費と手数料をその中からとった。越後と信州の間にも、この巡回桂庵ともいうべき職業が一九三〇年頃まで盛んに行われていたとされる。

昭和の初め、東北地方の農村の惨状を象徴する実例としてしばしば引き合いに出されるのが、山形県最上郡西小国村の人身売買である。この地方の窮乏化は甚だしく、官地払い下げに関連して、娘を娼妓に売りその身代金でもって払い下げに応じているとマスコミが報じたので、一九三二年、「廓清会婦人矯風会廃娼連盟」が実態を調査している。その報告書が松宮一也・橋本成之著『農村疲弊と子女売買問題』として出ている。それによると、一九三〇年、最上郡西小国村で、芸・娼妓、酌婦などの売春関係就労者は一〇九名で、同村の出稼人三九七名の二七・五パーセントになり、女子出稼人一六二名中の六七パーセントになる。村から出稼ぎに出る女子の半分以上が売春関係に就労しているのである。

一九三四年十月二十二日「東京朝日新聞」に連載された「東北の凶作地方を見る」（その九）は、娘の身売りの実態を伝える。山形県最上郡で、身売り防止の方策を立て新庄警察署が村で主催した「娘を売るな」の座談会について、次のように報じている。

「娘一人の身代金は年期四年で五百円ないし八百円、しかし周旋屋の手数料や着物代や何かを差引かれて実際親の手に渡るのは、せいぜい百三十円位だ。可愛い娘を手離しても、百五十円の金を握りたい、一つの悪風習であろうが、やはりそれを詮じつめると食えない苦しさからに違いないだろう。こうして床のない家、床があっても畳のない家々から娘がポツリポツリ芸者に、娼妓に、あるいは酌婦に売られ、姿を消してゆく」。まことに悲惨な情景である。

新聞の「身の上相談」には、大正の初めから昭和にかけて、娘本人の、親が自分を売ろうとしているがどうしたらよいかという、痛ましい相談が多く掲載されている。そのいくつかをみよう。

一九一四年十二月五日「読売新聞」「身の上相談」「身を売るのは」
私は今年十九歳の女、家はこの夏まで商売をしていたが、この戦争のために失敗し、家屋敷はみな人手に渡り、負債までできて、どうすることもできなくなりました。その負債がおじの方にも関係あるところから、はては父母に無断で東京へでも行って身を売り、その金で負債の幾分を弁償するようにと勧めます。もちろん断ろうと思いますが、言い出しかねています。どうしたらよいかお教え下さい。（不運女）

記者「決して身を売るような馬鹿な事をしてはいけません。伯父さんの言う事など聴きなさいますな、借金のために身を売るのは自分で、禍をますます大きくするようなものです」
次は一九三四年一月二十九日「東京朝日新聞」「女性相談」での、千代子という女性の相談である。

私の家は貧乏だけれども五十歳の父親も母親も働かず、子どもを当てにして暮らしています。私は三女で、一番上の姉は家出し次の姉は千住で娼妓をし妹は奉公、私はいま二十一歳になりますが九歳から十三歳までおばの家で働き、十四歳の時、親はおばがもうお金を貸してくれないからと言って私をある家に前借で年期奉公に出し、二十一歳まで働きました。今度、父は私に卑しい商売をせよと迫り、先日抱え主が私を見に来て話が決まったようです。私の姉様が売られて行く時にはそれはそれはなぐられぬいて連れて行かれたのですが、私にその番が来ました。私は恐ろしさのあまり死のうとして家を出ましたが、はからずもただ今居るおうちの方にお逢いして、心ならずも今日になりました。一番上の姉様の家出は私と同じことだったのです。親類でもあきれて誰一人かまって下さいません。ただ今置いて貰っている家は、私が昨年まで厄介になっていた御主人の親類先なので、私が見つかれば非常に迷惑をかけることになります。私は安心している所が何所にもございません。やっぱり私は親のいう通り、嫌なつとめをしなければなりませんでしょうか。それが子としての親に対する道でしょうか。

これに対し、山田わか（母性保護法制定促進婦人連盟委員長）はこう答える。「死んでもそんな女になりたくないとおっしゃる。本当にそれは立派な覚悟です。どうぞ、その心意気をどこまでも捨てないで下さい。あなたの場合、親のいう通りにならないことが子として親に対する道なのです。親のいう通りになるのが、親不孝になります」。山田わかは道理を説くだけで、それ以上にどこかに相談せよとか、どうしたらよいのかについては、なにも答えていない。窮乏化が原因で親が仕事もせずに平気で娘を売るという、子の人権無視が行われていたのである。

どん底の生活を余儀なくさせられる農村の不況を背景にして、子どもの人権が尊重されず、子どもを私物化する親の意識も手伝って、もっとも弱い女の子を身売りさせて当座をしのごうとする、なんともやりきれない状況が浮かんでくる。

（1）宮本常一「日本の子供たち」『宮本常一著作集』八、未来社、一九六九年、一三七―一三八頁。
（2）古島敏雄『子供たちの大正時代―田舎町の生活誌』平凡社、一九八二年、二〇八頁。
（3）松永伍一『子守唄の人生』中公新書、一九七六年、三五―三七、四一頁。
（4）東敏雄編著『女性の仕事と生活の農村史』お茶の水書房、一九八九年、六四―八三頁。
（5）大川由美「近代福岡県における不就学の子ども達―子守学級・特別学級」「福岡県女性史・女性学ノート」二号、一九九四年、四七―四八頁。

（6）同右五三―五六頁。
（7）森田伸子「アンシャンレジームにおける子ども社会―その心性とイデオロギー」宮沢康人編『社会史のなかの子ども―アリエス以後の家族と学校の近代』新曜社、一九八七年、一〇六頁。
（8）柳田国男監修『民俗学辞典』東京堂出版、一九五一年、二六〇―二六一頁。
（9）田中耕之助「躾・見習ひ」「民間伝承」一一巻一号、一九四六年、一四―一六頁。
（10）山口彌一郎「農村の躾」「民間伝承」一一巻一号一〇―一一頁。
（11）宮本常一「幼時の躾」「民間伝承」一一巻一号一一―一三頁。
（12）有地亨『日本人のしつけ』法律文化社、二〇〇〇年。
（13）宮本常一「日本の子供たち」『宮本常一著作集』八、未来社、一九六九年、一五六―一五八頁
（14）柳田国男「明治大正史・世相編」『柳田国男全集』二六巻、筑摩書房、一九三一年（ちくま文庫）二七〇―二七一頁。

婚姻に対する共同体規制の弛緩

近世の村落社会では、社会結合のかなめは親族組織であって、村落内の生産関係はおおかた親族によって組織化されていた。しかし、明治になって村落は、村落外の人との頻繁な交流、さらに商品交換経済の浸透によって、漸次親族組織が拡散し、親族血縁の紐帯が共同体構成員を相互に結び付ける力を弱め、構成員に対する共同体規制を緩めていった。村落共同体のきずなが緩んだ原因について、柳田国男と大藤時彦は、交通機関が発達し、道路も整備され、村落の経済活動が進展し、外部の新しい職業をもった人々が入村して定着し始めたことで、村落

共同体の封鎖性が解体し、共同体の交際の範囲も次第に拡大していったとする[1]。

このようにして、村落社会の閉鎖性が次第に解放され、人々の離村、入村が頻繁になるに従って、通婚圏も拡がっていった。

通婚圏の拡大

大正期までの農村の若者たちの結婚の多くは、所属する村落の婚姻慣行、評判、世間体などの多種の社会統制を受け、それに従った結婚のみが当該の社会によって承認された結婚とみなされたために、そのような村落居住民同士の結婚が普通であった。

この村内婚は、お互いに相手方の素性も分かり、家格の問題の解決も容易であったが、男女の交際範囲が村外にまで拡大し、また家格を重視するかぎり、上層の農家は同一村落内に同一家格の「いえ」を見出すことも容易でないという事情もあって、村外婚も多くなり、通婚圏の拡大は止めることができない勢いであった。

明治、大正期の通婚圏の調査は少なく、私の知るかぎり民俗学者瀬川清子の調査がもっとも詳しいものである[2]。瀬川は戸籍に基づいて、関東地方の織物村四、農村五の九カ村の通婚圏について、幕末五十年間の婚姻一一六〇件の調査をしている。それによると、自村と三里圏内の婚姻が八九・八パーセント、その外廓の三里外十五里圏内の通婚は八・五パーセント、それ以上遠方の人との婚姻は一・七パーセントに止まり、十九世紀末までの農村の通婚圏は狭小であった。この狭い範囲内では、庄屋や物持ちの旦那の「いえ」では、家格の釣り合いのとれた相応の「いえ」を村内に見つけるのは困難であるため、これらの息子の嫁は遠方の相応の格式の「いえ」から貰うものが多くなった。その結果、村落の旧家で遠方地域の人とだけ通婚して、村内には一戸の親戚もない「いえ」も出てきた。村落の豪家も遠方の土地の人と縁組することが多くなってきた。

このようにして村落の武家出身で、上層の旦那衆の「いえ」がまず村外婚、遠方婚によって通婚圏を拡大する先駆けとなった。

一八九九（明治三十二）年から一九一三（大正二）年の間の婚姻中、三里圏内の婚姻は七九パーセント、三里外十五里圏内の婚姻は一六パーセント、十五里外の婚姻は五パーセントと遠方婚が少しずつ増加し、一九二四年から一九三三（昭和八）年では、三里圏内の婚姻が七〇パーセントに減少し、三里外十五里圏内の婚姻が一五パーセント、十五里圏外の婚姻も一五パーセントに上昇している。

これらをみても、明治から大正、昭和と進むにつれて、遠方婚、村外婚が少しずつ増加している。

若者宿・娘宿の変質

太平洋戦争さなかの一九四三年頃、瀬川清子の若者宿・娘宿に関する次のような調査報告がある[3]。新潟県岩船郡上海府村は日本海に面した浜辺の集落で、男子たちは漁業、船乗り業、農業、炭焼きをし、女子は野良仕事を分担していた。女子たちは、年頃の者が仲間をつくって夕飯後や休みの日に集まるオナゴ衆宿があった。村の中の亭主のいない寡婦だけの家を借りて、集合する場所が部落に三、四カ所あった。そこで、藤の樹皮の繊維の糸を紡いだり、ぼろ着を継ぐ仕事をした。休日には山に行って明かりにするジン——ジン松を取って来て、若衆に割って貰い、マツアゲ台に松明を焚いて仕事をする。

若衆は十五歳になると、正月二日のウタイゾメが若者宿の仲間入りで、酒一升を持参して「ワケエ衆宿」で飲む。この時、タビからの聟（他地方から聟入りした者）も婚家から若者入りの酒を贈る。三十五歳になるまで若衆で、泥棒、酒飲、火つけなどに対し、警察の代わりになって行動する。遭難船の救助も若衆の役目である。

このように、比較的最近まで若者宿、娘宿が存在し、一定の役割を果たしていた。しかし、これらは残った数少ない事例である。

柳田国男も一八九八年頃、渥美半島の伊良潮岬を訪れた旅行記を「遊海島記」と題して出しているが、その中に古老の若者宿の話を記しており、若者たちは不文律の中にも自分の行動には責任をもったと描写している。[4]

一九三三年、福岡県筑前大島にも若者宿があったというリポートがあり、[5]その役割について詳しく述べられている。大島は神湊の西北六マイル余（約九キロ）の玄界灘の真中の島である。周囲三里二十四丁、戸数三百、人口一八〇〇で、純農は四、五軒、ほとんどは漁業を本業としていた。

島の青年団は明治末までは若者組と称し、縄張りがあって、他の部落の若者が村のじょうもん（娘）のところに来てよばいや付文などをすれば、若者頭（宿老）はただちに先方の部落の若者頭に抗議した。それでも止めなければ、監視をつけた上、見つけ次第闇打ちで制裁を加えた。これから「尼洗いの酒」が生れ、祝儀の当日、酒三升か五升と肴代として五十銭位を添え、娘の方の部落の若者に贈り、この酒によって嫁に行く者は過去を清算したことになる。この「尼洗い酒」は当時でも実行されていたとされる。

少なくとも、明治末頃までは全国的に見て、村落の若者や娘たちが集って夜なべや神事にかこつけて、飲食する機会をもっていたことはよく知られている。これらの若衆仲間、娘仲間が村の結婚を統制し、共同体規制下に置いていた。若者の仲間集団がどうして結婚にタッチし、管理するようになったのかについて、柳田国男は、男女を品評しまた等差づけるような機会は、心を許しあったこの未婚の集団より外には、それを求めることができなかったからだと言い、初めて男女の情に目覚めた若者たちが他に害を与えずに男女関係を知るには、最上の方法であったとみる。[6]

明治末あたりから、徐々に娘宿や若者宿が消えて行った。明治政府は村落の自治に関して若者組などに委ねるのではなく、国家の手によって再編成しようと試みた。政府は山本滝之助（一八七三―一九三一、地方青年団運動指導者）などの協力をえて、市町村に青年会の設立を勧め、青年会を通して地方青年を統制しようとした。一九一〇年四月、全国から一九〇〇人余の青年が集められ、全国青年大会が名古屋で開催され、「青年団規十二則」「実行すべき要目」が議決された。それは村落の自治ではなく、「教育勅語」「戊申詔書」の趣旨の尊重、祖先崇拝、忠君愛国の精神の涵養などを目指すものであった[7]。

一九一五年、文部・内務両省は若者組などの青年団について、「国家ノ進展ヲ扶持スルノ精神ト素質トヲ養成セシムル機関」と位置づけ、共同訓令を発して統制を加え始める。一九二〇年には青年団の全国統一を行い、一九二四年十一月に大日本連合青年団を結成し、国家の手によって組織された青年団が出来上がった。若者組は解体され、国家の目的を達成するのに寄与する青年団に編成替えされた[8]。

農村における娘たちの集団に対しても、若者組に対すると同様に国による統制が加えられた。青年会の組織化に呼応するように、女子についても処女会の組織が作られた。

一九一八年、文部・内務両省により、地方農村に処女会、それらの連絡機関として処女会中央部が設立された。この会は、「女子に従順なる知識技能を授け、婦徳を涵養し、倹素勤労の風を奨め、温良貞淑にして心身共に健全なる婦人を養成する」（処女会設置標準）ことを目的とする[9]。その指導するメンバーは各県社会課の指導主事や小学校長、地元の名望家の主婦、徳望ある女子教員などであって、彼女らは料理、裁縫、育児、作法、その他家事に関する講習や修身の徳目を教えた。娘宿からは大転換である。

一九二〇年前後、全国の処女会は急速に発展し、文部省の調査では、一九二三年四月、会員は一四七万人、団体数は八八六〇に及んでいる。教育方針も良妻賢母主義から、実践的な生活に役立つ技能の習得の方向に広がった。

処女会も前述の若者宿と同様に、女子青年団に組織替えがなされ、その自主的活動に委ねるのではなく、次第に国家により統制管理され、国家政策を浸透させる機関としての役割を担わしめられるにいたった。

一九二七年十月十日の『木佐木日記』は、全国処女会統一について次のように言い、将来の危惧を洩らしている。[10]「家へ帰って夕刊を見たら、今日の秋晴れの神宮外苑で、女子青年団の発会式が行われたという記事が眼についた。これは、全国の処女会（会員一五〇万人）を統一して、大日本女子青年団を結成したもので、……全国の処女会が大日本女子青年団に統一再組織されたことによって、今後どういうことになるのだろうか。将来、軍国日本の母としての資格を得るために、旧処女会員──新聞は処女（？）会員と書いている──たちを、青年団組織の中で十分教育していこうとするのが政府の意図であろうか」

よばいの慣行の衰退

今日、よばい（夜這い）という語はかつての日本に存在していた、男女のふしだらな慣行と見る向きもある。しかし、実際はそのようなものではない。

一九三五年頃、愛媛県北宇和郡御槇村の結婚を調査した民俗学者大間知篤三は、よばいについて次のような貴重な報告を寄せる。[11]戸数八十の御内部落の上組には男女の泊り宿が三つか四つあった。昭和に入る頃から娘たちの泊り宿はなくなったが、男の若者衆の泊り宿は存在していた。男が女の家に忍んで行ったり、他村の男が泊り宿や女の家に行くことをよばいと呼んだ。自分の家のカツテやオキノ間で寝ている娘たちは今夜は忍び込んでよいというしるしに、屋前のわら打ち石の上に数を定めて小石をのせたり、また、細い縄の一端を屋外にたらし、他の一端を自分の片手に結んで寝ることもあった。

恋愛関係は男女二人だけで成立するのではなく、若者衆の統制の下でなされたのであって、二人の間に第三者が入って仲介（フナワタシ）をした。男は仲介者に自分の顔を立てるように言って娘に申し入れをし、娘が子を宿すと大抵夫婦になった。しかし、男が賠償金を払って別れることもあり、この場合も仲介者が二人の間に入った。よばいは村の若者衆の公知の下に、その統制に服して行われた恋愛関係であった。

佐々木哲哉（田川市石炭資料館館長）は、福岡県田川郡津野村の明治初期の通婚圏を調査し、遠方婚を除けば、村内婚と周辺村落との婚姻がほぼ同数で、しかも、その範囲が古老の語ったよばいの行く先と一致するという[12]。津野から峠越しに京都郡行良浜まで通った経験者の話を紹介する。よばいは夜の明けるまでに帰るのが原則で、前もって先方の若者頭を通じて娘の了解を得ておき、夜の八時頃に家を出て峠越しの道を一時間かけて先方に着き、午前二時頃向こうを出て四時頃帰り着くとまぐさ小屋に寝て、早朝六時頃から草刈りに出掛け牛に草を積んで帰る、そして何くわぬ顔で朝食の膳についた。

佐々木氏は、よばいになるまでの過程を克明に記録する。若い男女が相互に相手を意識するのをミシリアウ（見知り合う）という。村の内の祭りやお籠りが、年中五、六十回も頻繁に行われ、この行事や共同作業がミシリアウ機会になった。ムラやクミの全員が信仰にことよせて寄り合い、飲食をともにしながら歓談し、お互いに心を打ち解けさせた。それから男女がココロヤスウナル（恋愛）のである。さらに結婚へと進む場合には、同一村落内では男は最初に若者組に話を持ち込み、若者頭が仲介の労をとって、チョウチンモチ（口利き）によって穏やかに話を持っていく場合もあれば、直接にヨバイを取り持つこともある。最後にはヨメカタゲ（嫁盗み）に訴えることもあったが、いずれも若者組の統制下に置かれていた。

村落を異にする男女がミシリアウ機会は、宵祭りや盆踊り、オクンチなどで、他の村落民との交流が行われる場合であった。このような村をあげて楽しみ酔いしれる開放的な雰囲気が、若い男女がミシリアウ絶好のチャンスになった。

これらをみても、よばいは結婚前の無秩序で自由な性交渉ではなく、当事者間には暗黙の了解がある。村落の結婚については若者組の統制、管理下に置かれており、よばいも結婚に対する社会規範と同一の規範により担保されていた[13]。

ところが明治末頃から、村落における共同体規制が弛緩し、閉鎖性が次第に解除されてくると、若者組の統制力も弱化し、若者組などの消滅と期を同じくしてよばいの慣行も次第に行われなくなっていった。

若者組の統制下に置かれなくなったよばいは、儒教的倫理観の村落への浸透と相まって、不道徳なふしだらな行為とみなされるようになる。佐々木哲哉の福岡県田川郡の聞き取り調査では、大正以後電灯が普及し始めてからよばいはなくなったし、田植えの出稼ぎに来ている娘を目当てとしたよばいが多かったが、結婚にまで進むことは少なくなったとされ、疲れ切って寝ているのをつつき起こされるのがなによりも辛かったという答えすらあったと報告されている。よばいは変質してしまったといえよう。

（1）柳田国男、大藤時彦「世相史」『現代日本文明史』第一八巻、東洋経済新報社、一九四三年、九三、一八六頁

（2）瀬川清子『婚姻覚書』講談社、一九七一年、四六―四八頁。

（3）瀬川清子『村の民俗』（民俗民芸双書89）岩崎美術社、一九八二年、三七―三八頁。

（4）簡単には、柳田国男の三女の堀三千『父との散歩』人文書院、一九八〇年、一三七―一四〇頁に記述されている。

（5）「旅と伝説」第六「婚姻習俗号」三元社、一九三三年、一三四―一三五頁。

（6）柳田国男「明治大正史・世相篇」『柳田国男全集』二六巻、筑摩書房、一九三一年（ちくま文庫）一三五頁。

（7）岡義武「日露戦争における新しい世代の成長（下）明治三十八年―大正三年」「思想」五一三号、一九六七年、九七―九八頁。

（8）和歌森太郎編『日本生活文化史』第九巻（芳賀登）、河出書房新社、一九七五年、一四四―一四七頁。

（9）天野藤雄『農村処女会の組織及指導』落陽堂、一九一六年（復刻、日本図書センター、一九八四年）『近代日本女子文献集』14に詳しい紹介がされている。
（10）『木佐木日記』第二巻、現代史出版会、一九七五年、三四九―三五〇頁。
（11）大間知篤三「南予の通過儀礼」『大間知篤三著作集』第二巻、未来社、一九七五年、一八七―一九〇頁。
（12）福岡県女性史編纂委員会編『光をかざす女たち―福岡県女性の歩み』（佐々木哲哉）、西日本新聞社、一九九三年、一二四―一二六頁。
（13）江守五夫「前婚姻的自由交渉慣行について」日本法社会学会編『家制度の研究』下、有斐閣、一九五七年、二九七―二九八頁。ヨバイをまとめた新しい研究は、天野武『民俗学特講・演習資料集（一）』「婚姻の民俗」岩田書店、一九九四年。

愛と結婚

有地　亨

福岡県筑紫野市にあった製糸工場の修養室、1923（大正12）年（写真提供・平原健二氏）。生け花をしたり、卓球用具などもそろえる。企業は女性の労働力を必要としていたが、女性は、家庭に入ることを前提とされた。このため、生まれ育った地を離れた女性労働者は工場でも裁縫や生け花などを身につけることが奨励された。

恋愛観念の導入と「恋愛」の諸要素

生まれ育った農村を離れて都会で俸給生活をする人々、あるいは都会に出て労働力の売り手となって労働市場を通して労働者になった人々、さらには、農村においても本家から分離、独立した分家、または村外婚の結果新しい家庭を村外で形成した人々――これらの新しい生活を始めた人々は親またはあととりの長兄の「いえ」からの規制や統制を潔しとせず、それらからの離脱を考えるようになった。

それでは、これらの人々は「いえ」の束縛から離脱し、自分たちだけで自由に恋愛し、配偶者を選択して結婚することができる条件下にあったとみてよいのか。

一八八七（明治二十）年頃から恋愛論などが雑誌に登場し、小説の中においても恋愛結婚、自由恋愛などが取沙汰されるようになった。いちおう「いえ」から解放され、自由になった若い人々が異性に対してどのような形で愛情、恋愛感情を持つに至ったのか、その恋愛がどのようなものであったのかを検討することが、日本のその後の結婚を考える場合に、非常に重要な問題であると考える。

日本では、少なくとも明治以前には「恋愛」という観念は存在しなかったとされる。[1]『古語辞典』（岩波書店、一九七四年）によれば、「恋ひ」とはひとりの異性に気持も身もひかれるという意味で、奈良時代には受身で使われており、また、「愛し」も愛欲にふけるという意味もあったようであるけれども、男（夫）が女（妻）を大切にして可愛がるということで、それ以上異性を求めるというような積極的意味をもたなかったとされる。明治になって、西欧の近代思想やキリスト教の一夫一婦制が導入され、西欧のラヴの翻訳後として「恋愛」なる語が作られた。[2]『大日本国語辞典』では、ラヴに「恋愛」という言葉を当てるようになったのは一八八九年頃からで、異性を求めるという意味も明確になり、愛欲その他の要素も含まれてきたとする。

当時、恋愛について論評し、センセーションを巻き起こしたのが明治女学校教師で評論家北村透谷である。一八九二年、透谷は「女学雑誌」に「厭世詩家と女性」という評論を連載した。その冒頭で、「恋愛は人生の秘鑰《ひやく》（秘密を明らかにする手引き──筆者注）なり、恋愛ありて後人世あり、恋愛をぬき去りたらむには人生何の意味かあらむ」と言い、恋愛とセックスとを切り離し、恋愛は人間が人生を賭けるにふさわしい精神現象であるという純粋の愛と主張した。このような恋愛観は当時の西欧文学の影響を強く受けつつあった木下尚江、島崎藤村、星野天知にショックを与えたようで、それぞれ後になってその新鮮さに圧倒されたと述懐している。ただ透谷の恋愛は「想世界と実世界との争戦より想世界の敗将をして立籠らしむる牙城」である。透谷の恋愛は非常に観念化されたものであった。[3]この点については、さらに後述する。

フランスでもアリエスによれば、歴史的にみた場合に愛（amour）の意味は多義で、しかも時代によって変化してきたという。[4]現代の精神分析では、愛の道徳的、精神的概念と肉体的概念とを峻別する。つまり、愛と性とが区別され、愛は感情、好意のような精神面を表現する言葉として用いられ、肉体的な面については官能（sensualtê）なる言葉が使用される。しかし一般の民衆語としては、セックスという言葉をよく用いながらも、愛（amour）に情事という意味をもたせて使われることもあり、用語法は曖昧としている。それというのも、愛という言葉には十八世紀までは情念（passion）と欲望（dêsir）、感情（sentiment）、生理（physiologie）という異なった二つの意味が含まれていたために、「情事を行う」を faire l'amour と表現することがどの時代でもなされてきた。十六世紀、マルグリッド・ド・ナヴァールの『エプタメロン物語』は「情事をする」という表現に **amour** を当てて、セックスの意味に用いられている。

日本でも、明治、大正期では同様であって、透谷のように純粋な恋愛を説くのは例外であったが、しかしこのように恋愛の語は多義的に用いられた。とくに、当時は男女の対等な愛情を基調とする恋愛とは縁遠い、女性蔑視の温床であった公娼制度が一般化していたことが、男女関係は即セックス関係とみなされた。[5]

一九〇五年、平民新聞の文学的グループの山口孤剣、安部貞雄、白柳秀湖などの火鞭会が出した「火鞭」一巻四号（一九〇五年一月）に、「恋愛に対する見解」「自由恋愛を是認すべきか」などを当時の男女の識者に質問し、二十余名の回答を掲載している。それをみても、恋愛に対する見解はまことに多様である。当時の恋愛の観念にセックスが含まれていたか否かを中心に見てみよう。

恋愛とセックスを峻別し、両者は別個のものだと言う者は極めて少ない。『恋愛文学』（一九〇〇年）を出した評論家青柳有美（一八七三―一九四五）は「恋愛はもともと生殖のためなれども今や恋愛を目的とする恋愛あり、ここに一種の快楽を伴う。恋愛の進化ともいうべきか」と述べ、セックスを伴わない愛情だけの恋愛の登場は恋愛が進化したものとみ、以前は恋愛とセックスが区別されていなかったというのである。

恋愛は恋愛、肉欲は肉欲として別個に存在すると言うのは成女高等女学校校長宮田修（一八七四―一九三七）で、次のように語る。「世にはこの至醇至美なる精神的の性能を解するに、単に性欲衝動（geschlecht strieb）の作用に帰する者あり」「この解釈やいわゆるラヴとパッションとを混同せるもの、断じて取るべからず。言うまでもなく恋愛の言語たるラヴは、決してしかく利己的の意義にてはなく、神と人、親と子、友人と友人等の上にかかる純粋無垢の心情にして、その生命や永劫に、普遍に、しかも純粋無垢のものなり」「さらば足下はかの両性間に特有なる性欲関係を、全くこの恋愛の成立に何らの交渉なきものとするかと。もちろんなり」「これを要するに、男女間肉欲は肉欲として存在し、恋愛は恋愛として存在し、その間自ら別種の要素より成立すと見る。これ余が今において恋愛に対する見解なり」

しかし、このような考えをもつ者は少数である。多くの識者は恋愛にはセックスが含まれると言う。いくつかの代表的な言説を挙げよう。

「恋愛のすべてが肉欲なりとは断じがたしといえども、肉欲を離れて恋愛なるものの存せざるは明らかなり。これを存するが如くいうはひっきょう詩人の理想に外ならず候」（福島春浦）。「恋愛の根底は肉欲即動物性である、さすれば恋愛とは、『愛』という霊的要素と『恋』という肉的要素との結合であるといってしかるべきである」（評論家長谷川天渓〈一八七六―一九四〇〉）。さらに、社会運動家西川光二郎（一八七六―一九四〇）は「霊と肉、言葉の上では二つなれども事実においては一なり、霊は肉より独立し得ず肉もまた霊より全く独立することを得ず、この事恋愛においてことに然り、世に霊のみの恋愛あらんや世に肉のみの恋愛あらんや、しかるに道徳先生この理を知らずしてしきりに肉の恋愛を排斥する、一つのものを二つに切りて――切れぬものを切れると仮定して――一を是認し他を排斥す、事実は道徳先生のお言葉にてごうも変わらぬことゆえ心配するに及ばねど、可笑し可笑しいといえば可笑しきことにあらずや」と言う。

このように多くの言説は恋愛では、霊と肉、すなわち愛とセックスが一体となっていると説くのである。評論家内田魯庵（一八六八―一九二九）も「恋愛は道徳的のものなり。しかしながら恋愛には必ずある生理的欲求を伴うがゆえに、恋愛を全うせんとするには肉欲の満足なかるべからず。ここにおいて恋愛が単に慕う慕われるというプラトニックを、夫婦の関係となる時には生理的価値の倫理的価値に比して決して軽かるまじきは認めざるべからず」と述べ、恋愛は肉欲の満足で完成するとみる。

以上にみたように、明治期に恋愛という言葉が導入され、フランスで、愛に愛欲、情欲、セクシャリティが含まれると理解されていたように、恋愛の意味内容には愛だけでなく、肉欲、セックスも含み、むしろ後者に重点が置かれていた。恋愛は純粋な精神的現象ではなく、セックスが当然に許されると理解されている。恋愛において愛が存在することをセックスで確認するというように、恋愛とセックスは一体と考えられていた。

他方、結婚すれば夫婦間では、セックスが社会的に許容された極めて重要な要素とみなされた。したがって、結婚が重視されればされるほど、結婚前にセックスの経験のある女性は傷物とさげすんでみなされ、結婚前の女性には純潔、処女性が厳しく要求される。このようなことから、恋愛はセックスを伴うものとみなされていたから、恋愛そのものもさげすまれ、軽んじられた。恋愛では、愛という精神的要素が重視されなかったし、また結婚でも、処女、純潔と、結納、披露、届出といった社会的承認、つまり形式性が重んじられ、愛情などの精神的要素はなかなか中核を占めるにはいたらなかった。

地方においては、恋愛はもっとさげすまれ、「福岡日日新聞」に「恋愛」という表現が現れたのが一九二六（大正十五）年であったといわれ、「野合の末」「私通の果てに」とほとんど同義語として用いられている。

福岡県の炭坑地帯で炭坑で働く人々は、農業、沖仲仕など過去に様々な職業に就いていた人が多く、彼らはそこで独自の新しい生活秩序を作っていた。「嫁さんはたいがいところ（郷里）から連れてくる。そうでないもんは恋愛たい。十人に一人は好きな人と逃げますたい。上手に逃げて八木山越え（福岡市と飯塚市との境の峠）したもんは、あの二人、いっしょにしてやろうやとまわりの者が言う。そして世話人が二人をいっしょにさせてやりよったばい[6]」。

ここでも、恋愛は野合、私通と同じ意味に用いられており、一般に容認されない男女関係であるが、炭坑地帯という新しい生活秩序の中にその男女を組み入れて、公認しようというのである。他のところでは、恋愛から普通の結婚へと展開するのは難しかったということで、恋愛は結婚とは異質のものと考えられていた。

ところが、文学上では恋愛は以上のような実態としての恋愛とは違った観点から取り上げられることが多かった。この点について、村上信彦は次のような指摘をする。[7] 西欧の悲恋や失恋は当事者の悲劇であったが、日本の恋愛の悲劇の多くは当事者の問題ではなく、親や周囲の干渉によって成就しなかった悲劇として語られている。たしかに文学の上では、恋愛を成就させるための周囲の偏見との戦いは壮絶であり、この戦いの中で恋愛はますます理想化され、現実生活と切り離され観念的なものになり、小説の格好の題材となった。

日本の恋愛は二極に分化し、実態としてはセックスと同一視されたり、さげすまれたりしたが、文学上では観念化、理想化され、恋愛至上主義までに昇華した。いずれにしても、恋愛結婚は西欧とは違って容易に日本の精神風土になじまず、結婚の主流は見合い結婚であった。恋愛は個人の欲望や利益を優先させ、「いえ」や親族のことを顧みない結婚として軽蔑された。父親が息子の恋愛結婚を認めようとせず、その無効を主張して起こした裁判は数知れない。恋愛結婚は家長が「いえ」を維持するために腐心している努力を空しくするものとして、つねに物議を醸した。

(1) 山下悦子『日本女性解放思想の起源』海鳴社、一九八八年、一〇四頁。
(2) 柳父章『翻訳語成立事情』岩波新書、一九八二年、八九頁以下。
(3) 同右、一〇五頁。
(4) フィリップ・アリエス「避妊の心性史」、「産育と教育の社会史」編集委員会編『学校のない社会、学校のある社会』新評論、一九八三年、九九―一〇二頁。
(5) 村上信彦『日本の婦人問題』岩波新書、一九七八年、一五頁。
(6) 福岡県女性史編纂委員会編『光をかざす女たち』（松尾展子）、西日本新聞社、一九九三年、九六頁。
(7) 村上信彦『近代日本の恋愛観』理論社、一九七四年、一二七頁。

男女の愛

明治から大正に変わり、西欧から恋愛思想や文学が続々日本に導入され、また、「新しい女」の運動も起こり、若い男女の間では自分だけの判断で相手方を見付け、交際して結婚したいと願う者が少しずつ現れてきた。

しかしこの時代には、親同士が息子や娘をいいなずけ（許婚、許嫁）にする慣習がかなり広く存在していたようである。「いえ」と「いえ」との結婚では、相手方が自分の「いえ」と釣り合った「いえ」の子女であることが望ましく、そのような男女がいる場合に、親同士が幼い子どもをいいなずけとして将来結婚させることを約束するのである。

問題なのは、親同士が男女の子どもが幼少の間に取り決め、当の本人は成人になるまでいいなずけがあることを知らなかったというケースが多いことである。新聞の「身の上相談」では、相談者はいま交際している人がいるけれども、自分にはいいなずけがいることを最近になって親から聞いた、どうしたらよいかというもので、自分たちが育んできた愛がいいなずけの出現によって壊されようとする切羽詰まった相談がある。農村の「いえ」の拘束から離脱して都会に出た若者たちの間で、自らの意思で相手方を選んで交際を始めようとする者が出てくる。その前に立ちはだかるのがこのいいなずけの慣行である。次の相談はまさしくそのようなものである。

一九一五（大正四）年六月九日「読売新聞」「身の上相談」「小さい時の許嫁」

私は二年ほど前から未来のある一青年画家と婚約していましたが、この頃になって私には子どもの時からの許嫁があることを母親から聞かされました。私は驚いて先方に伝えたところ、「自分はとても妻を持つ資格のない人間だから、あなたの幸福のために潔く思い切る。自分に深い覚悟を以て自分の芸術に進むから」という手紙が参りました。その後消息がありませんが、噂によれば鎌倉あたりの僧院に籠もっていられるそうです。一方、私の結婚の日は迫ってきます。今が大切な時の美術家の決心を翻すのも罪なことですし、そうかといって、愛のない結婚はどうしても嫌いです。どうしたらよいでしょうか。

（その女より）

「記者」は次のように答える。「あなたの許嫁との関係について今までそれをあなたに知らせなかったのは、ご両親の手抜かりでした。許嫁であれば、今まであなたと交際させて、二人の間に自然愛情の生ずるようにしなければならなかったのです。けれども今となっては仕方ありません。ただこの際、お母さんにすべてを打ち明けてその判断を求めなさいまし」

娘の親は子の結婚について、当の子の意思よりも「いえ」と「いえ」の関係で、親同士が決めたいいなずけを優先し、親の意向通りに結婚させせようとする。当の娘もいいなずけが突然現れると、そのいいなずけの意思も確かめずに、また、いいなずけに対する愛情も無いにもかかわらず、婚約している男性にそのことを告げ、さらにその男性もすぐに身を引いている。相談した女性と婚約していた男性の二人の間に、愛とか愛情が成熟しているとはいえないという印象を強く受ける。そのためにどうしたらよいのかをはっきり決めることもできずに、相談に及んでいるのである。

わが国では、いいなずけの慣行は平安時代の武士階層から生じたとされ、江戸時代には武士以外の階層でも行われるようになったといわれる。なぜ親同士が幼少の男女の子について成人後に結婚する約束をしたのかの理由については、「いえ」と「いえ」の均衡を図る目的であったということにつきる。本人たちの意思はまったく考慮されず、親は規定の方針に従って話を進め、すべてのことに対して「いえ」を優先させる。しかし、明治末から大正になって、相談のケースのように好きな人ができ、その人と結婚したいと思う女子や、いいなずけ制度に疑問を持つ者も出てきたが、自ら強くそのことを親に主張することははばかられ、自分の思いを相談に託している。若い男女が知り合って愛情を通じたとしても、結婚に到達するまでの強固な愛情には成熟していないのである。

次は、恋愛して婚約中の二人の間で、男性が女性にセックスを迫ってくるので、どうしたらよいかという女性からの相談である。一九一六年四月二日「読売新聞」「身の上相談」「軽薄な女とののしられ」というものである。

私たち相愛の二人の結婚には親の許しが得られていませんが、私は昨年学校を終え、彼はまだ修行中の身です。私たちはお互いに愛していますが、どういうものか家人が彼を嫌い、どうせ結婚はできないのだから、早く関係を断たなければならぬと申します。一時はそのように思い、以後交際を断つ手紙を出したところ、彼は私の真意を確かめるといって、夜遅くまで語った末、以前通りの仲になってしまいました。彼は時々私に身を許せと申しますが、私がそれをはねつけますと彼は非常に怒り、軽薄な女だと私をののしった事もあります。けれども何と言われようとも、公然に結婚しなければ嫌です。今後、彼に対してどういう態度をとったらよいでしょうか。（野の花）

これに対し「記者」は次のように答える。「処女の権威ほど清く尊く力あるものはありません。そしてまたそれが自衛を解いた時ほど力の無きものはありません。あなたの彼なる者を記者は知らない。しかしその恋人でありながら処女なる女にその肉体を要求し、それが容れられぬからといって怒り、かつ軽薄な女だとののしるような青年を信頼することは出来ぬような気がします。家人が彼を嫌う理由を確かめなさい。そしてまたあなたが彼とどこかぴったりせぬ所があるのを恐れずに、大胆に自己の心のうちにつきとめなさい」

相談した女性の恋愛の相手方である男性の恋愛についての考えは、前述の「火鞭」の「恋愛に対する見解」に示された識者の意見と同じである。相手方の男性は多数意見と同様に、恋愛はセックスを伴うという考えに立って、それに同意しない相談者を非難する。相談者の女性は少数意見と同じく、セックスを伴わない純潔な恋愛を主張する。記者も処女の権威、重要性を指摘し、肉体を要求する相手方男性を批判し、そのような男性は信頼できないのではないかとすら言う。いずれもセックスにこだわり、恋愛で双方がどこまでも相手を信頼し、強靭な愛がどの程度まで育まれているかについては問題にされていない。

次も肉体関係にこだわった相談である。セックスを経験した女性が他の男性と結婚したいという気持ちがあるが、処女ではないために躊躇している。

一九三一（昭和六）年七月二十一日「東京朝日新聞」「女性相談」「良縁を前に去就に迷う」

私は二十二歳になりますが、八歳の時父が死亡して以後零落し、かろうじて女学校を卒業しました。卒業後、慶大出のMという一流銀行に勤めていた者と婚約しました。ある日散歩した際、彼はまだ望むに早いことを迫ってきたのです。私は強く拒んだのですが、ついに力ずくで来たのです。それ以後も彼は私に好意を持ち続けてくれ、私も肉体の異常もなくきておりましたが、その年の暮れに彼は病で急死しました。その後私には良縁がたくさんありましたが、お断りしてきました。その中で商大を優等で出たH（良い家庭の貴公子で折り紙付きの模範青年）が、もう一度考え直してくれと言ってきております。しかし、私は事実再婚同様な体なので、こんな立派な方と結婚する資格はないと思います。その方が真面目であればあるほど、私は自分が恥ずかしくなります。どうしたらよいでしょうか。

山田わかは次のように答える。「事実上再婚同様の体であったところが、あなた自身が不品行でもした結果ではないし、それがあなた自身の人格にミジン程のキズもつけていないのですから、もしあなたが気に入るのなら、だまって結婚をなさって差し支えないと思います」

相談者は男性に対して愛情を持ちながら、処女喪失にこだわって結婚に踏み切れない。彼女はまだ、相手に対して強い愛情をもっているからどうしても結婚したいという気持ちにはなってはいないために、その意識ではセックスが大きな比重を占め、結婚の絶対条件をなしている。これに対し山田わかは、処女を失っていても、自分がやましくなければ黙って結婚せよと言う。山田は結婚では処女性、セックスの経験はそれほど大きな比重を占めず、むしろ愛情の有無がより大事であるという考えに基づき回答したと思われる。結婚において愛情が成熟していない場合には、その愛情にすべてを賭けることに不安がもたれ、処女性がウェイトを占めることになる。

内田魯庵は一九一七年の「太陽」二三巻一号の「案頭三尺」の「恋愛の破産時代」の中で、大正初めの日本の恋愛は西欧の恋愛に比べると未成熟であったと論じている。「日本では上に女帝を奉じた事もまた不世出の女傑を戴いた事もあるに係らず……婦人と男子の動産を一つとして扱っていた。あまつさえ恋愛は武士の剛健を維持する為の妨害として、かりそめにも武士たるものが口にしまじものとひんしゅ《(ママ)》くされていた。……試みに日本の恋物語の粋とする心中物と欧州の中古のローマンチックのと比較したら、一は浅近、一は崇高、一は猥雑、一は神聖、一は利己的、一は愛他的、ほとんど比べ物にならないのである」「ダンテ及びビートリス無くして梅川忠兵衛あり、トリスタン及びイソルデ無くしてお染久松あり、タンホイゼル無くして円次郎ある日本に、一足飛びに恋愛の解放が叫ばれ自由恋愛が高唱されたのである」

魯庵の解釈は面白く誇張されているけれども、日本の恋愛は近世になっても武士からは軽蔑され嫌がられ、わずかに町民の間での心中物に存在したにすぎなかった。明治になって西欧的に恋愛観念が導入されたのであるが、日浅く十分に咀嚼された観念ではなかった。

次は女性の方から男性に対して愛を告白する行為は許されないのかという相談である。

一九一四年九月二十九日「読売新聞」「身の上相談」「私の切なる心」

私は十八歳の一人娘で、多少地位のある家を相続する身、父は働きのない人間で、少しも落ちついていないため、母の心労は一通りではなく、一日も早く身を固めて母を安心させたいと思います。しかし、私はある一人の人以外に心を許すことはできません。その人とはふとした機会から交際するようになったのです。その後その人とは別れねばならぬ事となりましたが、あまりにも清く優しい方なのでついに思いあまってその事を手紙で申し送りました。ところが、先方では非常に立腹し、私が幾度弁解しても聞き入れてくれません。しかしいつかは私の真心が先方に通じるだろうと思うのです。私は両親に打ち明けようと思いますが、両親はとても許してくれそうにありません。恋と孝の間でどうしたらよいでしょうか。（虐げられし子）

これに対し、「記者」は次のように答える。「年齢のゆかぬ女のあなたからそういうことを仕掛けるものではありません。男は女からまずそういうことを打ち明けられると、自分の好む女でも、そのはしたなさにあきれるものです」

今日ではとても考えられないことであるが、当時の男女不平等の状況の下では、記者の意見も、女性から男性に対しての愛情の吐露、告白という積極的に出る行動は、慎みのない行為として男性からも嫌悪されるというのである。女性に対して、このような積極的な行動を慎むべしという規範は、武士階層の女性に対する過度の慎ましさの要請がいまだ存続している状況の中で、さらに良妻賢母主義が少しずつ浸透してきていることを示すものである。女性の方から愛情を打ち明ければ男性から拒否され、男女間の愛情の吐露すら一方通行の状態が続くのである。

次は昭和になって、女性が男性と将来を約束したが、あらゆる点で自分よりも彼の方が上であるから、結婚を辞退すべきかという相談である。

一九三一年十月二日「読売新聞」「婦人」「悩める女性へ」「感情的に結ばれつつも理性が許さぬ二人の恋」

私は二十三歳、老衰の両親を故郷に残して年期中の弟と二人で、家計を支える女中奉公の身。二年前に書生をしていた当時十八歳の少年と相識り、将来を約束して今日に至りました。彼は異常な秀才で独立の身を苦学に投じて中学を首席で来春卒業し、専門学校卒業後、教育生活をする予定です。彼のこのような健気な奮闘を見、自身を顧みて、彼とこのような約束を結んだことが悔やまれます。その理由は（一）思想的に――今後いくらでも伸びうる素質を有する彼に対し、私との交渉により束縛を受けることは忍ぶにたえないことです。（二）経済的に――私には両親があり、数年後に独立するまでの弟を扶養する義務を負っていて、彼に負担をかけることになります。（三）生理的に――彼は二つ年下で、生理的に一致をみるか心配です。彼が卒業するときは私は二十六歳で、その間かなり苦痛を忍ばなければなりません。彼は（一）については、私の今後の努力と彼の適当な指導により必ず一致を見せると申し、（二）については、彼自身経済的負担を担うことはできぬから、私自ら自活する覚悟でついて来いと申し、（三）については、彼は身体的にも精神的にも私に劣る程の不感症ではないはずだと申します。

（甘えの女性）

解答者の賀川豊彦氏夫人は次のように言う。「見誤ってこそ悔いはあれ、あなたは正に成功です。将来の夫と定めている男性が交際しているうち立派な人物であることを発見し、婚約したことを後悔すると言われますが、見誤ってこそ悔いがあるので、あなたのは正に成功として慶ぶべきです」

このように、男女が恋愛して婚約したが、相互の話し合いのなかで女性は自分の及ばざるを意識し、男性にそのことを話し、さらに話し合いのなかで相互に愛情を確かめ合い、愛情を育みより強固にしようとする若者が出てきたことは注目に価する。この二人には「いえ」のしがらみも付いておらず、二人だけで比較的自由に将来を考えることができる条件にあったことも幸いしたと考えられる。

愛を欠く結婚

「身の上相談」に出てくる結婚相談も、恋愛して結婚したが不和になったというケースは少ない。仲人を信じて結婚したとか、親に勧められるままに結婚したとか、相手方を十分確かめずに結婚したケースが圧倒的に多い。しかも大正年代だけでなく、昭和になってもこのような例は後を絶たない。いくつかを示そう。

一九一四（大正三）年七月九日「読売新聞」「身の上相談」は、三十六歳の農家の男性が相思相愛の女性があったにもかかわらず、「七十歳に近い両親や家名のために自分の家と同様な系統の家の娘と結婚した」。しかし気のすすまない女性との結婚に飽きたらず、単身上京して商売をしているが、どうしたらよいかとの相談である。これは親や家のために簡単に結婚した結果である。また、同年十月七日「読売新聞」「身の上相談」は、三十二歳の農家の女性が子どもの時からの知り合いの男性と末の契りを結んでいたが、親から姉の嫁ぎ先の弟で教員をしている者のところへ嫁に行けと言われ、「折檻と理詰とで無理矢理に泣く泣くやられてしまった」。しかし、しゅうとめの留守に結婚六日目に逃げ帰ったというなかでの相談である。これも自分の意思を通さずに結婚したケースである。

このようなケースは昭和になってもでてくる。たとえば、一九三三（昭和八）年十月二十三日「読売新聞」「婦人」の「悩める女性」は、「軽率な結婚から破鏡の悲嘆にくれる」女性からの相談で、結婚してみたら夫には別に女性がいたというケースである。この場合も女性は「見合いもせず勧められるままに結婚したとはいえ、新婚当時は夫は何くれとなくやさしくしてくれ、もうすでに愛の結晶まであるのです」という状態での相談である。見合いもせず勧められるままに結婚をしたと、結婚をとても簡単に考えている。

一九〇〇年刊行の『家庭の栞』は、当時の家庭内の諸慣習を叙述したものである。[1]その中で結婚、離婚がいとも手軽になされていると嘆き、維新以来旧来の制度や慣習が破壊されただけで、いまだ新しい秩序も成立せず、家庭内の風儀も混乱してしまったと、次のように言う。「冠婚葬祭等人生の大礼ともいうべきものまで無規律の姿をていし、人これを軽視して怪しまざるの習慣を生ずるに至れり。わけても婚礼の如き大礼中の大礼にして最も鄭重を尽くさざるべからざるに、これさえ極言すれば犬の児猫の児貰うが如き無造作のものと心得るもの多きに至れるより、その結果は人生の悲惨事というべき離婚の事をもきわめて無造作に考え、少しく気に入らざる時は家風に合わずなどいう単純なる理由にて三行半をたたきつけ、夫婦の縁を切るを何のへちまとも思わん世人もまた、合わせものは離れものなど評して多くこれを怪しまざるものの如くなれり」。しかし、今度民法が施行され、従来曖昧であった家族関係も改善されると期待されるけれども、「婚姻を軽視するに至れる習慣は一朝一夕にこれを改むる事難きものなれば、当分の間依然婚姻は手軽に行われる」と見通している。

これをみると、維新以来旧来の諸慣習は破壊され、新秩序が形成されず、家庭の諸慣行は乱れ混乱したままである。武家出身の上層階層ではともかく、一般の庶民の間では、結婚、離婚はきわめて手軽に行われ、男女が愛情を確かめて婚姻の重要性を認識して挙式するという結婚は少なかったようである。

一九一八年一月二日から七日の「大阪毎日新聞」では、米田庄太郎（京都帝大講師）が「現代の結婚」を論ずる。当時広く行われている結婚は種の保存だけでなく、家系、家産、家業などを後世に伝える広義の種族保存の結婚であるとし、見合結婚について次のように言う。

「御仁が媒介者の言を信じ、ただ一目見合いしたくらいの人とまだ恋愛の発生しない時に、直ぐに結婚するのははなはだ不思議だということは、余輩がかつて欧米人より聞くところである。しかし我々日本人は彼らの不思議がるこの結婚によりて、彼らの普通に経験しないあるものを経験している。それは愛せずして結婚するも、結婚して後相互に愛することを学びうるということである。余は我々日本人の婚姻生活はこの事実を証明していると思う」（一月七日）

欧米の人々が日本人の結婚について、愛なくして結婚する見合結婚を不思議がっているが、米田は日本人は愛なくして結婚しても、夫婦の心がけ次第で愛情をもって結婚したと同じような結婚生活を営むことができると言うのである。

しかし、このような結婚生活を真正面から否定する説が登場する。一九二一年、厨川白村《くりやがわはくそん》（一八八〇―一九二三、京都帝大教授）はあの有名な「近代の恋愛観」[2]の中で、見合結婚と愛情の問題について次のように論じる。

「簡単なる見合結婚からでも、後におのずから愛情を生ずるという。いかにもごもっともだ。しかし忘れてはならない、その愛情は最初何らの人格的精神的結合によらずして、純然たる肉体の性交から発足しているという恥ずべき事実を。牝馬と種馬との交尾と同じく、性欲満足と子孫繁殖の要求とが、かかる性的関係の主要部を占めている。もとより異性の接触があるから、よほど甚だしい性格の相異でも無いかぎり、二十年も三十年も無理矢理にくっつけておけば、そう毎日けんかばかりしている訳にも行くまい。自然そこからは多少の人間らしい愛の湧き出でることも無いではなかろう。しかしそういう結婚者は、後に至ってその初夜の事を回顧せよ。その刹那のおのれの心的状態が、如何に獣的な非人間的なものであったかを顧みて、たん然として自ら恥じざる者が果たして幾人あるだろうか。ことに女にとっては天地にもかえ難き処女の誇りが、心ならずもこの獣的要求のために、その夜無惨にも奪い去られたのであった。『もう仕方がないわ』という所から、引きずり引っぱられて十年二十年いつとはなし同棲しているうちに、多少は人間らしい愛も生ずるのであろう。犬猫ですら毎日座右に置いて、長く飼って置けば可愛くなるのが人情だ。しかしそれが果たして自覚ある人間と人間との真の恋愛生活と同一視せらるべきものだろうか。夫婦の愛の生活の第一夜——その第一歩をまず畜生道から踏み出したものを、私は名づけて強姦結婚、和姦生活、売淫結婚なりと言う」

白村は愛なくして見合結婚し、かりにその後結婚が続いたとしても、その初夜の第一歩の踏み出しは畜生道からの踏み出しであって、強姦結婚であるなどと厳しく批判する。すでに見たように、当時の見合結婚は親や親族の勧めるままに、一度見合いしただけですぐ結婚するのが普通であった。二人が交際して相互に愛情を通わせる余地も時間も与えられていなかった。定められた路線に従って、見合、披露、結婚という道をたどるだけであった。白村はこのような見合結婚を批判しているのである。

当時の見合は形式的に一、二度会うだけで、当事者が交際して愛情を通わせ恋愛して結婚するというものではなかった。見合の時には親同士すでに結婚は定められており、見合は顔見せのようなものであった。結婚が社会的に許容されたセックスであるとすれば、恋愛もなく体だけのセックスを取り結ぶという見合結婚については、エレン・ケイなどの強い影響を受け、恋愛を重要視する白村には我慢ならない結婚であったと思われる。

（1）あきしく編『家庭の栞』第一編、駿々堂、一九〇〇年、一二—一三頁。
（2）厨川白村「近代の恋愛観」鹿野政直編集解説『大正思想集』筑摩書房、一九七七年、一七三—一七四頁。

夫婦の愛

当時の結婚の主流は見合結婚であったが、すでに述べたように、男女が見合してしばらく交際を続けて後に結婚するというカップルはほとんどなかった。見合の前に、仲人たちにより双方の「いえ」の釣り合い、血統、財産などの調査は済まされており、見合してよほどの障害があれば別だがすぐに挙式するというケースで、女性の場合挙式まで話をしたこともなければ、男性の顔もよく分からなかったという述懐を耳にする。このような結婚の場合に、米田庄太郎講師が言うように、夫婦の愛情がどのように育まれ夫婦間のきずなが形成されていくかは、日本の結婚における愛情の形成過程を知る上で重要と思われる。

次は、妻が夫に対し結婚後に処女ではなかったと告白したため、夫は妻に「ある者の影」を認め悩むという相談である。

一九一六（大正五）年三月二十六日「読売新聞」「身の上相談」「妻の秘密を聞き」

私は二十五歳の教職にある身です。本年一月、世話する人があって妻を迎えました。妻は結婚後二十日ばかりして、処女でなかったことを告白しました。それは人に隠れて不義の快楽をむさぼったものです。私はそれを聞くと、今まで愛していたのが急に愛せなくなりました。けれども妻は私にも、私の父母にも親切です。しかし、私は一度男の肌に触れた女には終生ある者の影を認知します。私としては楽しい月日を送ることは出来ません。もんもんと苦しんでいます。離縁した方がいいでしょうか。（悶々生）

これに対し、「記者」は次のように答える。「女が過去の行為に対して十分悔い恥じているようならば、貴方にとってはずいぶん苦い犠牲でしょうが、赦してやって頂く事は出来ませんか。もしかりに奥さんが不正直な女であり、また内心もだえつつ言いかねていたとすれば、貴方は何事をも知らずに幸福であれたでしょう。すると、幸福というのもかなりいい加減のものになります」

この夫にとっては、夫婦間のきずなの中でもっとも大事なものは妻の処女性である。妻が夫を信頼して過去のことを一切告白したことを全く評価しない。夫は妻が処女ではなかったことを知ったとたんに、愛情は冷めてしまったというのである。夫の心情では、妻の純潔が最重要な第一の前提で、これを基礎にして愛情が形成されているようである。夫は離婚を考えるほど、結婚において純潔が重きをなし、重要なはずの愛情はあまり大きなウエイトを占めていない。

見合結婚では、財産とか職業とか出自とか処女性とかの要素が重要視され、愛情という心理的、情緒的な要素に重きが置かれていないためである。このように夫婦間のきずなで愛情という心理的要素の占める比重はそれほど大きくないが、しかし大正の半ばには少し変化が生じ、結婚してしばらくになるが夫婦らしい親しみもないと、妻からの夫の愛情の欠如を問題にする相談もみえる。

一九一八年五月二十四日「読売新聞」「よみうり婦人附録」「身の上相談」「無口で冷かな夫」

私は二十四歳の女で、夫と二つになる男児と下女の四人家族です。夫は三十二歳で哲学を学び温厚な優しい無口な人で、人格については高潔な人として崇拝しています。しかし、結婚して二カ年、夫は私に対して打ち解けることも、夫婦らしい親しみもありません。私に対しては言行の自由を許し、少しの干渉もしません。私からみれば木石のように冷ややかで、まるで他人の寄り集まりか人形の家そっくりです。夫は幼にして父母に別れ、中学時代は優等生、大学時代には遊女に恋してさんざん道楽をしました。夫の愛を命とたのむ妻にとっては、申しようのない淋しさです。夫婦は互いに理解し合い秘密なく信じ合ってこそ、真の人生の楽しみもあるものと、身の不運を嘆かずにはいられません。もともと恋愛を基とせぬ形式結婚だったのが誤りでしょうか。

（富山の人妻）

「記者」は、受け身にならずに積極的に夫を愛してはどうかと、次のように答える。

「恋愛で成立した結婚だとて必ずしも永続性を持つものかどうかは問題ですから、形式上の結婚だからとて何も今の貴方の場合をどうこう言うことは出来ないと思います。御主人の心の問題で、ある時代を遊蕩に過ごしたということ、そしてそういった傷手の上抽象的に冷たい哲理がでっち上げられたので、子持ちながらうら若い貴方の気分にそぐわなくなったのではないでしょうか。積極的にそうした御主人を愛しきることの出来る力を出すことが大切です。いつも相手から愛せられる受け身でいるよりか、進んで愛するものにいっそう豊かな愛が酬いられることと思います」

この夫婦はしゅうとやしゅうとめと同居しない夫婦と子だけの家族である。妻が描いた結婚生活は、夫婦がお互いに愛情と信頼をもち、相互に理解し合って隠し事のない関係からなる典型的な近代家族である。ところが、自分たちの結婚生活はすでに二カ年になるが、実はそうではない。妻は恋愛結婚ではなく、形式的な見合結婚であったのがその原因ではないかと考えている。夫は高等教育を受けているけれども遊んだ経験もあり、妻を自由にさせて、なんの干渉もしない。しかし妻は、打ち解けようともしない冷淡な夫に対し親しみもわかないと嘆くのである。夫婦が打ち解け合い、信じ合う結婚を望むが、夫がそれに応えてくれないというもどかしい気持ちを訴えている。夫婦間の愛情を正面から問題にした相談の登場である。見合結婚で夫婦になった二人の間に濃密な愛情を形成するのはかなり難しく、記者の言うように、積極的に働きかける努力が必要になってくる。

次も同じように、夫が冷淡で少しも愛情を示してくれないので、以前に交際していた男性と結婚しようかと思うという相談である。これまであまり問題にもされなかった夫婦間の愛情の存否について、その欠如を嘆いたり、その存在を確認したり、ようやく夫婦間の愛情そのものを対象にする相談が出現し出したのは、結婚生活における愛情という要素の重要性が認知され始めたことを示している。

一九一七年九月三日「読売新聞」「よみうり婦人附録」「身の上相談」「愛の淡い良人」

私は二十一歳、三年前女学校を卒業するや半年ばかりで従兄の法学士の某会社員と結婚しました。別に不自由もなくしていましたが、この頃になって自分たちの生活がきわめて平々凡々な生活のように思われてなりません。そのため私は一種の恐怖に襲われています。ちょうど結婚する少し前に、私はある青年から婚約を求められました。その青年は一通りならず私に愛を注いでくれました。私は今の良人との婚約が成立していましたので、素気なくことわってしまいました。今から考えると誤りで、良人は私に対して非常に冷ややかで、何一つ私に対して愛というものを持っていないようでございます。私はあらんかぎりの努力をしましたが、近頃になって良人はいっそう冷淡になりました。私はなぜあれほどに迫った青年を棄てたのか後悔しています。その青年は今失恋の結果、ほとんど自暴自棄の状態になっているとか。この際、良人と別れてあの青年と結婚しようと思いますが、いかがなものでしょうか。

（神戸迷える女）

「記者」は次のように答える。

「男子にはいつも何か仕事をしようとする強い欲望があります。家庭の事情やいざこざを離れてまでも、何とかして独自な仕事を仕上げてみたいという欲望があります。この欲望の強い人はそうそう家庭にかまけていられないというような状態になります。これが逆に妻に対して世間並の愛を選ぶことをおろそかになりがちにさせます。おそらく貴方の場合もそうではありませんか。……人間はいつまでも若い同士のような強い愛を寄せてばかりはいられなくなります。……もっと地味な愛の意義に目覚められることが大切です。愛ということは必ずしも焼け付くようなものばかりがよいのではありません。大きく深い愛は地味で淡いものであります。別れることはいつでも出来ますから、それまで幾度も幾度もこの点に反省せられんことを希望します」

記者は男子には仕事があって、家庭ばかりにかまけてはいられないという、いわゆる今日の夫婦性別役割分担を説き、妻も地味で大きく深い愛に目覚めよと説示する。夫婦の間で愛情のあり方が問題になり始めたとたんにそれを論議して、夫がどのようにして愛情を深めていくべきかを模索する方向を示すのではなく、夫は外の仕事が忙しく家庭ばかりに関わってはいられないことを理解せよと、妻をたしなめているのである。これからの結婚ではしっかりした愛情の存在が不可欠だということがようやく認識されはじめた時期で、試行錯誤が続けられていく。

一九一七年「新家庭」六月号は、五名の夫らから「妻に対する苦情と注文」と題し、夫の妻に対する苦情を掲載する。だいたいにおいて都会の俸給生活者である夫が、妻に愛情に欠けるところがあると不満を漏らしている。その中の典型的な例を一つあげよう。「きさらぎ生」の「従順にも程度がある」では、五年前に結婚し二人の子どもをもつ父親が、自分としては世間並みに妻子に対し夫らしい心持ち、父親らしい愛情をもつが、妻はそれに応えようとしないという、妻の態度への不満を述べている。

妻は私に対して決して不忠実なのでもなく、偽りを持っているのでもなく、従順を欠いているのでもない。

彼女はあまり忠実であり、あまり従順であり、またあまりつまらない女である。彼女は彼女の立場の権利を知らない。誤っているらしい。ただ服従していればいいと思っている。ただ家の内外を規則正しくし、子どもたちをよく大切にし、夫を帝王として尊び畏れ、世間を軍隊のように考え、世間的交際を法律のように形式的に尊重している。彼女はまるで機械であり、かつまた出来損ないの人形である。彼女の美しさ（ちと気がさして可笑しいが）が何のために彼女に与えられたかを知らないのを憐れむ。彼女が女として生まれてきた光栄に気付かないのを憐れむ。

これをみても、夫は妻が愛情を示す積極的な態度と行動を期待しているのであるけれども、妻はあまりにも夫に従順で、世間のしきたりに機械のように従うだけなので面白味もなく、愛情もわかないというのである。当時、ほとんどの女性に対しては女大学の夫への従順が美徳として教え込まれていたので、夫への積極的な態度を期待するのは無理であったという面もあり、妻にはこのような態度をとる者が多かったと考えられる。

次は妻からで、結婚し一家団欒のできる家庭を期待していたけれども、その期待は裏切られ、家庭のあり方にも疑問をもっての相談である。

一九二一年十一月二十七日「読売新聞」「婦人欄」「身の上相談」「主婦の暗い心」

私は三人の子どもの母ですが、夫は職業柄とはいいながら、ほとんど家庭を顧みてくれません。それだけでなく、時々交際といって花柳界に足踏みをし、月に四、五回は必ず外泊します。こんな風で、一家団欒の楽しみというものが全然なく、子どもの教育上にもはなはだよろしくないので、私は主婦としての張り詰めた心もいつしかくじけて、時には捨て鉢な気になるようなこともあります。これではならぬと思い返しては自らの修養に努め、また夫が自省してくれるようにといろいろいさめもしますが、なんらの効果もありません。私は真実から夫婦が理解し合ってこそ、そこに家庭の真の意義があるのではないかと存じますが。

（悩める女）

「記者」は次のように答える。

「御良人が良からぬ処に出入りされるのは、もとより御良人自身の欠点であるのには違いありませんが、また一面には家庭のどこかに一種の欠陥があるのではなかろうかと思われます。家庭に面白味が無くてあまりに寂しい、温か味に乏しい。さればといってこれという欠点のない家庭が往々あるものですが、貴女の御家庭もこのような点が見出されは致しませんか。こういうことは第三者から理屈で解決のできるものではありません」

妻は三人の子どもを持つまでにもなって、夫と愛情が通じ、相互に理解し合える楽しい一家団欒のできる家庭を築きたいと思い詰めている。夫は家庭に無関心どころか、花柳界にも出入りする有様である。しかも回答する記者も、夫の行動を批判しながらも、特別の欠点があるわけではないが、温か味がなく面白味に乏しい家庭に問題があるのではないかと、家庭のあり方の改善を指摘する。

妻は新しい家庭をイメージし、暖かい一家団欒のできる家庭を望んでいるけれども、夫との話し合いによって解決する糸口すらつかめない状況である。

一九一七年、外国に留学し外国の家庭を知っているバチェラー・オヴ・アーツ川戸環は、「家庭を単に休息所と観る私」（「婦人公論」一九一七年十月号）で、日本の当時の夫婦関係は、礼儀を重んじ言うべき事をも控えめにしなければ、礼儀正しい良妻とはいわれなかった、以前の夫婦とは変わったといわれるけれども、いまなおそのような夫婦のあり方が存在するのではないかと、次のようにいう。「妻は夫に対し『ああもして下さりそうなもの、こうしてもよさそうなもの』と思い、また夫の方でも『あんまり理解してくれぬ、どうも同情の無い者だ』と、ただ心中ににらめっこをやっている有様です。明白に無邪気に話し合ったらよさそうなものではありませんか。日本の夫婦には、どうも胸と胸とが一つになり得ないようなな心持ちがする方が少なくないことと、私は思っております」

当時の中層と上層の階層の家庭生活では、妻は夫に対して控え目に振る舞うべしという規範が遵守されていた。家庭内で夫婦が胸襟を開いて率直に話し合いをする夫婦間の心理状況は、容易には醸成されない。新聞の相談欄に現れた一般の人々は、次第に結婚において相互の愛情、理解が重要であることを認識し始めているが、見合かいきなり結婚生活を始め、この結婚生活を営むなかで夫婦が相互に愛情生活を育むというのは難しいことが分かった。

一九一五年十一月十六日—二十六日の「読売新聞」の「よみうり婦人附録」で、十一回にわたり「結婚は愛が先か」の問題が投げかけられ、十一名の識者の意見と「読者の声」を掲載する。この企画は、「配偶者の選択はよほど慎重にしなければなりません。それには『結婚に必ず伴うべきはずの愛情は先か後か』――これが定まれば、どういう方法によって選択すればよいかというあたりも略々つきはしないかと思います」という意図から出たもので、端的に言えば、恋愛結婚、見合結婚の是非について意見を聞いたものである。おおかたの意見は、男女の愛の交流があって結婚するのが理想であるけれども、日本の当時の社会状況では、結婚に先立って若い男女が愛を成立させるような機会は少ないし、また、自分で配偶者を選択するだけのしっかりした考えをもった婦人もまれであるので、親や兄弟が選択し、本人が気に入るならば同意するのがよいとするものである。

注目すべき意見をみよう。

文学博士井上哲次郎は「今の時勢に適応した方法をとるのがまず肝要」と言う（十一月十六日）。

「その方法は父母と当人の意向の調和」である。「近頃は個人の自由を尊重する結果、自由結婚を鼓吹する人もありますが、これは高等教育を受けたとかあるいは相当の齢に達したとかで意思がしっかりし、慎重な態度をもって結婚問題に当る事のできる少数者に限るので、高等女学校卒業位の一般の婦人には採用ができない。……日本の男女は西洋の男女と異なって、幼いときから男女の交際機会がないから、実際は若い男女は顔を見合っただけでもじもじ妙な態度をする、さらに交際の段階になるとたちまち恋愛の仲になってしまう」「愛情は自然の与えたものである。若い同士に何の考えもなく燃え立つ愛のままに結婚するのは、自然に翻弄されたようなものである。一朝若さのあせるとともに愛がさめてつまらぬ人間にあたったと後悔するよりも、一時の情を抑え、思慮ある親の目に叶った人間と結婚した方が幸福でありましょう」。井上は、男女交際の未成熟なわが国では、親の意見を容れて、親の目にかなった人と結婚するのが無難であって、愛情は自然の与えたもので、愛情のままに結婚するのは自然に翻弄された結婚であるとする。

宮田修（成女高等女学校長）は「境遇に応じた調和の道」を選択すべしと言う（十一月十七日）。「女として嫁するのは、つまり一個の人格者として配偶者と共に人の道を完全に行うという事であります。この原理から申せば、配偶者に対して愛情が無ければ協力一致することは困難である。したがって結婚には愛の先なるが無くてはならない。もっとも、見ず知らずの人が互いに一緒になって後、愛の生まれることはあります」が、「日本の男女のようにあまり交際もせず、互いに知らないでいては理解のしようがありません。それでは皆自由に交際させてよいかというと、それには今の日本の青年男女には賛成が出来かねる、思慮ある先輩が交際の道を開いてやるがよろしいと思うのですが、左様な親切な人はことに少ないので遺憾に思っています」「つぎに私は大学の各科を開放して現今教育を許し、高い調子の男女交際が出来るようにして欲しいのであります」。宮田は、結婚には愛が不可欠で先行するのは当然であって、見ず知らずの者同士が結婚しても愛は生まれるはずはないと言い、男女の交際機会のないわが国では、青年男女は不利な状態におかれているので、せめて大学では男女共学にすべしと主張するのである。

下田次郎（東京女子高等師範学校教授）は「結婚後に湧く愛の力に期待すべし」と言う（十一月十八日）。「エレン・ケイは『愛なき結婚はほんとの結婚にあらず』といっている、愛のためにすべてのものを犠牲にせねばならぬという、けれどもその愛というものは如何なるものであるか、未だ世間の人は明らかにしておらないのであります。自然は子孫を継続させるために愛を方便として置いた、それによって見れば、愛によって結婚するのは自然の摂理に叶った賢い仕方のように思われるけれど、それは主に若い時代に子を生む時の事で、年をとると愛の性質が変わってくるのである。即ち肉体的衝動的であった愛が後には精神的となるのであります」「見合で成立した結婚の場合には、すでにその人の全体について、親なり先輩なりによってよく目が届いているので後悔すべき点が少ない、結婚当時には恋仲同士のように熱烈な意（心のうごき）はなくても、若い男女が一緒になれば必ず変わってくるものです」。下田は、愛は変化するところがあり、若いときの愛は生理的衝動的であるから、成年の人の意見に従って結婚すれば必ず精神的な愛が生じてくるとする。

河合貞一（慶應義塾大学教授）は「根本的問題は婦人教育にある」と言う（十一月十九日）。「理想より申せば夫婦関係は愛によって結ばるべきものでありましょう。けれども理想は直ぐに実現されるものではありません」「現代の日本婦人にとっては、夫婦関係を全く愛によって結ぶ理想に達するには、よほどの隔たりがある」「現代に適応した方法というとどうしても折衷的のものとなるので、これはやむを得ぬことでございましょう」「日本婦人でも昔の武家時代の婦人のなかには、別に何らの知識はなくてもちゃんと独立した精神を持っていた人があったように思う、今の婦人は全く自己というものが無い、これは教育の罪である、ことに教育の任に当る教師に大いに責任がある」「もう一つは男子の態度である。欧州の男子は婦人に一種の畏敬を以て対する、そこへもってきて婦人は立つ処のある人間であるから、男女間を誠に立派な愛を以て結ぶことが出来るのであるが、日本では立つ処のない婦人と、婦人に対して畏敬の念のない男子であるから、その間に生じた愛は盲目なものである。結婚についてのこの難問題は教育、ことに女子教育の力を借りるほか仕方がないと思います」。河合も、愛によって結ばれるのが理想であるけれども、理想はそれには程遠く、女性には独立した精神が乏しいし、また男性には女性を畏敬する念がない、したがって女子教育の充実が必要であると解く。

長谷川誠也（早稲田大学講師）は「愛は一種の熱である」とする（十一月二十日）。

「結婚は愛情を先にするか、または後にするかというと、これはどちらにも理屈がつく」「要するに愛を先にすべきや否やというよりも、男女、とくに婦人が自覚せよという方が緊急問題であります。先方は如何なる人物か如何なる愛の性質の人かを知り、ちゃんとした自覚の上に成立した結婚でなければなりません。愛は自覚ではない、一種の熱である」「この自覚があれば父母の干渉はきかなくなるのであります。西洋人は愛をもととして夫婦関係を成立させるという。しかしこれはお互いに自覚あっての上であります。人間は自覚すると同時に人格というものが出来る、人格を備えた人間同士の間に生じた愛こそまことの愛であります」。長谷川は相互に自覚をもち、人格を備えた人間同士間にはじめて愛が生まれるのであって、わが国では若い人はそこまでは至っていないから、年輩者の意思を考慮して結婚するのがよいと言う。

桜井ちか子（桜井女塾長）は「釣り合わぬは不縁のもと」と言う（十一月二十一日）。

「双方の間に愛が成り立って結婚するのが理想であろうとは思いますが、日本の今の社会状態では、結婚に先立って若い男女の愛を成り立たせるような機会も少なけれど、また一般に自分で配偶者を選択するだけのしっかりした考えを持った婦人もまれだと思います。普通女学校を卒業した年頃の娘にはまだ配偶者を自分一人の考えで取り決めるだけの力がありません。しかし一見してあの人は好いと思うとか、この人は嫌であるとかという位の考えはたいてい言えましょうから、親なり兄弟なり周囲の人がこれぞと思う人を選び、さらに本人についてその好き嫌いを聞き質し、たまらなく嫌だと言うならばどれ程周囲の者が好いと思ったところで駄目ですから無理に勧められませんが、左様でなければそばの者の見たところで財産なり性質なりの釣り合いもよく、あの二人ならば必ず和合するに違いないと思われるものならば取り決める事にした方がいいようです」。桜井も、愛で結ばれる結婚が理想かもしれないが、日本の現状では男女交際の機会もないので、親や親戚が選んでくれた人について我慢できないほど嫌でなければ、その人と結婚するのが次善の方法と言う。

花井卓蔵（法学博士）は「本人の意思を尊重せよ」と言う（十一月二十二日）。

「いったい結婚という事は親先輩がするのでなく、当人がするのである。親先輩の都合のよいようにすれば一種の売買となる、本人の意思を尊重し、これを本意として定めねばならぬと思います。けれども今の若い日本婦人にこの自由を与えたならばどんなものでしょう。その自由は埒を越えてたちまちにして風紀問題を引き起こしはしないか憂うるのであります」「ただいまのところ、一時的に申せば仲介者なしに先方を知って置くという事が先ず肝要であると思います。仲介者などいうものは悪い事はいわぬものです。先方の家庭の事から本人の人となり等すべてを人手借りずに自分自身が知る、それには父兄によって調べて貰うとか、長者の厳重な監督の下に交際をはじめるとかいう事もよい方法であるでしょう」。花井は、結婚は本人の意思の尊重が大事で人任せは駄目と言うが、当時の女性にこの自由を認めると埒を越えてしまう心配があるとみる。いずれにしても、自分自身で相手方を確かめ、年長者の監督の下に交際を始めるのがよい方法だとする。

鎌田栄吉（慶應義塾長）は「冷熱の調和したところ」に求めるべしと言う（十一月二十三日）。

「維新前と維新後に結婚に対する考えがほとんどすっかり異なって来ております。現代には『男女七歳にして席を同じうせず』という言葉は適用が出来なくなっている。音楽会をはじめ諸種の会に男女が混席して趣味を共にし、さらにこれに対する意見を交換してその向上を計る」「しかし情熱に燃え立っている青年男女においてはともすれば愛の為に目がくらむ、愛は最も大切なものであるが、永く愛を保たしむる人格とか信仰とかその他世間的条件のある事を忘れてはなりません。愛は当人同士の事で、周囲の事情についても冷やかな理性の判断は経験ある父兄の考えを容れたがよい。すなわち冷熱調和したところが最も安全であろうと思います」。鎌田は、男女交際が自由になり若い男女が愛を育むこともできるようになったが、その愛を永続させるためには父兄の考えを容れて調和させることが最上と言う。

浮田和民《かずたみ》（法学博士）は「親の監督する交際」が必要と言う（十一月二十四日）。

「日本人の結婚の自由意思は今まで経験がほとんど無く、習慣にも反しておりますので、今急にそれを行えとすると危険を免れません」「しかし今までの如く親の取り決めのままに結婚する事はとうてい出来ぬ時代になっている。ゆえにどうしても男女交際の道を開かねばなりませんが、英米の如く全く当人の自由に任せるより、フランス流に親の監督のもとに交際するのが今の日本婦人には最もよろしい道でありましょう。日本人は結婚のための交際というとすぐに夫婦気取りになってしまって、選択も何も出来ぬ状態になるのが多いようであるが、どうかもっと責任を自覚し自制力を持って心を落ちつけ、先方の性質の如何、志の奈辺にあるかを知るにつとめ、もし合致し難い点があったならば、拒絶のできる条件で交際するようにして欲しい、かような方法をとれば相当の結果を挙げることができると思う。それから交際の期間であるが、……ぐずぐずしていると種々の妨げが出て成立せぬ事があるといって、直ぐに結婚させてしまうのがある。これではせっかくの交際も効かなくなる。やはり西洋のように交際の期間を永くした方がよいと思います」。浮田は、日本には自由意思で結婚する習慣も経験もないが、しかし従来のように親の取決めで結婚させることも不可能になったので、親の監督の下に時間をかけて交際させて、その結果異存がなければ結婚するのがよいと具体的に提案する。

今村力三郎（弁護士）は「冬の荒野のような家庭を排除せよ」と言う（十一月二十五日）。

「いかなる結婚が不幸なものであるかと消極的に申せば、肝腎の本人をよく選択せずに、出身学校、地位、財産等の背景に重きを置いた結婚であります。地位、財産等客観的方面は非常に幸福であっても主観の愛が無かったならば、婦人としてのみならず、人生として誠に不幸な気の毒なものであります。この愛にさびれた家庭は冬の荒野のようなもので、堪えられるものではなく、ついに慰安を他のよからぬ道に求める如きはめに陥る事がある、故に結婚には愛が最も大切である、しかしその愛も刹那的のものではなく、永久に継続するのでなければならぬ。しからば如何にすればかような夫婦が成り立つかというと、当人同士の理解によらねばならぬ」。今村は、結婚には永続する愛が必要であるが、そのような結婚の成立には当人同士の理解が必須であると主張する。加えて、しかしわが国では若い男女が知り合う機会が非常に少ないので、もう少し自由に交際させてもよいと思うと述べる。

吉岡彌生（東京女子医学専門学校校長）は「結婚については二種の婦人と二種の方法を区別せよ」と言う（十一月二十六日）。

「結婚する婦人を二種類に大別し得るとともに、方法も二つに分ける事ができるように思います。一つは普通教育及びそれ以上の教育程度にある婦人であります。二十四、五歳までの婦人は確立した定見もなく、人を見分ける事もできません」「現今は交際させる事も自分で選ばせる事も私は不賛成であります。人には好き不好きがあるものゆえ、長者が選択したままで決めてしまわずに、いちおう当人の意向を質すがよいと思います。当人の目を開けるにはどうしたらよいかというと、私は婚期をもっと遅らして欲しいのです。相当の年齢になるとさほど教育のない者でも、かなり真面目に生き方を見、また自分というものを考えます」。吉岡の意見ははっきりしないが、普通教育を受けた婦人には二十四、五歳までは交際の機会を与えることも妥当ではなく、できれば婚期を遅くして真面目に生き方を考えるようになるまで待つのがよいと言う。

もっとも「読者の声」には、恋愛結婚に賛成という意見もある。「相互理解という事が恋愛の最も有意義な点であり、また結婚生活に入る必要な条件であります。しかるに今日行われている結婚の多くは金の為か世間的野心の為か、その他色々な外的な動機と事情とから行われています。……私たち現代の男女は相互の自由意思によって夫婦関係を結ばねばなりません。愛が先立たぬはどんな場合でもその結婚は要するに盲目的行動と言い得るでしょう」（徳永静人）（十一月二十二日）。

当今、一般的な見合結婚を批判し、外的動機の結婚が非常に多いことを慨嘆し、愛の先行する結婚を是とするものである。このような恋愛結婚を推奨する意見は、当時は少数であった。次の「読者の声」は、識者と同じように愛情のみの結婚は危険とするものである。

「初婚の男女が異性に対し誤った判断を下す恐れがありますから、既婚者の意見及び相手と同性者の判断を聞く必要があります。徳永某は、愛を先にせざる結婚は不孝に終わることが多いといわれたが、愛情のみを基としたものの方がむしろ危険で、盲目的で投機的であります」（I生）（十一月二十五日）。

「日本の社会では若い男女の交際範囲ははなはだ狭く、とうていその間で理想的の愛を求めることなどは出来ません。十分互いの身分性格などを調査しかつ当人の意志感情を尊重したならば、結婚前に愛が無くとも少しも差支えないと思います。結婚後の愛の無い夫婦生活はもちろんよろしくないが、結婚に際しては愛の如き盲目的な感情に支配されないで、年取った人の慎重な判断に任すのが必要なことと存じます」（某私立大学教師）（十一月二十日）。

この最後の意見も、愛情を重視しこれを先んずるのは本末転倒で、愛情は結婚にとっては補助的なもので本質的なものではないとする。これがこれまで紹介してきたように、当時の意見の多数を総括するものである。

これまで識者の意見をかなり紹介してきたのは二十世紀、大正の初め、結婚における愛情が問題にされ、どれだけ重要と考えられているかを知ることができると思ったからである。識者の大方の意見は、結婚には愛情は必要ではあるけれども、当時は男女の交際の慣習も機会もない状況で、盲目的な感情に支配されやすい愛情だけに依存した結婚は危険で、先輩、親、親戚の意見を容れた結婚をすべきということであった。その結婚で大事な愛情をどのように育てていくかについては、明確な意見は出ていない。したがって見合結婚が支配的な結婚形態という状況が続くのである。

結婚のさまざまな条件

有地　亨

日本足袋株式会社第一ミシン工場の女性労働者、1925（大正14）年頃（写真提供・益田啓一郎氏）。彼女らの多くは家から離れて暮らし、自由恋愛をして結婚したいと願うが、女性の純潔に対する要求はまだまだ厳しく、親の勧める見合い結婚が主流だった。

貞操に関する諸問題――貞操論争

大正の初めは、見合結婚が大勢を占めたが、その見合結婚では純潔、処女性が尊ばれ、結婚するまではとりわけ女性は純潔であるべきだと説かれた。しかし恋愛結婚では、恋愛中に純潔を守るべきか否かについては、前述のように意見が分かれ、むしろセックスを伴わない恋愛を主張する人は少なく、多くは恋愛で愛情を確認するためにも、セックスは許されると考えている。

このような純潔の問題について、当時真正面から取り上げた論争があった。「貞操論争」といわれるものである。

当時、貞操という言葉は多義的に用いられ、結婚後、妻としての操を守ることに用いられる場合が多かったが、夫の性関係の純潔を保つことにも用いられた。さらに、結婚前の男女の純潔についても、この言葉が用いられることもあり、用法は一定していない。

「貞操論争」の経緯などを編集、解説した折井美耶子も、論争の中で貞操、処女、童貞の概念や意味が混用されていると言い、用語が明確に区別されていなかった時代の反映であろうかと推測する。(1) そして折井は、今日的用法として未婚の女性の純潔を意味する場合が処女、夫婦間の純潔を守ることを貞操、未婚の男性の純潔を童貞と呼ぶのが一般的であると説明する。これを念頭に置いて論争を振り返ってみよう。

一九一四（大正三）年、後に詩人生田春月（一八九二―一九三〇）と結婚した生田（西崎）花世（一八八九―一九七〇）が、文芸評論誌「反響」九月号に「食べることと貞操と」を発表したが、これに対し、後に音楽家原田潤の妻になった安田皐月《さいげつ》（一八八七―一九三三）が「青鞜」一九一四年四巻十一号に「生きることと貞操と――『反響』九月号『食べることと貞操と』を読んで」という反論を公にし、さらに、花世は「周囲を愛するこ とと童貞の価値と――『青鞜』十二月号安田皐月様の非難について」「反響」一九一五年一月号、「再び童貞の価値について――安田皐月様へ」「反響」同年二月号、皐月は「お目にかかった生田花世さんについて」「青鞜」同年五巻二号など、貞操のあり方をめぐって両者の間で論争が行われた。これに、伊藤野枝（一八九五―一九二三）や平塚らいてうが参加したもので、全体を貞操論争と称している。

これらの論争のもつ意味については、すでに多くの先学によって紹介、検討されている。(2) そこで論争についてはそれらに譲り、ここでは論争に参加した人々が処女、童貞、セックスと結婚をどのように関係づけていたのかを探りたい。

花世は「食べるということが第一義的の要素であって、自分一個の操は第二義的な要素である」とし、「私は貞操の外に生きようとした」と言う。すなわち食べることが最も大切で、そのために処女を棄てることも、独身生活をする覚悟をすればやむをえないというのである。そして花世は「処女を棄てたという事は、自己を売る、夫を売るというような事とどうして同一に話すことができましょう。何故というに処女には所有者がありません。処女はたとえば野に咲く菫の花のただ咲いているがままの花です。この花には所有権がありません」「それ（処女）を棄てるその当人は意識して責任を以て覚悟を定めて棄てるのですから、その人の権利ではありませんか」「習俗的な人情が処女を棄てるという事を非難するのは、また、在来の道徳がそれを棄てさせまいとするのは、それが決して罪悪であり、虚偽であるからではないのです。赤裸に言えばその事が当事者自身の生きる事——即ち食べる事——結婚することに不利益だからにすぎないのではありませんか」。ここで花世が主張しているのは、処女を棄てるのは食べるため、生きるためにやむをえないとしながら、愛情を伴わない処女の喪失＝セックスを容認するということである。生きるためには愛情と切り離されたセックスを許している、ここに花世の主張の弱さがあるようだ。

皐月の主張は必ずしも明快とはいえないが、「操というものは、人間の、少なくも女の全般であるべき筈だ。決して決して部分ではない。部分的宝ではない」と言う。皐月は花世と違って、恋愛、愛情に基礎づけられないセックスは「貞操の浪費」とみて、次のように言う。「恋愛というものは決して一時の出来心などであってたまるものではない。決して甘いものではない。酔っているものでもない。甘い味に酔いながら苦い批判に向上すべきである。しかし世の中の人は自分の愛は自分以外に育むもののないという事を忘れている。もしくはその煩わしさに閉口してしまうのが多い。……一瞬間でもすべてを忘れ尽くす愛がひらめく以上は、そこに女の尊い宝が費消されたという事について第三者は何も言うことはない」「単に肉だけを恋愛から離すというだけでも貞操の浪費である。しかしまだ貞操を手段に用いないだけ、肉そのものの中に打ち込んでしまうだけ、正直である」。このように皐月は恋愛とセックスが一体化してはじめて意味をもつのであって、両者が切り離されれば、パンとの交換であっても売笑婦と差異がないという。

夫婦間の貞操については、花世も違った対応をする。「私がこの男を愛し、男もまた私を愛し、相互に所有し所有せられて生活し、この夫婦の愛と関係とが二人の間に継続している限り、私は私の貞操がこの男の所有物であり、またこの男の貞操が私一人の所有物であって、飢えも二人を犯し得る力はないと断言いたします」「もしまたその女が男の許しを受けることなしにひそかに男の所有する自分の身体、夫の所有する自分の貞操を売ったものとすれば、それを秘して生きているならばそれはそれは恐るべき虚偽の罪悪ではありませんか」。このように、花世は夫婦間では餓死する状況にあってもともに操の遵守を認め、しかも排他的な夫婦間の愛情の存在を肯定する。

しかし皐月が主張するように、当時の結婚には愛情の存在しない夫婦が多かった。「動かす事のできない自分の所有物、自分を考える事を忘れて、親のため兄弟のために針の先ほどの愛もない結婚をして、一挙一動虚偽の着物に自分自身を塗抹して生きている奥様も、世にも貞淑を以て目される。入籍と、一人の男を守りているという事と、生涯の生活の保証を夫に持たせているという事と、そんな外面条件を幾つ並べたところでそれが肉の切り売りだという事に対する何の反証にもならない」。夫婦間において、愛情がまったく存在しなくて、セックスだけがある結婚がいかに多かったことか、夫婦間で愛情の伴わないセックスは、まさに肉体の切り売りにほかならない。

伊藤野枝は途中から論争に参加している（「貞操についての雑感」「青鞜」一九一五年五巻二号）。

野枝が自ら「私自身のちゃんとした貞操観というものは持たなかった」と言っているように、貞操、処女という観念を用いているけれども、明確に定義づけられたものではない。野枝は「愛を中心にした男女の結合の間には、貞操というようなものは不必要だ」と言うが、恋愛で結ばれた男女間では、操を守れなど言う必要はないという意味であれば正しい。また野枝は、在来の貞操という言葉の内容は「貞女は両夫にまみえず」ということだとすれば、こんな不自然な道徳は他にはないと言う。男子は再婚、三婚、四婚してもなんら問題にならないが、婦人の場合には再婚でも問題になるのは不合理と厳しく批判し、従来の習俗では貞操の遵守の要求が婦人に厳しく男子に緩いのは不公平だとして、「習俗打破」を強く打ち出している。

平塚らいてうはこの論争の締めくくりをする。[3] らいてうは、女性が恋愛を経験しても、結婚するまでは容易に処女を捨てまいとし大切にするのは、未婚女性の処女喪失や妊娠に対する道徳的、社会的非難が彼女に作用する結果だとみる。その理由については、花世の「純潔は結婚において最も必要で有利な条件であるから」という主張は、無能力者の女子が生活保証を得る最も安全な道は結婚以外にはないから、否定はできないとしつつ、らいてうはそれに同調しない。らいてうは「すべての女子は彼女の所有する処女を、捨てるに最も適当な時がくるまで、大切に保たねばならない」と言い、ジョルジュ・サンドにしたがって、処女を捨てる最も適当な時期は、「恋愛の経験において、恋人に対する霊的憧憬（愛情）の中から官能的要求を生じ、自己の人格内に両者の一致結合を真に感じた場合」であると言う。らいてうは恋愛感情が高揚して心的、身体的一体を感得した場合にはじめて、愛する相手方のために処女を捨てるべきで、恋愛を成就させて、セックスにより健全な性生活を発展させる必要を説き、恋愛と切り離されたセックスは認めない。

以上の論争に触発されて、当時の雑誌、新聞でも貞操問題が論じられた[4]。その中の注目すべき識者の意見をみよう。

与謝野晶子（一八七八―一九四二、歌人）は「婦女新聞」七八三号（一九一五年五月二十一日）に、「貞操について」を載せる。

晶子は「貞操は道徳のような堅苦しいものではなく、むしろ富のようなものである」と言い、「貞操は生まれながらにして何人も持っているものであります。そしてそれは良人に対してではなく、自分自身のためのものであります」と述べる。ここで晶子が貞操というのは純潔の意味であって、道徳ではないというのである。さらに、「女は自分のために自分が貞操を持つと同時に、相手の男にも貞操を守らせることは、妻たるものの義務だと思います」と述べているが、これは夫婦間の貞操を意味し、その相互性に注目する。

安部磯雄（一八六五―一九四九、早稲田大学教授）は「私の貞操観」（「婦女新聞」七八七号、一九一五年六月

十八日)で、「貞操というものは、良人があって初めて生ずるものであろうと思う」、そして「貞操という問題は、道徳上の問題ではなくして、むしろその人の主義であると思う」と言い、「日本古来の思想の中に、貞操をもって単に良人に対する妻の義務であるよう考えているのは間違っていると思う」と述べ、晶子とほぼ同じ意見である。

久布白落実《くぶしろおちみ》(一八八二—一九七二、キリスト教婦人矯風会総幹事)は「貞操の観念と国家の将来」(「婦人新報」一九一五年十月号)で、キリスト教に基づく貞操論を展開する。久布白は恋愛と貞操との関係について、次のように言う。

「一人の男子と一人の女子が、互いに対し互いに愛して初めてここに神聖なる恋愛が生じます。……男子も女子も生死を通じてその恋愛を守って初めて真の貞操と言うことができます。貞操は相対であって、また絶対です」。久布白の貞操に対する考えも、神聖な恋愛の中にはじめて貞操が生ずるというものであって、恋愛と貞操の一体化を主張している。

平塚らいてうは「差別的性道徳について」(「婦人公論」一巻一〇号、一九一六年十月)の中で、従来男子には性道徳はなかったが、女子には厳しい性的道徳が課せられてきたと、両者に甚だしい懸隔《けんかく》のあることを指摘する。らいてうは当時は新道徳と旧道徳との交替の過渡期にあるとし、新旧道徳の差異を次のように指摘する。旧道徳を支持する者によれば、自由恋愛の主張者は貞操を無視して恥じないとするが、この恋愛の意味内容は新道徳における恋愛とは異にする。旧道徳の恋愛は「標準の低いもので肉欲以上のものではなく、したがってほんの一時的な無責任なもの」にすぎないが、新道徳の恋愛は「人格的なもので、相互の幸福による生命の増進はもとより、子孫に対する責任観念とを含んだもの」とみる。それゆえ貞操についても「新道徳は完全なる恋愛そのものが貞操で、恋愛を離れて貞操は存在しません。したがって愛によらずただ形の上で夫一人を守っているような妻は、かえって不道徳な不貞なものとして非難されなければならないことになる」というのである。らいてうは恋愛についても、旧道徳における恋愛と新道徳におけるそれとを区別し、新道徳における恋愛は貞操と一体化し、恋愛なくしてセックスは存在しないと主張する。

一九一五年九月十七日から「読売新聞」「よみうり婦人附録」は「生命か貞操か」を十四回にわたって連載し、十四名の識者の意見を掲載した。おそらく貞操論争に触発されてのことであろうが、連載の趣旨を次のように説明している。「貞操は女の生命ということを知っていても、その貞操を売らねば生きてゆかれないような場合に到着したと自ら考える結果、ついに取り返しのつかぬことになる婦人も世にも多いようである。そういう誤った考えから婦人を目覚ますために、生命か貞操かという問題について識者の意見を徴してみた」

以下、識者と「読者の声」について、恋愛、貞操、結婚の三点をどう考えているかを中心に見てみよう。

安部磯雄は、「婦人が生きて行ける限り資産として婦人に最も尊ぶべきものは、美しき貞操を守って貫いたい」とする（九月十七日）。嘉悦孝子（日本女子商業学校設立者）は、「貞操は婦人の最も大切なものでありますから、現に職業に就いている婦人はもちろん、これから就職しようとする婦人にも、ぜひ毅然とした精神を持っていていただきたいのです」（九月十九日）。安部も嘉悦もともに貞操は大事だと言うが、なぜ女性は貞操を守らなければならないかについては言及しない。

中川謙二郎（東京女子高等師範学校長）は、次のように言う。「この貞操ということは単に良人を待っている婦人だけが守るというべきものではなく、また独身の人は男女ともに将来において自分の妻となり夫となる人のために、貞操を守るべき義務があります。しかるに近頃の青年はことに男子においてこの観念が薄い、単に性欲にのみ走る時は人間は獣と同様の位置に堕落し、貞操があってこそ初めて人間の真価を発揮されます」（九月二十二日）。

中川は貞操の遵守は未婚、既婚の女性だけでなく、当然に男性にも要求される事柄であると説く。当時、男性に対して貞操を遵守せよと言ったのは特筆に値する。他の識者の意見では桑木厳翼《げんよく》以外には見るべきものはない。しかし、この「生命か貞操か」について「読者の声」が次々に掲載され、当時の一般の人の意見を知る上で注目される。

九月二十一日の「読者の声」は、愛がないのに親の意思で結婚する状況を批判して、次のように言う。「親の意思によって嫁入りさせられる現代の女の多くは、貞操を破っていると言わなければなりません。なぜならば彼らの心には愛がなく、ただ親の命令があるばかりです。しかし、今の女の多くは親の命令か貞操かということを考えておりません。私はそれが不貞な女のできるゆえんかと思います。また離婚の多い原因だと思います。親の命令によって嫁入るということは久しい間の因襲であって……生命か貞操かの前に因襲か貞操かということを考えておく必要があると思います」(無名女)。

多くの女性は因襲に従って親の命ずるがままに愛のない結婚をしたところに、不貞、離婚が生ずる事態が起きたのではないかと言い、生命か貞操かよりもまず先に因襲か貞操かを問うべしとする。因襲により親の命に従って愛情もないのに結婚する女性が多い問題を取り上げている。

これに関連し、さっそく九月二十三日に次のような「読者の声」がある。

私の知っていた二十二歳の妙齢の女は、この因襲と貞操の板挟みになって死んだのです。親は昨年三月無理矢理にこの女をある夫に嫁せしめんと婚約を整えたのです。結納までも取り交わしたのです。しかしこの女はどうしてもその男に対しては愛情が出ない、何としても嫁することはイヤじゃイヤじゃと言うていました。ところがもし親の言にそむけば不孝になるし、強いて嫁しても自分の心が夫に対して離れていたら、それこそ真の不貞であって、夫妻ともに不孝と見ねばならぬ。これは元来夫妻ということが、永い間の因襲で肉の交わり、肉の同棲を以て夫妻と見るような、浅はかなすこぶる皮相の婚姻観であるから、強いて肉の同棲を以て目出度く婚姻なりとするのでしょう。この難問題が有識の人々によって公然裁決せられざる限りは、離婚、争論、変死、病死、これらのものが続出するでしょうと言っていましたが、飯をろくに食わず、頭が重い重いと言いつつ、ついに四カ月目に死んだのです。肺病になったのです。こんな例がかくれたる所に沢山有りあります。もう一つ深くゆけば貞操とは霊、肉を男女互いに独占しあうということか、貞操かまたは貞操の体は何ぞやという徹底した所から論じたいと思うのです。

（九月二十一日朝、上野駅登車にのぞみて壽山）

この事例も、女性が因襲にしたがって親の命ずる結婚をしたけれども、同棲するだけで愛情ももてなくて悩み死亡したという事件を伝える。夫婦は相互に愛情で結ばれ、精神的にも肉体的にも一体となることが貞操を守ることになるのではないかと主張する。

次の九月二十五日の「読者の声」も、親の命による因習的結婚は結婚の神聖を破滅させるものであると主張する。

幾分の犠牲を顧みず、かの因襲にとらわれ、わが子の行く末を思うて思わず、肉の実現のみを以て婚姻の要素とし目的とし、何ら精物両界を顧慮せぬ親はのろうべきものであります。……因襲によっての強制的結婚――あくまでも社会は結婚の神聖を破滅してやまないのであります。因襲は全然破るべきか否か、私は自信ある有識者の意見を伺いたく思っております。

（戸塚にて城陽子生）

さらに、九月二十七日の「読者の声」は、親の命にしたがった結婚だけが因襲的結婚ではなく、愛のない結婚はすべて因襲的結婚ではないかと、結婚における愛の重要性を説く。

親の命令によって結婚するばかりが因襲的結婚でなく、愛がなくって結婚するすべての人は因襲にとらわれていると思います。結婚という事、私は今の人たちの理由なしに年頃になったからとか、あるいは生活の保証を得るために結婚するのは間違っていると思います。間違った結婚は、親の命令で行くばかりではありません。つまり愛のない結婚はすべて間違っていると思います。「渋かろか知らねど柿の初ちぎり」、私は結婚について親の命を斥けるだけの勇気ある女も、なおこの句のような考えで結婚するものがあることを悲しみます。結婚は「渋かろか知らねど」なんぞ軽率にするものではありません。昔から貞操ということが女の一番大切な事に言われている日本で、「渋かろか」の句が神聖な貞操を玩具のように破っている句であるのを気づかれないのを悲しいと思います。

（七草）

最後の九月二十八日の「読者の声」は、貞操問題は女性だけの問題ではなく、女性が因襲や虚栄に囚われて愛情のない結婚をするのは問題であるが、それ以上に男性が女性を玩弄視《がんろうし》することも問題であると言う。

僕は女に貞操を望むごとく、男にも貞操を望むものだ。男に貞操が成り立てば自然女にも成り立つ。僕はどうしても愛とか恋とか夫婦とかいうものは、相互に精神と肉体との（霊肉の）全部を提供し合い、独占し合うところのものでなければならないと思う。そして初めて男女に貞操も生じ、また女の貞操を論ずることができると思う。

（白井生）

この主張は、男女が平等に精神的にも肉体的にも相互に独占し合うところにはじめて貞操が生ずるというのである。

「読者の声」はいずれも因襲や形式や財産にとらわれた結婚を排斥し、男女ともに愛情に基づいて結婚をすべきことを主張しているのである。識者よりも一般の人々が結婚を真剣に考えているといえよう。

締めくくりの貞操論は桑木厳翼（一八七四―一九四六、東京帝大教授）の説である。九月二十九日付けで、桑木はわれわれを束縛する力の源泉は人格であって、貞操も人格であると、次のように言う。「貞操も人々の人格を維持する上において必要な徳義です。また他人の貞操を重んずることは、他人の人格を尊重することであるという事を説明してこなければ、とうてい貞操の絶対的価値を説くことはできません。結局、人を目的として待遇し、手段として待遇しないという有名な格言が、この場合においてもその中心思想となっていくのです。かく考えてみると、貞操を守ることを其の人の人格と結び付けてはじめて意義のあるものです」

この紙上で「生命か貞操か」は「因襲か貞操か」に発展し、「読者の声」では男性も女性と同様に貞操を守るべきであり、貞操は愛情に裏付けられ一体化されてはじめて意義を有するものであるということが主張され、愛情に基づく結婚の必要性が強く求められている。

（1）折井美耶子編集・解説『資料　性と愛をめぐる論争』「論争シリーズ5」ドメス出版、一九九一年、二七七―二七八頁。

（2）平塚らいてう『元始、女性は太陽であった』下、大月書店、一九七一年、五三三―五三九頁。永畑道子『世紀末家族』国土社、一九九二年、七五―八四頁。諌山陽太郎『家・愛・姓』勁草書房、一九九四年、一五三―一八六頁。

（3）平塚らいてう「処女の真価」「新公論」一九一五年、三月号。

（4）主要なものは、折井編著前掲書、七二―一三〇頁に掲載されている

貞操観の変遷

大正期

今日、夫婦間の貞操の遵守は、いうまでもなくそれぞれが相手方に対して要求できる。しかし大正時代では、守操の義務は夫婦に対してひとしく要求されたのではなく、妻に対してのみ厳しく要求され、また夫婦の愛情のあり方はほとんど問題にされなかった。

それだけでなく、明治民法は夫は妻の姦通をもって離婚原因とすることができたが（民旧八一三条二号）、妻は夫が姦通し姦淫罪により処罰を受けた場合に限り離婚原因とする（同三号）ことができるだけである。さらに、刑法第一八三条（昭和二十二年法一二四号により削除）は男子の姦通自体を処罰の対象にしてはいなかった。

このような明治民法の離婚原因の構造そのものが、夫婦不平等の貞操観の形成に助成したのは疑いない。しかし、女性に対して厳しく守操義務の遵守を科したことへの批判は、前述の貞操論争の中にも見られるが、一九一五（大正四）年頃からマスコミで取り上げられるようになる。

一九一五年八月二十五日「読売新聞」「よみうり婦人附録」の「婦人と時勢」では、「婦人の貞操」と「男子の貞操」を論評している。男性の不貞、不品行は女性の貞操のみが生命よりも重しとされている結果から生ずるのではないかと言う。

わが国在来の婦人が貞操を生命よりも大切なものと思ってきた一般の風習は、世界希有の美点でありました。けれども日本の男子が不品行不貞操であるのは、婦人がその貞操を重んずるところから発するとも申せないではありません。自分の妻たる女は貞操を重んじて家を守っている。少しも心配な事はない。字義通りに後顧の憂いのないところから、他に向かって発展する余裕を与えられるのであります。

この時期に新聞に出てくる貞操論は、概して男性も女性と同様に守操義務を遵守すべしという主張と、貞操は人格問題だとする見解がめだつ。

一九一五年八月二十三日「東京朝日新聞」は、桑木厳翼の「男女貞操問題——多少の斟酌を要す」という談話を掲載する。

「一般から言えば、貞操はむろん美徳である。これに背くのは悪徳である。しかし貞操は男女平等のものでなければならぬ。この点に関しては現今の社会はすこぶる偏頗《へんぱ》である。私は女子に対してのみ貞操を説いて、自分は放埒の締まらない生活を送る男子に対して、はたして高声にこれを論ずる資格があるかということを質したい」

桑木はすでにみたように、貞操を人格とする見解からは当然に生ずる結論で、貞操は男女平等のものと言い、男子に対しても貞操の遵守を要求する。

同年八月二十四日「東京朝日新聞」では、宮田修が「貞操に関する疑問」として次のように言う。

「貞操は人格観念の確立に基づく。夫婦互いに人格を尊敬し合えば、一夫一婦の道を守って脇道に入るものではない。婦女をもてあそぶは、婦女の人格を尊重しないためである。婦女自身も、自己の人格について自覚がないためである。人格上の解釈によって貞操問題は理解されると信ずる」

宮田は桑木と同様に、貞操は人格観念の確立を基礎にすると言い、夫婦相互が人格を尊重し合えば、脇道にそれることもなく解決されると説く。男性も女性も自分の人格について自覚を必要とすると言うのである。

これらの新聞で取り上げられた論評では、貞操は女性だけではなく、男性もひとしくその遵守が要求されると言い、貞操は人格そのものであって、人格の高揚の必要を説くものである。

これらをみても、当時の男女不平等の貞操観に対してようやく批判が対等しつつあったが、この不平等な貞操観を覆すような裁判も現れた。大審院の一九二六年七月二十日の決定である（刑集五巻三一八頁）。

事件は次のようなものである。大分県大野郡に居住するA女と婿養子B男夫婦には十五歳をかしらに三人の子がいた。B男は家庭が面白くないと言って家出し、同じ郡内の未亡人C女方の下男となって住み込み、C女と深い仲になって子までもうけ、A女のもとに戻らなくなった。A女は生活に困り、B男に帰宅を促したが、いっこうに聞き入れない。そこでA女の母親が弁護士事務員Dに相談したところ、DはB男に対し「姦通罪で告訴する、相当の金を出せば告訴を見合わせる」旨を通告した。C女は人妻ではなく一人暮らしの未亡人であるから、姦通罪は成立しないのであるが、驚いて百円の手切れ金と五年間にわたって毎月九円の養育費をA母子に渡すことになった。

ところがC女が約束を履行しなかったので、Dが催促をしたところ、逆にDは恐喝事件として告訴され、第一審、第二審ともDは有罪で、第二審では懲役八月を科せられた。Dは貞操に関する部分の第二審の判決を不服として、大審院に上告した。大審院は有罪判決を破棄し、事実審理をやり直すように申し渡した。その理由の中で、夫は妻に対して貞操を守る義務があると、次のように判示する。

婚姻ハ夫婦ノ共同生活ヲ目的トスルモノナレバ、配偶者ハ互ニ協力シテ其ノ共同生活ノ平和安全及幸福ヲ保持セザルベカラズ。然リ而シテ夫婦ガ相互ニ誠実ヲ守ルコトハ其ノ共同生活ノ平和安全及幸福ヲ保ツノ必要条件ナルヲ以テ、配偶者ハ婚姻契約ニ因リ互ニ誠実ヲ守ル義務ヲ負フモノト云フ可ク、配偶者ノ一方ガ不誠実ナル行動ヲ為シ共同生活ノ平和安全及幸福ヲ害スルハ、即チ婚姻契約ニ因リテ負担シタル義務ニ違背スルモノニシテ、他方ノ権利ヲ侵害シタルモノト云ハザルベカラズ。換言スレバ婦ハ夫ニ対シテ貞操ヲ守ル義務アルハ勿論、夫モ亦婦ニ対シ其義務ヲ有セザルベカラズ。旧法第八一三条第三号ハ夫ノ姦通ヲ以テ婦ニ対スル離婚ノ原因ト為サズ、刑法第一八三条モ亦男子ノ姦通ヲ以テ処罰セズト雖モ、是主トシテ古来ノ因襲ニ胚胎スル特殊ノ立法政策ニ属スル規定ニシテ、之アルガ為メニ婦ガ民法上夫ニ対シ貞操義務ヲ要求スルノ妨ゲトナラザルナリ。……然ルニ原判決ハA女ハ其ノ夫Bニ対シテ貞操義務ヲ強要スル権利ナキモノト説示シタレバ、所論ノ如ク夫ノ貞操義務ニ関シ其ノ解釈ヲ誤リタルモノト云ハザルベカラズ。

この決定は大審院が夫も妻と同じように貞操を守る義務を負うと判示し、夫婦平等の貞操観を確立する途を切り開いた画期的な判例として、当時の新聞、雑誌に取り上げられた。

評論家千葉亀夫（一八七八―一九三五）はこの決定について、「当然の判決である。当然な理屈がようやく遅まきながら認められてきたというにすぎない」と論評する。(1)

『木佐木日記』では、この決定が画期的といわれるゆえんは、当時、貞操権侵害により慰謝料を請求した女性はせいぜい二、三人にとどまり、また男性が浮気をしても女性は忍従によって問題にならなかった「封建遺制」の真っ直中の出来事であった点をあげる。(2)

Dにも翌一九二七（昭和二）年五月十七日の大審院判決によって無罪の判決が言い渡された。この判決は横田判決として、当時のマスコミに取り上げられ、注目を浴びた（一九二七年五月十九日「東京朝日新聞」夕刊）。

判決の内容は次のようなものである（「新聞」二六九二号六頁）。

夫ガ自ラ家ヲ出テ他ノ女ト内縁関係ヲ結ビ妻ヲ顧ミザルハ、夫ガ妻ニ対シテ負担スル貞操義務ニ違背スルモノト云ハザルベカラズ……本件ニ於テハB男ガ其妻タルA女ニ対スル貞操義務ニ違背シ、C女ト情交ヲ通ジテ妻子ヲ遺棄シ之ニ対スル扶養義務ヲ等閑ニ付シテ顧ミザルノミナラズ、C女トノ関係ヲ絶チテ其家庭ニ復帰シ夫トシテ又父トシテ其妻子ニ対スル義務ヲ果スノ意志ナク、遂ニA女ハ夫タルBノ不法行為ニ因リテ夫婦ノ関係ヲ断絶スルノ止ムヲ得ザルニ立至リタルモノナレバ、B男ハ其結果ニ対シテ責ニ任ズベク、之ガ為ニ生ジタル損害ヲA女ニ賠償スルノ義務アルハ当然ニシテ、被告人DガA女ノ委託ヲ受ケ、B男ニ対シテA女ノ為ニ其子女ノ養育料ヲ請求スルハ、社会ノ通念ニ於テ正当トスル所ニシテ、其請求額モ亦過当ニアラザルヲ以テ、之ヲ目シテ不法行為ナリトスルコトヲ得ザルモノトス。……又、C女ガB男ニ妻子アルコトヲ知リテB男ト情交ヲ通ジ之ト同棲シタルハ、A女ノ権利ヲ侵害シタルモノニ外ナラズシテ、A女ハ其権利ヲ侵害セラレタルノ救済トシテ民法第七〇九条第七一〇条ニ依リ相当ノ慰謝料ヲ請求シ得ルノミナラズ、C女ハB男ト共同ノ不法行為ニ因リテA女ヲシテ離婚ノ已ムナキニ至ラシメ之ヲシテ被害ヲ蒙ラシメタル本件ノ場合ニ於イテハ、共同行為者タルB男ト共ニ之ガ賠償ヲナスノ義務アルモノナレバ、被告人DガB男ヲシテ子女ノ養育料ノ支払ヲ約セシムルト同時ニC女ヲシテ保証人トシテ其責ニ任ズベキコトヲ約セシムルモ、是レガタメ不法ニ財産上ノ利益ヲ得タルモノト云フコトヲ得ズ、随ッテ被告人DガC女ヲシテ慰謝料ノ支払ヲ為サシメ且B男及ビC女ノ両名ヲシテ如上ノ契約ヲ為サシメ、之ヲシテ其証書ヲ交付セシムルガ為ニ施用シタル手段ガ不当ニシテ両名ガ畏怖ノ結果其慰謝料及ビ契約証書ヲ交付スルニ至リタルモノトスルモ、被告人Dノ所為ヲ以テ恐喝ナリトシテ之ヲ問擬スルコトヲ得ザルモノトス。

昭和戦前期

昭和の初めになって、再びマスコミは貞操問題を取り上げ、識者の意見を徴する企画をしている。一九二八年一月十三日から二十四日まで七回にわたり、「読売新聞」「婦人欄」は「現代人の恋愛と貞操観」と題し、識者の意見を載せる。このような企画をした趣旨について次のように説明する。

「近頃男女の貞操観念がだいぶん変わって来たようです。最近また新しく木田少将の令嬢事件など（一九二七年十一月、木田少将の令嬢が勤めから帰宅途中、陸軍予備少尉杉山憲太郎（三十）によって犯されて殺害され、杉山は強盗、強姦、殺人に処せられた事件を指す――筆者注）、貞操に関する問題を考えさせられる事が多いのであります。そこで現代人の貞操観念がどんなところにあるかを知るのも興味あることと思って、いろいろな人に意見を聞いてみることにいたしました」

市川房枝（一八九三―一九八一、婦選獲得同盟中央委員）は「死をもって守る貞操は昔のこと、子を生むという外男女の立場は同じ」として、次のように言う。

「経済的原因とか、恋愛の問題などいろいろな事から貞操を守っていられない場合があります。それに貞操は死をもって守る程、何にも代えられないという程の価値はないと思います」「けれども、愛しもしない者に対して許すという事はいけない事だと思いますね。自分の恋愛を、霊肉一致とまで考えた場合以外には許すべきものではないと思います。今の悪い意味に言われているモダンガールのようなのは放縦と言うのであって困ったものと思います」（一月十三日）。市川は死をかけてまで守るほどの価値は貞操にはないとするが、恋愛して霊肉一致とまで考えるようになれば、貞操を許してもよいというのである。

今井邦子（一八九〇―一九四八、歌人、代議士今井健吾夫人）は「仕方なしの貞淑は賞むべきではないが、幾度結婚しても誠意があれば貞操」と、次のように言う。

「夫を幾人もかえた女をうわべからみて、夫についてきた女が軽蔑する資格はありません。二、三人の愛人あるいは夫をかえたとしても、そのときの相手に対して誠を尽くすのが本当の貞操を抱持する女と言えましょう。……今でも女の貞操というものが、あまりに偶像化されすぎていたようです。生きた人間の真心から築き上げたものでなければならないのです。そして女にのみ貞操を強いたのは一種の変形と言ってもいいでしょう。……私は、愛する者のために自覚して、女が犠牲の一生を送るというような事は非常に貴い事だと思います。強いられた犠牲がイヤなのです」（一月十四日）。今井は愛もないのに夫に離れずにつき従う女性よりも、愛する者のために貞操を捧げる女性の方が上だとする。

嶋中雄作（一八八七―一九四九、中央公論社「婦人公論」主幹）は、従来の貞操観は男性の所有欲に基づくもので、新しい立場から独自の貞操観を持つべきだと、次のように言う。

「いったい貞操というのは何です？　愛のないところに貞操なんてありますか？　死屍《しし》を守って両夫にまみえないのを以て、昔は貞操とされたようですが、そんなものは今ではもはや貞操でも何でもないでしょう。貞操と愛とは同義語でしょう」「社会的に専制君主たる男性の所有欲が純潔を要求し、女をそうさせたのです。うっちゃって置いても、女は本能的にそれを守るでしょう。それを必要以上に守らせ、珍重し、大切がらせたのは、男の所有欲に他ならないのです。社会的に無能力者であった女は、男の言いなり放題に死を賭してまでも、貞操は守らなければならぬものと思ってしまったのです。可哀相なのは女です。男は自分の所有権を確認するために女に死を賭けさせて喜んでいたのです」（一月十八日）。嶋中は社会的支配者である男性が隷属者たる婦人に、純潔を含めて女の貞操を指一本も触れさせないで捧げさせたのであって、婦人の隷属者たる立場がそうさせたので、婦人自らの意志ではなかったとする。

厨川蝶子（故厨川博士夫人）は、真の愛情によった結合から貞操は生ずると、次のように言う。

「便宜上とか今までの道徳とかいうものをいれないで真の愛情によって結合されたものが夫婦で、そこに真の貞操があるのだと私は思います」「貞操には誠意がなくてはなりません。法律で認められているから――あるいは法律で罪せられるから――というような強いられた貞操には価値がありません。何の束縛もなく相手にささげる純情によって喜んで自分が守っていたいというような人格的に裏づけられている貞操でなければならないと思います。そういう貞操なら守っていることに非常に自己満足と喜びがあるはずです」「私の理想としては愛のなくなった時には夫婦は離婚し、子どもは国家で育てるというようになったら理想的と思います。必ずしも家庭で子どもを専有しなければならないということはありますまいから」（一月十九日）。

橋田東聲（一八八六―一九三〇、日本大学経済学部講師、法学士）は、貞操は自己の純潔の擁護、自尊の拡充であるという。

「貞操とは何ぞ。自己の純潔の擁護であり、自尊の拡充であり、また相手の人格への帰依である。あるいはこれを操守といい、潔癖ということもできよう。したがってこれを女性にのみ限るべきでないことは無論である。社会の制度や慣習がいかにあろうとも、純理からいえば、明らかに男女共通のものである。これまでの制度や法律において、貞操を女性にのみ強いたことは、たしかに男性の専横であり、同時にまたその恥辱でもあった」（一月二十四日）

昭和になって識者の意見も大正時代に比べると変化してきている。貞操は恋愛と同じであって、愛なくして守操義務は問題にならないとする。しかも、守操は女性だけでなく、男性も同じように要請されるとする。男女平等論の主張である。

このように昭和になり貞操に関する考え方が変わったということもあって、マスコミで貞操が取り上げられている。一九三〇年「婦人公論」十月号に大衆作家谷譲次（一九〇〇―一九三五、本名・長谷川海太郎、牧逸馬《いつま》とも称した）が「貞操のアメリカ化を排す」という論稿を載せている。表題は刺激的であるが、貞操がアメリカナイズされたという意味ではなく、性道徳が第一次大戦後、それ以前とは違った様相を示し、女性が男性と等しく性的享楽以外のものを要求しない、貞操の交換化の現象が生じたという趣旨のようである。大戦後の女性の職業進出、経済的独立などで、女性の方から男性を性的享楽の対象としだし、男女ともに自由な立場で享楽と享楽の交換を行う、これは性的享楽と財物の交換である売淫とは異なるというのである。谷はセックスは純真な恋愛によってのみ浄化され、正当化されると言う。恋愛すなわち自由な意志の合意による愛情の交換があって、はじめてセックスは正当化されるとし、その恋愛は結婚によって完結されるとする。恋愛、セックス、結婚と一連のプロセスを前提にしている貞操論で、ここにようやく三位一体の貞操論が展開されるようになったといえよう。

もっとも谷自ら述べているように、このようなことは大戦後、女性の地位の向上によってもたらされた世界の動向であって、日本の女性はそこまでは進んでいないとする。谷の所論と日本女性の現状認識との間には大きな落差がある。

一九三七年五月七日「読売新聞」「婦人欄」に、山川菊江が「良人の貞操」について執筆している。山川は、大阪の某高女が、「東京日日新聞」「大阪毎日新聞」に連載され、後単行本になった吉屋信子の『良人の貞操』（一九三七年、新潮社）を生徒の読み物として推奨したことを論評する。

美人で、倹約家で、世帯持ちが上手で、良人の隠し子を優しい人間愛から引取って自分の子として育てるという、男に都合のよい小説の女主人公にあやかれというのかと批判する、その批判は痛烈である。山川は、妻以外の女に子を産ませた男は妻に棄てられても困らないが、逆に、夫以外の男によって子を産んだ妻子はともに闇であって、そのような妻は再婚も就職もできず、肉親からも棄てられると言う。それほど、現実には妻の貞操は絶対的とされているのであって、社会的弱者である妻の不貞は許されず、強者である夫の不貞には寛容な貞操遵守についてのアンバランスを厳しく指摘する。

このような女性だけに貞操を厳しく守らせる風潮は、男女平等の貞操観が認容されながらも、実際には昭和十年代に入ってもほとんど変化はみられない。それを示す次のような相談がある。

一九三五年十月二十一日「東京朝日新聞」「女性相談」

夫は二十八歳、私は二十四歳の二女の母でございます。二十一歳の春、夫に連れられて上京、もともと処女でないのを告白してなった仲です。芸者をしていた、それは夫も承知です。ところが今年六月頃のこと、夫はあるデパートの女店員と恋に陥り、今では妊娠しているのだそうです。はじめは妻子があるとは言わずに関係したのだそうですが、夫が事実を話したら女はわざわざ私の家を見に来たりして「死ぬ、死ぬ」といっているそうです。夫は「俺は処女というものを知らずに来たのだから罪はおまえにあるのだ。処女を捧げてくれた女とは簡単に別れられぬ。もしあれに死なれたら俺は人殺しの罪になる故、今でも時々眠った時うなされる」と申して苦しんでいます。そして私には、惚れて夫婦になったお前とも別れられぬと申します。あやまちをした可哀相な人として、夫をいたわり女と別れるのを待つのが女としての道でしょうか。

山田わかは次のように回答する。

「今さららしい世迷い言――罪の生活から夫を救え」として、「処女であったとか無かったとか、それは全然男の得手勝手な世迷い言で取るに足りません。結婚前であって童貞を守っていた男が、自分の妻には処女を希望するなら、これはきこえないこともないですが、今さらそんなことを自分の不埒な行為の言い訳にしようとしているあなたの夫は、あまり頭のいい人ではありません」「その娘にも軽率だった罪はもちろんあるけれども、だからといってあなたの夫の罪はその故に一分一厘も減じません。夫をも救うために、彼らが別れるのを待ってなどしないで、あなたが積極的に乗り出して問題を処断なさいませ」

この相談は昭和十年代になされたもので、日本はファシズム体制下で戦時体制へと準備が進み、思想等の統制が厳しく夫婦間の貞操問題などは新聞、雑誌で問題にされなくなっているが、男性が女性に対して要求する貞操観については旧態依然としていて、それほど大きな変化もみられないと言ってよい。

一九四〇年四月九日から十二日まで四回にわたり「読売新聞」「婦人欄」で、「当世女大学座談会」が開かれている。テーマは「恋愛と処女性」で、参加者は今井邦子（一八九〇―一九四八、歌人）、神近市子（一八八八―一九八一、婦人運動家）、阿部静枝（一八九九―一九七四、歌人、政治家）、伊福部敬子（一八九九―一九七〇、評論家）、金子しげり（一八九九―一九七七、婦人運動家）、村上婦人部長らである。四月十日の座談会では、司会者が「夫婦問題で一番むずかしいのは、結婚前の妻の犯した過失というものではないでしょうか」と言い、この問題について意見を述べている。

阿部「男が自分の気持ちをどう処理すればいいかというでしょう。でもそれは不問に付して貰った方が妻の場合として助かるし……自分に結婚前にたった一度の恋愛もなかったというのは恥だくらいに思って、たいしたことでもないのに言ったところが、大変な問題になり離婚になったなんて話がありますよ」

金子「それはしょっちゅう身の上相談で出るんですが、ある人なんかいつも懺悔すべしと答えていますけれど、それでよく悲劇が起きるんです。告白してこじれるのは男ですね。女にとっては思い出しようもないくらいほのぼのとした感情でも、告白してしまうとそれが馬鹿に具体的な事実のように思われるんですね。とかく男はそんなことを引き出すのに非常な興味があるらしいですね。それでうっかりひっかかってしまうんですね」
神近「やっぱり結婚の幸福を守るためには綺麗であると同時に利口でなければならないと思います」
伊福部「いまの生活を保つことに一所懸命になったら、前のことなんか忘れるべきですね」

日華事変のさなかでさえ、妻が結婚する前に他の男性との恋愛関係があったと夫に告白するなどはもってのほかで、妻の夫に対する告白はタブーであるというのが参加者の結論のようである。太平洋戦争の勃発直前でも、女性に対しては結婚前の自由な恋愛は禁じられているに等しく、貞操を守ることが厳しく求められている。

(1) 千葉亀夫「多くなった妻の訴訟」『婦人公論』一九二六年十月号。
(2)『木佐木日記』第三巻、現代史出版会、一九七五年、四五一—四五二頁。

配偶者の選択

配偶者選択の際の本人の意志

すでに述べたように、当時の中流階層以上の男女では、見合結婚が圧倒的多数であった。また、大正年間でも識者の意見でも恋愛結婚は時宜尚早というのが多数である。見合結婚ということになれば、配偶者選択の問題が重要になり、大正の初めから新聞、雑誌では、たとえば「花嫁の身の上調査」(一九一六〈大正五〉年十月二十三日『読売新聞』「よみうり婦人附録」)などが取り上げられ、配偶者選択ではどんな調査が必要か、また配偶者選択の基準はなにかが論じられている。

明治末から大正の初めにかけて、マスコミには「新しい女」が自由恋愛を引っ提げて登場し、愛情、恋愛、貞操などの問題が世論をにぎわした。ところが見合結婚では、とくに女性側は、本人の意思によって相手方を選択するどころか、本人の意思も十分に確認されずに、親や親族の意見に引きずられて結婚し、本人自身は自分の意思すら表明せずに、ずるずると結婚してしまうケースが多い。当の本人は「いえ」の事情、親への配慮などから、結婚したくないと思った相手であっても、親に対して明確な反対の意思表示をしないで、曖昧な態度をとり続け、結局は結婚してしまうのである。

大正初めから昭和に入っても、「身の上相談」には、自分（女性）に結婚する意思がないにもかかわらず、親に勧められるままに結婚してしまい後悔しているというケースが後を絶たない。一つの例を挙げよう。次の相談は結婚して六年も経つが、夫婦の情愛がないのでどうしたらよいかというものである。

一九一四年五月二十四日「読売新聞」「身の上相談」

私は六年前、宅に勤めていた者を養子に迎えました。両親は大変気に入っていますが、私は気が向かないので不服を言ったけれども、親の意向で結婚させられました。夫は私の従妹といいなずけになっていたから、従妹にすまないという気がしてなりません。両親や姉に相談すれば、私のわがままと叱られますが、夫婦の情愛など少しもない私らはこれからどうすればよいのでしょうか。（煩悶女）

「記者」は次のように答える。「従妹にはあなたの心の中を打ち明けて謝罪をされたら、それで差し支えありません。あなたが離縁しても、まさか御主人が従妹と一緒になるという訳にはいきませんから、あなたが御主人を好かぬというのは幾分我がままな心が手伝っているのではないかと思います」

記者は相談者に多少の我がままがあるのではないかとたしなめているが、いまさら離婚しても従妹と夫が結婚できるわけではないから、離婚しても意味がないと説示する。

この相談では、親や姉に相談するけれども取り上げてもらえないと言っているが、なぜ結婚する前に親や姉に自分の意思を伝えなかったのか、優柔不断の気持ちこそ問題である。「親の威光」で結婚させられたと言っているけれども、自分の結婚を大事にする真摯な態度が欠如していた結果である。交際もせずに見合結婚した場合でも、結婚後に夫婦間に愛情が生ずるといわれているが、この相談者のように六年経っても愛情がもてないというケースもある。愛情のない結婚は、このような結果を生ずる場合もあるということを示す相談でもある。

次は親から勧められた結婚に悩み、悲観している男性の友人からの相談である。

一九一六年九月十三日「読売新聞」「身の上相談」

私の親友で商家の長男ですが、このたび親戚の世話である農家の娘を嫁にとの話で、親や親戚の切なる勧めに当人の理想や希望とは懸隔があったけれども、やむなく承諾をしたのだそうです。今になって悩んで一人非常に煩悶して私に打ち明けても、自分の持って生まれた運命だから仕方がないと悲観しているので、気の毒でならないのです。親は先方の財産の有無を調べて、その娘の性格学識等は第二としてあまり関心がないのです。この如き結婚が結婚後円満に行くでしょうか。（親友）

「記者」は次のように回答する。

「どういう結婚でも当人同士の心の持ち方一つで円満に行かぬことはありません。親は先方の財産の有無だけ調べてその他のことは第二としているとのことですが、その結婚と最も密接な利害関係を持っているのは当人を除いては親たちであろうのに、そんな浅はかな話がありようないじゃありませんか。年を取った人たちというものは若い者が考えても及ばぬような所にも気を配っているものです。よくよく事情を伺ってみなければ、親御さんの方が浅はかとばかりも言えないかも知れませんよ」

配偶者の選択に関して、明確な意思表示をしないのは女性だけでなく、男性も同様である。しかも、親などの配偶者選択の基準には当人の性格、学歴などは二次的な事柄で、家の釣り合い、財産の多寡などが選択の第一の基準である。当時の見合結婚ではこのようなことは当然のことで、双方がまず釣り合った家同士であるというのが選択の前提になっている。記者もその辺の事情を考えてか、年長者の親の選択も捨てたものではないと言っている。見合結婚では、当人の意思とか個別的事情よりも家格、財産額などが当然優先することになるが、嫁を貰う男性も明確に自分の希望や意思を述べてそれを実現する努力もせずに、妥協している態度は問題である。はっきりした態度をとらないのは女性だけでなく、男性も同じである。

昭和年代になっても、本人の意思を無視して親によって「いえ」の都合で結婚させられるというケースが依然として目につく。

一九三六（昭和十一）年十一月五日「読売新聞」「婦人」「悩める女性へ」も、このように結婚した妻の相談である。

二十六歳の女。五年前義姉の甥で同い年の男性と結婚しました。夫の叔父の仲人で、私が嫌だというのを母や兄が承諾してしまい、無理矢理に結婚しました。夫も私を貰いたくはなく、叔父にだまされたと言って、少しも夫婦らしい口をきいてくれません。毎晩夜遊びに出て、一時二時頃帰宅します。母に言うと、お前が出てくれれば親類中の仲がまずくなるから我慢していてくれと言います。昨年の春、長男が生まれました。子どもが生まれると夫の心も直ってくれるだろうと思っていましたところ、かえって反対に私を邪魔者扱いにします。そして俺は他に妾をもつから悪ければいつでも出て行けと申します。最近では口もろくにきいてくれません。こんなに嫌がられても我慢しなければならないのでしょうか。

（悩める女）

河崎ナツ（一八八九―一九六六、文化学院教授、婦人運動家）は、次のように回答する。

「御良人とゆっくり話し合って更正への途を切り開きなさい。……わが子の真の幸福を願わず、家を中心に結婚を考える親たち、その結婚に不満を感じながら強く自己を主張することが出来ず、家の犠牲となって今さらに破婚の運命に泣く娘たち、ここにも魂を失った家族制度の生む悲劇をまざまざ見せつけられるような気が致します」

河崎も「魂を失った家族制度の生む悲劇」と痛烈に批判しているが、これも結婚に不満をもちながら、自分の意思を明確に表示しなくて妥協した結果生じた悲劇である。

一九三六年になっても、親たちは娘の意思を無視して「家」中心の結婚を考え、また娘は結婚に不満を抱きながらも、親たちの意見に従い自分の意思を貫かずに結婚し、ついには破綻してしまい、悲運に苦しんでいる。このケースは親たちは娘本人の幸福よりも「いえ」の利益を優先させ、娘は「いえ」のために犠牲になるという、明治からずっと続いている因襲的結婚の構図の域を出ないが、この時期になっても結婚相手に対する自分の意思を明確に示さない若者が多い。

そうはいっても一九三五年頃には、自分の意思をはっきり述べ、その意思を通そうとする若者も出てくる。私が調べた「身の上相談」で明確に自分の意思を表示した数少ないケースが、一九三五年十二月九日「東京朝日新聞」「女性相談」である。

人間として人を恋してはいけないのでございましょうか？　それが父母に恥をかかせることになりましょうか？　私は二十歳になります商家の長女で、親戚の二つ年上のBを愛しております。私はまだ結婚など思ってはおりませんでしたが、私の結婚問題が出ましたので、父にわけを話し許しを願いましたところ、父は大変に立腹して「親不孝者め、自分が夫をきめるような者は人間として一番恥じなければならない。大勢の店員や女中を使っている父の顔がそんなことをして立つか」と申します。私はどうしてもB以外の人と結婚しても幸福にはなれないと思います。Bにそのことを話しますと、今までは学問で身を立てる考えで一心に高校に入る用意をしていたけれども、学校で費やすだけの年月を一心に商業に費やそうと申し、ただいまは私の店で店員と同じように働いており、近いうちに問屋に行き二、三年見習ってくると申しております。私はBが一人前になって帰って参りますまで、七年でも八年でも待っているつもりですが、私の考えは間違っておりましょうか？

山田わかは次のように答える。「幸福の源に生命の泉なる正しくも清い恋愛と、世に害毒を流す徒《いたずら》なる遊戯的恋愛との区別を、お父様はご存じないのです。この点では全然あなたが正しくお父様が間違っています。Bが一人前の商人となって帰ってくるまで持とうとするあなたの心意気はたのもしいです」。

この頃になってようやく娘の恋愛に激怒する父親に対して、娘自身が恋愛をするのがそんなに悪いのかと反抗し、自分の意思を通してもよいかという相談に出会ってホッとする。山田は、あなたが正しく父親が間違っているとはっきりと言い、相談者の心意気は頼もしいと激励している。アメリカに滞在した経験をもつ山田の恋愛に対する考えからすれば、当然の回答である。娘が恋愛したというだけで過剰の反応を示し、勝手に配偶者を選択するのは「いえ」の恥だと激怒する父親、これに対し、父親に対しても自分の意思をはっきり示し、恋愛するのがなぜ悪いのかと反論する娘、両者には結婚に対する新旧の考え方の違いがはっきり現れている。

一九三〇年四月の「文藝春秋」特別号には、「結婚と夫婦・生活の合理化・座談会」と題し、菊池寛（一八八八―一九四八）を中心に徳田秋声（一八七一―一九四三）、片岡鉄平（一八九四―一九四四）、長谷川時雨（一八七九―一九四一）などの十一名の小説家、劇作家が座談会を開いている。当時、見合結婚と恋愛結婚のいずれが多いか、いずれが優れているかなどを話し合っている。この時期にこれらの問題を取り上げている新聞、雑誌はほとんどないので、少し詳しく見よう。

菊池が「現在の結婚制度ですけれども、現在の様子ではだんだんとこの仲人結婚（見合結婚）というものが廃れてきていると思いますが、どうですか」と問いかけたのに対し、徳田は次のように言う。「しかしやはり、あの方法（見合結婚）が一番よいのじゃありませんか。男女の交際というものが考えられるから、ある一種のモダンの方では別な考えがあるかしれないが、ちゃんとした家庭ではやはり見合でやっている。ただ、見合の形式は違ってきているでしょう」。形式は違ってきているが、見合結婚が多いと言うのである。

片岡は「もっとこう、朗らかに男女が交際できるような方法はありませんかね」と疑問を出す。

長谷川　「どうも見合結婚というものは、男の方の場合はよいけれども、女の方は見合をする時はもう決まったように親の方では考えている、やってもよいというところで連れてきますから、見合をしてから否だの応だのいってもおしまいになる」

徳田　「それは非常に現代では自由になっていやしませんか。本人の意思を尊重する」

長谷川　「それでは幾度も見合をさせる親御さんがありましょうか、私はそんなにない気持ちがしますが」

徳田　「親の方で選択してやるけれども、本人というものがある程度まで見合いしてもよい、それから交際してもよいというところまで進んでいると思います。昔みたように親が決めたら是が非でも押し付けるということはほとんどないと思いますがね」

菊池「今は本人の意志を矯《た》めて結婚させる場合は百人に一人もないじゃありませんか」

長谷川「中流以上では親が勝手に決める、家柄とか色々な事から決めます」

これらをみると、一九三〇年の時点で階層によって違うようであるが、結婚は家柄その他によって親が勝手に子どもの配偶者を選択して結婚させるというのは少なくなったけれども、配偶者を選択して見合をさせるということはまだ多く、しかしその後交際をするかしないかなど、本人の意志を多少は考慮するまでにはなっていることも伺える。もっとも、恋愛よりも見合結婚が主流で、見合結婚の内容は少しずつ変化してきているが、まだ本人の意志を優先させるまでにはなっていない。

太平洋戦争直前の戦時体制の中で、一九四〇年十月一日から八日「大阪朝日新聞」が「新体制下の冠婚葬祭座談会」を紙上で開き、神戸支局で結婚を中心とする市民生活の刷新の問題を話し合っている。若い男女、年輩者が見合の是非について論じているが、ここに意見の対立が見られる。

見合についてどうかと問われ、横山幸彦（神戸商大学生）は「見合結婚はおよそ無意味なものだと思います。実質上親しい相手を見付けて親のために形式上の見合をやる。これなら場所も自宅で結構です」と言う。恋愛結婚を優先させる意見である。

また藤井由紀子（神戸市連合処女会理事）もこの意見に同調し、「形式の見合だけで式を挙げるのは怖いような気がします、恋愛というほどでなくとも親御さんと一緒のお見合いでは物も言えませんから、一、二時間は二人きりでゆっくりできる機会を与えこの上でならと思って相当付き合った上で……三月ぐらいはお互いに性格も分かりませんので……式は神式でも仏式でも質素で厳粛であれば結構です。離婚などお互いのわがままからだと思います。いったん結婚したら別れない、だから結婚前ある期間はお互いが交際してもいいと考えてほしいと思います」。見合をしても、実質的に交際する十分な期間をもちたいという考えである。

佐々部肇（神戸市社会教育課長）は「見合は双方互に十分理解ができるような機会をつくるべきでしょう」と言う。

これに対して、見合後に交際することに反対の意見も年輩者に多い。

清水重夫（神戸市連合青年団理事）「若い人たちのご意見はもっともです、お互いが相手の気持を十分知ってから結婚すれば誤りはないという考え方は間違いはないのですが、親の情として結婚前の若い者同士の交際は危なくて黙って見ていられないのです。交際するのもいいです、また見合の際若い者同士だけを一、二時間対座させておくのもいいですが、十人のうち何人の嫁さんがその際相手の男性を観察することができるでしょう。十人のうち一人が関の山です。だから親としてはどうしても相手を見てやりたい」

近藤歌子（神戸市連合母の会理事）「一、二回正式に見合をしてその後に自由につきあうことは問題です。むしろ写真と問い合わせとを参照して、考えてのち見合して結婚する方が幸福にゆく場合が多いと思います」

いずれも見合後に当事者がしばらく交際することに反対の意見である。見合に関して、若い人と年輩者との間にも、考え方の違いがはっきり現れている。

さらに、階層によっても見合結婚に込めた意義が違っている。作曲家小倉朗は太平洋戦争勃発直前に、母（養母）に恋愛結婚をしようと思い連れてきた女性と言葉を交わすのも拒否され、あげくに母は一切を「見合」に託していることを知り、見合結婚について次のような感想を述べている。

「『見合結婚』——それは藪田一族（養母の実家族）が認めた唯一の結婚だった。図式的にいえば、異性から遠ざけ、家と勉強に子どもを閉じこめ、適齢期に達した頃合いを見計らって、家と家との関係で結婚を取りきめる。この良家の女たちの結婚は、僕から見れば家柄に対する優越の意識と、自己保存の欲求とが表裏一体をなす結婚だった。……年頃になると、僕もそんな家本位の結婚を笑うようになった。『そうはいっても、見合結婚の方がやっぱり安全なんですよ』母はからめ手から来た[1]」

配偶者選択の基準

見合結婚の場合、とくに女性が結婚するに際しては、なにを基準にして相手方を選ぶかは重要な問題であるし、また関心も高かった。

一九一五年十二月一日から十一日までの「読売新聞」「よみうり婦人附録」では、「配偶者を選択する基準」を連載する。連載の理由については「以前に『結婚は愛が先か』という問題について、大方の識者の意見を伺ったが、もう少し細かな交際問題に入っていくとまだまだ考究すべき余地はたくさんある。その第一として『いかなる標準によって配偶者を選ぶべきか』というテーマを設定した」というのである。識者の意見の中で、われわれのテーマに関する意見のみに限って紹介しよう。

海老原みや子は「まず第一に夫たる人の精神の根底がどこに存しているかと確かめねばならぬと思います。人生をはっきりとみとめてそれに向かって努力している人が少ないのは日本社会の大なる欠点でございますが、これはすなわち人々に根底がないからです」（十二月一日）。相手方の精神の根底をしっかり見よと言う。

谷紀三郎（女子美術学校教頭）は自分の力で妻を扶養できる者を選べと言う。「中流の家庭を程度として女の方から配偶者を選ぶ基準をと言えば、第一に自分の力で妻を養うことの出来る人でなければなりません。ところが世間ではまだ親がかりでいて自分の小遣いさえ取れないような人が、嫁を取らなければならない年になったとか、家に財産があるとかいうようなことをいって結婚をする者があります」（十二月四日）。

次は、品格ある人を選べという尾崎英子（司法大臣夫人）の意見である。「夫を選択するには先方の品格如何に重きを置かねばなりません。この事は実に高潔な夫婦を作る場合において最も主要な点であるので御座います」（十二月七日）。また、「未婚婦人」は次のように言う。「私は人の伴侶という妻になるからには、従来見る多くの夫婦関係のようにただ何もせず養って貰う状態に陥りたくないと思います。夫婦になって助け合った甲斐あって、お互いに独身時代に知ることの出来なかった強い光ある生活の創造を見るというのでありたいと存じます」（十二月九日）。この意見は、従来の多くの夫婦のように夫婦になって妻は扶養を受けるだけの者になってしまうのではなく、助け合って新しい生活をしたいという希望を述べる。

これらの意見には概して相手方の資産、家柄などの物質的要素ではなく、相手方の人柄、性格などの精神的要素を重視すべしとの傾向がみえる。西欧においても、配偶者選択の基準が物質的財産的なものから精神的なものへの転換があったのは比較的近時といわれている。エドワード・ショーターによれば、十八世紀に始まり十九世紀に広く行き渡ったロマンティック革命により、配偶者選択の基準は家長の判断や持参金の多寡といった伝統的な基準よりも、個人の幸福、愛情、相性を優先させるようになったとする[2]。

次は、配偶者を選択する基準として、親は家柄、財産を重視するが、自分は相手方の人物に注目したいと考えるがどうかの相談である。

一九一五年八月四日「読売新聞」「身の上相談」

本年二十四歳になる女性です。裁縫正教員の免状を持ち、職を持ちたいと思いますが、旧式な父は承知しませんので家事手伝いをしています。幾度か縁談がありましたが、家柄や財産のことばかり申す親の選んでくれたものに従う気になれません。私は家柄、財産などよりは最も私に適した人物を望んでおりますが、一方から考えてみれば現代の生活難という言葉を恐れずにはいられません。

（悩める女）

「記者」は次のように答える。「人格や手腕は家柄や財産に必ずしも相反するものではありません。世には家柄も財産もあってなお人格も立派で手腕のある人もあります。それゆえご両親の選ばれた内で、比較的に立派な人物があれば、それにお決めになるのがよろしいでしょう」。配偶者選択の基準として家柄、財産に重きをおくか、それとも人物なのかであって、これではどちらを基準にしたらよいかの回答にはなっていない。おそらく当時の見合では家柄とか財産などが重視されていたから、これをまったく排除するのは現実的ではないと考えたのであろう。しかしこの相談は、若い人が配偶者選択の基準として相手方の人物を重視するようになりつつある状況を反映した相談の一つといえよう。ただ娘は人物本位と思うが、生活難の状況をみるとそれを親にむげに主張するのもはばかられるという心境であろう。

次も、親と相談者との配偶者選択の基準の相異について相談するケースである。

一九一五年五月八日「読売新聞」「身の上相談」

私は二十七歳です。地方の女学校を卒業し、先年まで小学校で教鞭をとっていました。ただいまは技芸学校に在学中で、方々から縁談がありましたがまとまりませんでした。それは父母の意見と私の理想とが一致しないからです。父母の意見では、私の生家は立派な家柄で村人から自然尊敬されているため、自分の家に相応しいところに嫁がせなければ生家の名折れ、弟妹の出世までが関わると思っています。しかも郷里にはそういう家柄は少ないのです。国に帰ればまた縁談があるに違いありませんが、いっそのこと東京で他県の方に世話して戴いたならば、村人にも分かりませんから、田舎でなまじっかなところに嫁ぐよりむしろよかろうかと思います。それとも一生独身で中等教育をしたならばよいかと存じます。（ある女）

「記者」は次のように答える。「今は家柄などを尊んでいる時代ではありません。家柄よりも人物本位で嫁入り口を探さないととんだことになります。御両親のお考えはあまり旧式だと思います。それゆえ同じ郷里の方でも、他県の方でも、あなたに適当する人を見付けたらその人と結婚なさるがよろしいでしょう」

記者がはっきりいっているように、一九一五年頃すでに配偶者選択の基準として家柄の善し悪しをもってくる時代ではなくなっている。すでに通婚圏の拡大の箇所で述べたように、家格の釣り合いなどを言っているかぎり良家、旧家ほど同一村落に格好の「いえ」は見当たらなくなって、村外か遠方婚によらざるをえない状況はみてきた。今回の相談者は積極的に東京にでも出て他県出の自分にふさわしい人物を世話して貰いたいと言い、人物本位で遠方婚を望んでいる。記者もそのような人を見付けて結婚するのがよいと答えている。

見合結婚の方式も地域によって異なるが、一定の型がある。福岡県の炭坑地帯の田川周辺では、顔が広く世話好きの人が仲人になる。最初に縁談を持ち出すのは男の方で、近世以来の傾向として家格が釣り合っていること、イエ筋に問題がないこと、働き者の娘であることなどが嫁選びの条件であった。世話人（口聞きさん）の持ち込んできた縁談が適当と思えば男の方から「かげ見」に行き、気に入ったならば「口聞きさん」に先方の意向を打診して貰い、承諾を得られたところで正式に仲人を立てて見合になる。「口聞きさん」がそのまま仲人になることもある。[3] 地域によって異なるが、見合に至るまでに一定の順序がある。そして見合後も同様に、縁談のとりまとめ、結納、挙式などについても慣行によって取り決められていたから、婚姻習俗にこだわるかぎりそれらを変更するのは容易ではない。

身分違いの結婚

第二次大戦前の日本社会では、身分違いの結婚に対するタブー視はかなり強烈であった。社会的な身分階層についての差別意識がはっきり存在し、維新前の階層化社会が存在していた時代からそう隔たっていないために、身分違いという観念は根強く存在している。この身分は「いえ」を媒介にして父から息子へと承継され、それぞれ個人はみずからの身分の壁の中に閉じこもり、それを乗り越えようとする気持ちをもちえないほど厚かった。しかも、それらの身分は伝統的に存続する士、農、工、商の職業身分よりも、華族、士族、平民の出生身分に基づくものである。ただこの「同格出生の原理」は、ドイツ古法のように身分違いの婚姻を厳しく禁止する[4]ほどのものではないのは当然であった。もっとも身分という概念は、裕福な者とそうでない者、土地を持つ者と持たない者、高等教育を受けた者と受けなかった者、その他の差別にまで拡げられ、非常に曖昧な使われ方もした。

結婚の際には、双方の家柄あるいは家格の釣り合いが問題になったが、それ以上に身分違いが大きな障害となった。次は小学校卒の私生子で派出看護婦が、土地の旧家の医学生と恋愛し肉体関係をもったが、男性から身分違いで結婚ができないから、妾になってくれと言われたという相談である。

一九三七年二月十日「読売新聞」「婦人」「悩める女性へ」

本年二十一歳、高等小学校卒業の女です。昨年四月素人下宿として間貸しした医大生Sと派出看護婦としての私とは、何かと職業上話し合う中に恋愛関係に陥り、十月には越えるべからざる垣を越えてしまいました。Sも、悪かった、結婚できるとよいが、頑固一徹の父母や兄は許してくれないと言い、下宿を変わりました。しかし愛し合った二人で、自然Sの方に足の向くのを止めることはできませんでした。今年三月卒業をまって土地の旧家のSは、相当の相手と結婚するでしょう。せめて私が女学校を卒業していたら、そして私が私生児でさえなかったらと言い、私もうなずけます。Sはよい縁談があったら結婚してくれ、それとも僕のお妾さんとして一生暮らしてくれないかと言いながら、私を抱擁してくれるのです。（愛読者）

河崎ナツの回答は、相談者に対して痛烈な批判をする。「早くあきらめ仕事に精進して更正の道へまっすぐ進みなさい。あなたはSに大切な処女をムザムザ許し、そればかりか結婚できない旨の引導を言い渡され、体裁のよい口実を設けてサッサと引っ越して行ったSを追っかけてまで行って、ただ彼の獣欲のギセイに甘んじていたあなたが、いまさら彼の冷たい態度に真っ暗いどん底につき落とされたような気がするとは、それではあまりにも無自覚すぎて、あなたが惨めすぎるのではありませんか」

男性は女性の肉体をもてあそびながら、身分違いで結婚が出来ないという理由で、女性に縁談があれば結婚してくれ、妾になってくれと勝手なことを言っている。河崎ナツの言うように無自覚で、そのような男性の態度に反発して結婚を迫ることもしない。彼女にとっては、身分違いという厚い壁が目の前に立ちはだかって、それを乗り越えようとする努力もせずに、諦めている。そうであれば、男性だけでなく女性の方も責任を問われることになる。

身分違いが結婚の障害になるとするのは女性だけではない。次のものは、男性が家のお手伝いを愛しながら、身分違いのゆえに親にも言い出し兼ねての相談である。

一九一四年九月十七日「読売新聞」「身の上相談」

私は農科大学を今年ある事情でやむなく退校した者ですが、去年から私の家の女に恋をしたのです。その女は田舎には極めてまれな貞操な女だということが判り、ますます烈しい恋に陥りましたが、第一に身分が違うものですから、その女は叶わぬ恋と知り私のことを諦めました。父に打ち明ければ結婚どころか家の名誉を破るものとして勘当されるかもしれません。それに教育の程度も違いますから、聞き入れてくれまいと思います。私は裁縫ができなくとも、手紙が書けなくとも、女学校に入り柔軟な思想を持ち不健全な体格をもっている者よりか、健全な気風に富み健全な身体をもった者をめとったら幸福と思うが、父の心持ちを想われ躊躇しています。（農大生）

「記者」は次のような回答をする。「身分ということは昔の因襲道徳を尊重する時代は非常にやかましかったものですが、人格を重んずるただいまの世ではそんなやかましく取り扱う必要がなくなりました。躊躇なくお父さんに事情を打ち明けて相談なさった上で決めることをすすめます」

記者も身分を重んじたのは昔の因襲であって、いまは人格を重視する世になったと言い、身分にこだわる必要はないと説いている。身分違いといっても、お手伝いと雇い主の息子といった曖昧としたもので、息子が恋愛して本当に愛しているのであれば父親に堂々と話をすればよいと思われる。身分階層の意識が根強く存在していたとしても、男性がそれを破ろうとする果敢な思い切った行動に出ない、優柔不断な態度が身分違いの問題の解決を妨げている。

次は、八カ月の身重の女性が、相手は同郷の財産のある家の息子で、家の釣り合いもとれず、また自分も家督相続人であるために、親、親族が結婚に反対しているが、生まれる子を手放すこともできない、という相談である。

一九一六年七月二十七日「読売新聞」「身の上相談」

私は二十七歳、四年前今の男と同棲しました。当時、恋しなつかしですべてを許してしまいました。その内に妊娠し、二人で相談した結果、産婆の家で密かに分娩し、生まれた子どもは産婆の世話で他家に養子にやりました。血を吐くばかりの悲しみを胸に秘めながら家に帰り、何気ない風で二人は今まで通りに暮らすことになりました。昨年の秋、私どもが尊敬している方の仲介で国元へ話をして貰ったのですが、昔気質の親のこととていろいろ申し、ことに夫の実家は町内での財産家、それに比べ私の実家は見るに哀れな有様で釣り合わぬ、また私は相続人でもありますので、一家親類ことごとく反対し、話がまとまりません。すると昨年末またも妊娠し、ただいまは八カ月の身体になりました。夫はどうしたことか、なにかにつけ私に辛く当ります。国元より私どもの同棲のこと、結婚不承知のことについてやかましく申してきたので、親思いの人ゆえ苦しんでいるのかなと思うのです。私も生まれる子どもはとても手放すことはできず、いっそ子どものため一生独身で暮らそうとも考えております。そうなると子は私生児になりますが、これは私の苦痛です。なんとか公然の子にすることはできないでしょうか。一生独身で子どもを養育するとすれば、養育料と私の手当をこの先何年くらい先方から申し受けられましょうか。（わずらい女）

「記者」は次のように答える。「お二人の間に愛があって心が離れ離れになっていないのなら、いかなる反対があろうとも、どんな力を以てしても、それを他に動かすことはできないはずです。法律の上からのみ冷やかな判断を下しますれば、あなたはもう二十七歳ですから、結婚ということについて何人の干渉をも受けないですみます。しかし相続人であってみれば、結婚は自由にできても他家に嫁ぐことはできません。その男の方を婿養子に貰うより外に途はないのです。それがとうていできない相談ということなら、生まれたお子さんはあなたの方におけば私生児になり、男の方で引き取れば庶子になります。男の方から合意上手切金とか養育料とかいうものを出せば格別、あなたの方からそんなものを請求する権利はありません」

一度は出産し、今度は八カ月の身重でありながら結婚もできない、なんという惨めな相談者の置かれた状況であろうか。男性の方も身分違いを克服して結婚する意欲も見受けられず、ずるずると四年以上も同棲を続けている。結婚しようと思うならば、相談者が男性を婿養子にするなり、相続排除を受けるなりして結婚する方法はあるはずである。男女ともに出生する子どものことを真剣に考えていないと言わざるをえない。

身分違いの結婚といっても、それを克服する意欲が男女双方に欠如しているのが目立つ。

（1）小倉朗『自伝北風と太陽』新潮社、一九七四年、一四八―一四九頁。
（2）ショーター、田中俊宏ほか訳『近代家族の形成』昭和堂、一九八七年、一五六頁。
（3）福岡県女性史編纂委員会編『光をかざす女たち』（佐々木哲也）西日本新聞社、一九九三年、一二八―一二九頁。
（4）ミッタイス、世良晃志郎訳『ドイツ法制史概説』創文社、一九五四年、三二、三四頁。

結婚生活　夫、妻、しゅうとめ

有地　亨

八幡製鐵所の槻田社宅の1935（昭和10）年頃の風景（写真提供・益田啓一郎氏）。工場拡張にともない、官舎は所外に移転し、1910（明治43）年までに槻田、大蔵などに社宅が千余戸建設された。こうした新興の住宅地では従来の「いえ」とは異なり、夫婦が対等で愛に基づいた新しい家庭のあり方も模索されたことだろう。

離婚

当時の離婚の動向

明治民法が施行されるまでは、夫による一方的な離婚や追い出し離婚が多かったといわれ、一八九七（明治三十）年までの離婚数は非常に多い。しかし大正にはいると離婚件数も減少し、離婚状況については落ち着きを取り戻している。明治年代で一八九七年までは離婚率は高く二ポイント台であるが、一八九九年明治民法の離婚届制が施行されてから一・五〇に減少する。さらに一九〇〇年から一九四三（昭和十八）年までは一貫して減少傾向が続く。この時期、アメリカや西欧諸国では産業化、都市化が進行し、一様に離婚率が上昇する傾向にあるのに対し、わが国は逆に減少傾向にある。その理由について、社会学者は次のように説明する。

明治以来、圧倒的に多かった追い出し離婚などの家父長的な離婚強制が産業化、近代化によって弱化されるとともに、人口の大半を占める農業人口の減少と結婚年齢の上昇により早婚が減少し、離婚の増加を抑制するようになった。他方、新たに都市に創設された労働者、俸給生活者の小家族は、「いえ」の圧力の及ばない圏外に置かれた(1)。

後述するが、大正期、昭和戦前期においても、妻からする離婚の相談や訴えは決して少なくはない。民法は、夫による強制離婚や専権離婚の発動を許す協議離婚を認めながら、夫婦不平等ではあるが、妻についてもいちおう個人の権利、義務を定め、法的保護を図るというアンビバレントな関係に置いた。それだけではなく、教育制度の充実や近代思想の普及の恩恵を受け、さらには第一次大戦以後女性の職場進出、経済的独立もあって、女性＝妻の地位の向上をみ、夫の不当な仕打ちに対しあからさまに異議を申し立てるような妻も出てきた。

大正の初めに、妻からの離婚請求が夫からのそれよりも統計上多いことが取り上げられ、その理由が論議されている。妻は離婚後の問題について責任がないので離婚がし易いとか、離婚によって夫が自殺するというおそれがなく精神上の負担がないとかが挙げられるが、決定的なものではない。それよりも夫は女性ができても妻を離婚せずに双方と二重の生活をするとか、また夫は離婚については訴訟までいかずに事実上の追い出し離婚に近い協議離婚によって解決するので、夫からの離婚の申し立てが少ないだけだとされているが[2]、これが真実に近い。

妻は離婚したいと思っても、離婚後経済的に自立できる条件を獲得できないため、離婚に踏み切れないで苦しむ者が多いのが実情である。

妻からのケース

夫が浮気をしたり、他女と同棲したりするため妻が愛想をつかし、離婚の申し立てをするケースである。以前は、夫が浮気して素行がおさまらない場合でも、妻はじっと我慢して堪え忍ぶというケースが多かったが、そのような夫に対して訴えや身の上相談に持ち出して非難し、反発する態度を示すようになった。

一九二六（大正十五）年、評論家千葉亀夫（一八七八―一九三五）は「婦人公論」（一九二六年十月号、「家庭争議号」）の「家庭争議大観」で、女性にとって不利な民法をあえて女性は利用し始めたと次のように言う。

「法律といい社会組織というものが、元来男性の手によってできあがり、男性の勝手のよいように作り上げられたものである。それだけ女性の生活にとかく都合が悪い。また割が悪い。……けれどもそれを前代にあっては、多くの妻がそれをも万避け得ない運命と諦めて、泣きの涙で沈黙していたかもしれない。けれども現代の女性にあっては、それはもう忍び得ぬ人格の侮蔑であり、また神聖な契約の破毀である。たとえ現実の法律が自分たちにとっていくら不公平であったとしても、それ以外に頼るものが無い限りは、法律によって最大限の権利を主張しようとするであろう。進んでは、その不公平な法律を平等な地点まで引き戻そうとするであろう」

千葉は大正末になると女性は目覚め、人格の侮蔑に耐えかねて、彼女らにとって不利な法律であっても、それを利用して積極的に家庭争議の解決に乗り出してきたと言うのである。

次は、夫は再婚であるが素行がおさまらず、結婚しても相変わらず芸妓の許に通い続けるという浮気の典型的なケースである。妻からの離婚についての相談で、このような相談はまだまだ非常に多い。

一九一五年二月七日「読売新聞」「身の上相談」

三十二歳の女です。八年前、当時八歳の男の子がいる家の後妻に入りました。当時夫は大変愛してくれ、子どもも慕ってくるので喜んでいたところ、二、三年たつうちに、夫は以前から愛していた芸妓のところに時々行くようになりました。夫は私を相変わらず愛してくれますので、何か自分の真心の足らぬ為だろうと諦めておりましたが、昨年からまた別の女のところに毎日通い始めました。そのために私は神経衰弱にかかり、日々弱りゆくのみです。よく聞けば先妻も夫の不品行を憂いて肺病で死んだということです。私は実子とてもないことゆえ、断然離縁しようと思ってみましたが、子どもはただいまでも慕ってくれますので、どうすればよいのでしょうか。

（迷える女）

相談者はこのような夫でも相変わらず自分を愛してくれていると信じ、夫の不品行をなじってやめさせるように働きかけたり、話し合ったりした形跡もなく、みずから身を引こうかとする。夫が浮気をしても、妻は我慢して忍従していた以前とは違って、消極的ながら離婚しようかと相談に持ち出したことくらいであろうか。もう一つ同じ時期のものを紹介するが、同様に夫の女性問題に悩む妻の相談である。

一九一五年八月十七日「読売新聞」「身の上相談」

私は二十歳です。相当の資産家に何不自由なく育てられ、一昨年女学校を卒業しました。その後、切望されて資産はないけれど敏腕家で親戚の間柄の人に嫁ぎました。ところが夫は料理店に頻々と出入りし、毎夜夜中でなければ帰宅しません。今春女児を分娩しましたが、夫は子どもを愛しながら依然として品行を改めません。泣いて非行を責めると、自分は決していやしい処の女に心を奪われるような事はないと申しますが、素行は改まりません。家計も不如意がちで、子どものためによくないと思い、いっそ離婚しようかと思いますが、愛児のゆえに後ろ髪を引かれます。この頃は神経衰弱になり、婦人病を病んでいますので、生家の父に相談し、温泉にでも行って養生しようと思います。

（敗屋の女）

「記者」は次のように答える。「そういう境遇に泣く婦人の多い世の中は実に困ったものです。心を大きく持ってあまりくよくよなさらんがよろしいでしょう。唯心に早く夫の目を醒まさんことを祈るほかないでしょう。離縁は今のところ思い止まりなさいませ」

記者も言うように、妻帯して男性が公然と浮気して妻を苦況に立たせるケースが非常に多い。私の調べた「身の上相談」の中でもっとも多いケースと思われる。今回の相談では、相談者が浮気をなじっても、夫は恬淡《てんたん》としていっこうに応じようとしない。記者は世の中には相談者のような妻も多いことだし、離婚は思い止まるようにと説示する。離婚しても、妻は生活ができる職に就くこともできず、実家に帰っても居る場所もないというのが実情である。よほどひどかったら別だが、離婚しないようにと回答する以外にはなかったと思われる。

以上、妻子を顧みない場合における妻からの離婚の相談である。夫の不貞行為があり、生活費を十分に渡さない行為があっても、妻はできる限り我慢して事態の沈静化を図り、夫に抗議しても反省するでもなく、夫は不貞は当然という顔をして対応している。離婚後の経済的問題が妻に大きくのし掛かっているために、我慢を重ねたあげくにようやく離婚に踏み切るのである。

一九二六年十月号の「婦人公論」は、石原純博士事件や白蓮事件が世情を賑わしたため、嶋中雄作の司会で「家庭争議に関する女流相談会――良人に愛人が出来た場合の妻の態度」と題し、吉岡彌生、山田わか、戸塚明子、山川菊栄、厨川蝶子の五名の座談を掲載する。夫の不貞行為があった場合に、妻はどんな対応をすべきかについて、これらの女性の参加者が意見を述べている。当時の妻の対応の仕方がよく分かる。

嶋中は司会者として、次のように問題を提起している。「夫に愛人ができて夫の愛を奪われたという場合に、妻がどういう処置を執ったらいいか――これは必ずしも近代的の現象でなしに昔からあることですけれども、近頃ことに頻繁に、それがいくらか是認されていないまでも、昔とはちょっと趣が変わってきた」と言い、「その現象に対して批判していただきたい」というのである。

山田わかは「妻のところへ公然と芸者を連れて来たり、またほかに大ぴらに愛人をつくったりすることは随分長年の慣習ですが、こういうことが道徳上悪いということは誰だって知っているでしょう。誰だっていいとは思わないけれども、長年の習慣がそういうことをさせるのですから、今の婦人はそういう習慣を打ち破る態度に出なければなりませんね。男女関係に革命を起こさなければなりませんね」。山田は「革命」という言葉を使っているけれども、そんな勝手なことは許されないという世論を喚起すべきだとの主張のようである。

吉岡彌生は「夫婦の中には夫が他に愛を奪われたとて断然離婚をする気にもなれず、さりとても夫婦関係を続けるのも苦痛であるという様な考えで、自身にて適当な処置を講ずる事ができない人が多いと思われます。ですからこういう場合は、妻が夫に対してどうしたらよかろうかというよりは、ほかの女に愛を求めるような男は世の中からすっかり捨ててしまいたい、いわゆる社会的制裁を加えるのが一番良いと思います」と言う。吉岡は、妾をもつような男は社会的制裁を加え、世間から抹消してしまえと言うのである。

厨川蝶子は「日本の現在の生活が男女不平等で、たいていは女の方の負担は軽く、男子の方が働いてきたその金でぼんやり遊んで食べているという奥さんがたくさんあります。そんな場合に多くの男のかたは家庭に温かい情味と慰安を求めていますのに、終日の勤務に疲れて家庭に帰れば、何もかも理屈づめでなんだか厳しい先生の前に生徒が座っているような堅苦しい気持ちで奥さんと対しているのでは、堪らないことではないかと思います。そこの点で私は同情するのです」。

厨川は、夫婦性別分業の家庭で、外で働いて家庭に帰ってきた夫をリラックスさせない妻の態度に問題があるとして、他に愛人を持たざるを得ない夫に同情する。

山川菊栄は「夫が他に愛を移した場合に、その夫に愛が残っているために苦しむというより、離婚したいにもかかわらず離婚は女にとって非常に不利である、いわば致命的な打撃であるから、無理にもそれを避けようとする努力のために苦しんでいる人が多いようですね。つまり愛情の問題より外の考慮が加わって、心にもない妥協のために苦しむのです」。さらに山川は夫婦で愛情がなくなれば離婚すべきものだが、離婚するには世間体だの経済問題に縛られて妻は無駄な苦労を余儀なくさせられるので、そのような夫婦は無理にくっつけておくのではなく離婚させて子は母が引き取り、母親に引き取られた子に対して父親に扶養義務を負担させればよいと非常に進んだ意見を披瀝する。山川は、愛情がなくなれば離婚すべきであるが、離婚は女性に不利のため躊躇し苦しんでいるので、それを救う手当をすればよいと言うのである。

嶋中はこれらの意見を締めくくって、愛人をもったりする夫の浮気は許されないという世論作りをすることと、女性自身がもう少ししっかりすることの二つになるとする。

これらの意見が述べられている背景に次の二つの事柄が注目される。一つは、近代化、都市化が進行し、都市に居住するサラリーマン家庭が増え、そこでは夫婦性別役割分業が行われ、家庭を預かる専業主婦が家庭に慰安を求める夫に対してそれにこたえるサービスを提供しない家庭があり、家庭のあり方に問題がある。第二には、男性が公然と愛人をもったり、芸者遊びをする習慣は道徳的にも非難されるようになってきたため、そのような男性の行為を排斥する世論作りも可能になったし、また妻はそのような夫に苦しめられるよりは、離婚の途を選択すべしという声も大きくなってきている。

非道な夫への対応

そうはいっても、妻をないがしろにするだけでなく、傍若無人に振る舞うひどい夫もいる。夫は家の中に情婦を引っ張り込み、妻に対して別れたければいつでも別れるとうそぶくので、悩む妻からの離婚の相談である。

一九一七年一月十四日「読売新聞」「よみうり婦人附録」「身の上相談」

私は二年前医者である夫に嫁ぎましたが、この頃になって、看護婦と夫との怪しい態度が眼にとまるようになりました。二人のこの態度を今後も続けられるとすれば、家庭は面白くないものになると思います。夫は私を籍に入れてくれませんし、片意地で私の言うことは聞き入れません。今別れるべきと思いますが、夫は別れるならばいつでも別れると申しております。

（なやめる妻）

「記者」は次のように答える。「男が一婦を守らない事の悪いのは言うまでもないことですが、これは永い間許されていた習慣なので、多少許せないこともありません。しかし一家の内に妻と情婦とを一緒に住ませておくというのは、妻の人格を侮辱するのも甚だしい事で、許すべき事ではありません。こういう場合こそ自身の為にも、また、二年間を事なく同棲してきた夫の為にも立派に争うべき場合でしょう」

記者が言うように、妻帯する夫が他女と不貞をするのは悪しきことではあるけれども、日本では永い間存在した慣行で、夫はそれを実践しただけという意識かもしれない。しかし、内縁関係にあるとはいえ、情婦を家に引っ張り込んで妻と同居させるのは、妻の人格を侮辱する非道な行為であり許されないというのは当然である。しかも、夫が故意にしているかどうか判然としないが、二年も経つのに入籍もせず、いつでも別れるというような夫に対しては断固とした処置をとるべきで、夫の行為は許されるというものではない。

次も、これに勝るとも劣らない、非道な仕打ちをする夫を持つ妻からの相談である。夫から病気を移され、子を産めない身体にさせられた上に、夫は枕元に来て離婚を迫るという過酷な状態である。

一九一五年七月二十五日「読売新聞」「身の上相談」

私は四年前に嫁いできましたが、婦人病にかかり一進一退の状況にあって苦しみ通してきました。夫は私の病身と子のないことで離婚をたびたび迫り、その上夫は悪遊びをし、寄る辺のない病身の私は四面楚歌の中に泣き暮らしてきました。本年二月、宿病が重くなり、腹膜炎を生じ、注射でようやく痛みをしのぐという最中に、夫は媒酌人を枕元に連れてきて、このような状態ゆえどうしても離縁をすると言って、私をののしり立てました。その内に夫は遠国に転勤になり荷物を送り出すと、夫と夫の身内の者は私の荷物だけを抜き取り夫の実家に残し、種々の悪口を並び立て離縁を迫りました。その後、私の長い病気は夫から感染したものと分かり、離縁話は一時中止、しかしそれからも、こんな病気をすると子どもができぬと聞き、また離別を迫ります。私の身体は廃物同様にされており、どうしたらよいか途方に暮れています。

（涙にくれる女より）

「記者」は次のように答える。「あなたにもしも実家があるならば、お帰りになったほうがよいと思います。そういう苦い想いをしのんで、人の妻と呼ばれていたところで仕方がありません」

夫として妻を看病するどころか離婚を迫る。それだけでなく、妻の病気も夫から感染し、子を産めない身体にされている。このような夫は離婚した方が賢明である。離婚を勧めるのは当時としては珍しい回答である。

昭和になっても、夫の浮気、不貞による婚姻の破綻、離婚のケースが主流を占める状態にはほとんど変化はなかった。これに対し、妻が別居や離婚を申し出て、それに対応するケースも徐々に増加する傾向にはあった。しかしながらこのような場合でも、「身の上相談」の回答をみると、女性の弱い立場を考慮してか、回答者は妻に対して我慢せよと言い、容易には離婚もやむなしという判断をしない。離婚後子どもを引取った妻の生活が厳しいことが、離婚を思いとどまらせようとする最大の原因と思われる。妻は離婚に踏み切らずに耐え忍ぶ、夫はそれをよいことにして、浮気や不貞を働き横暴を極める、このような夫婦関係が依然として第二次大戦頃まで続いた。

次は、十五歳を頭に二人の子どもがおり、夫は四十歳になったにもかかわらず、出張先に愛人を持ち、妻がそれをなじると妻に虐待を繰り返す、そんな妻からの相談である。

一九三一年七月二十二日「読売新聞」「婦人」「悩める女性へ」

私は四十歳の夫と十五歳を頭に二人の男の子をもつ母です。夫は陸軍から県庁に変わり、同僚からも尊敬され、上役からの信用も厚いのです。仕事の関係で、夫は毎月十日間も出張します。その主張先で一人の愛人が出来てしまったのです。初めは知らぬの一点張りでしたが、愛人があることがハッキリしますと、今度は私を虐待しだしました。

（地方の女）

河崎ナツは次のように答える。「あなたのような悩みを持つ女性は実に多いのです。男の四十という年齢は一つの峠と申しましょうか、青春の炎がまさに消え終わろうとして最後にボッと勢いよく燃え上がるような状態です。この炎を仕事に転換する人は返り咲きといいますか華々しい活動が出来ますが、大部分の男子はこの炎を恋愛に持って行きがちです。分別盛りの人がうら若い愛人と心中した例などを考え合わせますと、みな四十前後です。ことにそれまで謹直な生活を続けて来た人が多いようです。……世の多くの母親は子どもが十四、五になると、まったく子どもに没頭して夫を顧みない場合が多いようです。そこに妻から女という感じが薄くなり、夫の不満も出て来るわけです。母親は子どもに没頭していれば幸福でしょうが、救われないのは夫です」

河崎は二点を挙げる。第一は、男性が四十歳の頃に最後の転機が訪れ、多くの者は仕事にひと花咲かせるのではなく、他女との恋愛にのめり込んでしまう。第二には、子が十四、五歳になると、妻は子に没頭して夫を顧みなくなり、夫は妻に不満をもつ。妻には「女」にかえって夫を愛せよと言うのである。

昭和に入っても、四十歳前後、今で言えば五十歳前後かもしれないが、月給も増え生活に余裕が出来ると、他女に目を向ける男性が多く、当時世間を騒がせた分別盛りの男性が若い女性と心中する例すら挙げている。男性の放埒な行為に基づく中年以上のトラブルであるがゆえに、妻に離婚を勧めるのではなく自重を促している。

次は、夫が愛人をもったが、妻に問いつめられると自分で解決するから信用せよと言う、妻からの相談である。

一九三一年五月九日「東京朝日新聞」「女性相談」

夫は二、三年前よりある売笑婦を妾として囲っておりました。昨秋その事実をつきとめた時は、頼りの太い縄を切られ、断崖からけ落とされたような悲哀を感じ、身も世もあらぬ思いに日夜涙と煩悶に苦しみ続けました。その時、夫は「自分のことは自分で解決をつける、中に人などいれれば事が大きくなるから、誰にも知らせずお前は見て見ぬふりをして、夫を何でもかでも信じておればいい」と申しました。この場合絶対に信じましたら、妻は信じているから陰で何をしても構わぬと男は思うものでしょうか。

（三十一歳の女から）

評論家、三宅やす子は次のように答える。「『おれを信じておればいい』と言うのはよく男の言うことで、単に妻を棄てないという表示です。家庭をそっとしておく事が世間の信用を失わないこと、妻が家政を処理する重要な人であることを知っているからです」と言う。そして、「この意味を解しないで、ただ言葉通り『信じる』となれば妾を囲う夫まで信じて、信じられないものは何一つありはしません」と叱る。「自分の才能、教養、容ぼう、健康、純情、熱誠に自信をもって相手を黙殺し、夫が半年後の今日、以前ほどではなく折々通うというのであれば、もう半年くらいそっとしておいてご覧なさい」と言う。

夫は妾を囲いながら、それがバレると開き直って、自分で解決するから誰にも言うなと、勝手な理屈をつけて解決を図る態度を装う。このような態度は、男が解決をごまかす常套手段のようである。男は女に謝罪の言葉一つ言わず、自分の都合の良い結果を妻に押しつけようとしている。三宅も半年間待って様子を見よと言う。協議離婚制度があっても、それを利用できない弱い立場のギリギリの我慢である。

最後に、夫は妻子があることを秘して他の女性と関係を続け、その女性が妻子のあることを知り、怒って実家に帰ってしまった。夫の告白で女性のことを初めて知った妻からの相談である。


一九三一年九月二十八日「読売新聞」「婦人」「悩める女性へ」

私（二十九歳）の夫（三十四歳）は妻子あることを秘して二年前からある女性と関係を続けていました。最近、先方の女性は私たちのことを知り怒りにまかせて夫をののしり実家に帰ってしまいました。私もそのことを夫の口から聞かされるまで知りませんでした。私たちはすべての反対を押し切って八年前に恋愛結婚しました。二児を得て幸福なるべき家庭生活にひびが入り、ただ一人の夫を掌中におけなかった私にも責任がありますが、他方夫は体力の相違から夫婦生活に満足できないと言い、精神生活と肉体生活とを別々に考えており、私は反対に精神と肉体とは離ればなれにはならないと思っています。夫は二年間別居してお互いに磨こうと申しますが、精力家の夫が二年間真面目に修養にいそしむとは信じられません。私は別居すべきか、離婚すべきか迷っています。

（府下居住者の妻）


賀川豊彦氏の夫人はこれに答える。「今こそはつまり夫の心を捉えよ。真の愛を取り違えてはならぬ」と言う。さらに、「相互に愛があって成立した恋愛結婚であったので、あなたとしては満足し、かつ全く夫は自分のものとして安心して家庭生活を送って来られたことと思います。そこに一つの油断と言えば言われる様なものがあったでしょう」「いったい夫婦生活においては、精神も肉体も一つであるべきもので、御良人の言われるように心の妻と肉の妻と別々のものとするのは間違いです」「幸い先方の女性が家に帰ったのであれば、この際あなたがはっきり夫を捉えることであります」「あなたは愛する夫をして精神生活を楽しませる事に導かれてこそ、真に夫へ尽くすことになるのです」

この夫は反対を押し切って八年前に恋愛結婚をしながら、二年前から他女と関係をもっている。しかも、体力の差から夫婦生活に満足できないと勝手なことを言っている。恋愛論で多くの論者が述べていたように、本来の恋愛は霊肉の一致であって、これがばらばらであればその恋愛も結婚も成立しない。賀川夫人の言うように結婚生活では精神と肉体とは当然一つであるべきである。結婚して八年も経って、夫が霊肉の分離した生活を口にするのは、結婚生活において霊、すなわち愛情がそれほど重要な比重をしめていないことを示すものであろう。

一九三二年、一九三三年になっても、破廉恥な夫の行状を訴える「身の上相談」は依然として多い。夫が女中を妊娠させ実家で出産させたが、夫が連れ出して女中兼二号として置くという妻からの相談（一九三一年六月二日「東京朝日新聞」「女性相談」「夫の破廉恥な不品行」）とか、主人が妾をもち、同じ町内に住まわせ、妻には十五歳の娘がおり、衣食住にも困り、内職してかろうじて生活をしているが、夫は自分の不身持ちゆえ別れてもよいが子どもはやれぬと言う妻からの相談（一九三三年六月十三日「読売新聞」「婦人」「悩める女性へ」）など、後を絶たない。しかし、これらの相談に対する回答者の対応の仕方は多少変化してきている。

前者については、山田わかは「夫に対しあなたを徹頭徹尾侮辱した態度の非を悟らせ、以前のような清らかな夫婦の二人きりの生活に帰るか、それともあなたがその肉欲にただれきった家庭を捨てるか、二つに一つを選ばなければなりません。どんなに侮辱されても勝手なまねをさせても、それを我慢しているのが『婦人の美談』であるように今まで信じていたことが、数限りない男の不品行をつのらせていることをお考え下さい」と答える。

従来は、妻の苦痛を察するが、軽率な行動をすれば妻は身の破滅を招くから自重し、辛抱せよという傾向での回答がほとんどであったが、それとは違った回答が現れ、妻の辛抱がかえって夫の横暴をつのらせてきたと、妻の決断を促している。

妻から離婚が申し立てられたが、ついに示談が整い離婚することになったケースが二回にわたって新聞で報じられた事件がある（一九二八年六月八日、同六月二十日「大阪朝日新聞」）。

大阪府某高等女学校の音楽教師A女（四十二歳）は六月七日、夫の陸軍予備大尉B男（四十六歳）を相手に大阪地方裁判所に離婚の訴えを起こした。ABは大正三年四月に結婚し三女を儲けたが、Aは東京音楽学校出のピアニストとして有名で、前記教職の外に上流家庭の夫人や子女にピアノを教え、社交界でも信用が厚かった。Bは頑健な身体をもちながら定職もなく、過去七年間は家の生計はすべてAの収入によってまかなわれていた。ところが、BはAに対し正当な理由もなく、しばしば聞くに堪えない罵詈雑言を浴びせ、殴打、足蹴りする有様で、とくに昭和二年五月九日の夜、長女C（十四歳）が翌日修学旅行に行くため目覚まし時計を用意しようとしたが、時計が狂っていたのでBはAの不行き届きだと乱暴を働き、止めに入った使用人に負傷させた。それどころか、Bは他の使用人某を妊娠させて同年五月に男児を分娩させた。そこでAはBに愛想をつかし、十月に別居した。さらにAは大阪地方裁判所にBを相手にし、乱暴なBの行為は民法旧八一三条五号の「同居ニ堪エザル虐待」であり、また私通問題は同号の「重大ナル侮辱」にあたるとして訴えを提起した。

ところが二十日付新聞には、このAのBに対する離婚請求の訴訟事件は、急に示談が整い無条件に離婚することになり十八日、本籍地の神戸市役所に離婚届をし、三人の子はBの手許に残り、Aは東京府下の実家に復籍したと報ずる。

有名人以外の離婚事件が新聞に報じられることは滅多にないが、音大出の音楽教師が夫の同居に堪えない不行跡に愛想をつかせて妻の方から離婚の訴えを起こし、しかも示談により離婚が成立したが、夫の許に十四歳の長女を頭に三人の子を残しての解決であったため、珍しいケースとして取り上げられたのであろうか。

夫からのケース

この時期の離婚に関する身の上相談はほとんどが妻からで、またその内容も大体似たようなものである。これに対し、夫からの相談は数は少ないが、その内容は多様である。次のものは、三十三歳の男性でこれまで三回離婚し、四人目の妻をも離婚しようかという相談である。

一九一四年五月十九日「読売新聞」「身の上相談」

私は今年三十三歳になった実業家ですが、不幸にして妻が代わること三回、現在は四人目です。第一は二十三歳の時に琴瑟《きんしつ》の和を得ずして離別し、第二は二年にして早生し、第三は言うに忍びざる不都合ありてやむなくこれを追い、さらに迎えたる現今の妻は性魯鈍《ろどん》にして家を治むるの能力なく、人に交わるの術を知らず、父母に仕えて情けなく、そのため家庭は常に風波が絶えません。離別しようと思うが、これまで去りし者は姑の冷酷を吹聴しましたので、こんど離別すれば父母の名を悪くすることになります。どうすればよいでしょうか。

（虎前卯太郎）

「記者」は次のように答える。「貴君はいままでに貰った嫁が悪いように言っているが、貴君自身にも大きな欠点があると見える。琴瑟和せずというような事は夫婦二人の責任で、決して妻のみの責任ではありません」

相談者は死別を含め三回妻と離別、四回目の妻をも離別したいというのである。記者が言うように「琴瑟和さず」は夫婦双方の責任であるし、今回の理由も「性魯鈍にして家を治むるの能力なし」は、妻を蔑視した一方的な理由である。しかも離婚すれば父母の評判を悪くするといって、自分の行為に対する反省はまったくない。この夫のケースが当時の夫による一方的な離婚状況を物語っているように思われる。夫はさしたる理由もないのに弊履《へいり》のごとく妻を棄てる離婚が行われていたのである。夫が堂々とこのような相談をしても怪しまれないような社会状況であった。

次は、妻が不倫を犯したが家に戻ることを許したのだけれど、風波が絶えないので離婚したいという相談である。

一九一四年十月八日「読売新聞」「身の上相談」

私は二十年前に年若き妻を迎え相当に教育を施し、今日、三、四人子女を挙げ、目下大切な教育時期に達している。妻は二、三年前ある者と関係あることを認めたので、社会教育のために、彼等両人に対して一大制裁を加えようとしましたが、家名のために忍耐する必要ありとみて妻を捨て彼等両名の同棲を許しました。しかるに両人の父兄は私に対し面目なしと百方謝罪復帰の方法を講じてやまないので、もし妻が真に悔悟せば子女のためと思い直し、再び家に帰ることを許しました。しかるに妻の精神の改まった様子が見えないので、一家に風波の絶え間がありません。一日も早く離婚するが正当と思われますが、どうですか。

（四つ葉）

「記者」は「あなたのご立派な御精神に敬服致します。そういう訳でしたら離婚しても差支えありません」と答える。

家名を傷つけないために忍耐して、彼ら二人の同棲を許した。二人の父兄が謝罪し、妻の復帰の諸策を講じ、また妻が悔い改めたのならば子どものためを思い復帰を許したが、妻の反省の気配がないので、離婚したいという相談である。二十年も結婚生活をした妻が不倫を犯したということであるが、妻がなぜそのような行為をしたのか、復帰についても妻がどのような態度をとったのか、この相談からは見えてこない。同じ不倫を犯した場合でも、夫が犯した場合と妻が犯した場合とで、社会の対応の仕方がまったく違っている。回答もこのような夫と妻の姦通に対する法的取扱いの差異をそのまま反映したものである。

次は、十五歳も年上の夫と結婚し三人の子を持ちながら、下宿させた学生と家出した姉についての相談である。

一九三二年五月二十五日「読売新聞」「婦人」「悩める女性へ」

私には二十五歳の姉がいます。姉は十八歳の時市内の相当な商店に嫁し、三人の子の母となった昨年四月、知人に頼まれて学生Aを二階に置くことになりました。夫と十五年も違うためか、姉はその学生といつのまにか人目を忍ぶ仲となり、九月に身内や知人の意見も聞かず、手に手を取って家出してしまいました。七つを頭に三人の子を残された兄の気持ちはどうでしたろう。兄の身内は告訴するなどずいぶん憤慨していましたが、温順な兄はそんなことはせんでおいて成り行きをみています。一度出た姉を説き伏せて無理矢理に連れ戻したところ、一カ月ばかりいて逃げましたことが二回、それでも兄は姉の帰りを待っているし、私も子どものために帰ってきてほしいと願っています。一部の親族は断じて入れぬと申しています。Aという学生は二十二歳で、二人はいまどこにいるかはっきり分かりません。どうしたら姉が心から改心して帰ってくれるでしょうか。（良枝）

河崎ナツは次のように回答する。「お姉さんの結婚には何か最初から無理があったのではないでしょうか。夫と十五も年が違う故があったのでしょうかと言われていますが、年がいくつ違っても問題にならぬと思いますが、あなたがとくにそういわれる所に何か事件の起こる原因があったのではないかと察せられます。愛する三人のお子さんとまで離れて家を出るお姉さんの気持ちは半端なる享楽を追う気持ちとばかりはみれないでしょう」

河崎はその結婚には無理があったのではないかと言い、離婚もやむなしと判断しているようである。三人の子を置いて二回も出奔する理由は定かではない。伝統的な「いえ」での処理のしかたではなく、商家のためか新しい家族内での夫婦の問題として、夫は自分で解決しようとする姿勢が見える。伝統的な処理の仕方としては、夫の親族が言っているように姦通罪で訴えるか、あるいは有無を言わせずに離婚手続きをするかいずれかの方法がとられると考えられる。

一九三四年、社会評論家石井満（一八九一―一九七七）は『悩みに答える』で次のような相談を紹介している（平凡社、一九三四年、二一〇―二一二頁）。

私は三十五歳、妻二十九歳、七年前に結婚し、妻は現在病気で実家に帰っています。必要品を探していた際、偶然にも一年ほど前まで拙宅に同居させ私の下で仕事をしていたA（二十二歳）と、妻が不倫の快楽に酔うていた有様をマザマザと記した妻の手記、およびAから妻宛の再三の手紙を発見致しました。私は一昨年秋から昨年の春夏にかけて多忙で外出がち、外泊もたびたびでした。妻とAとの関係は一昨年の夏から始まり、私の多忙期に最高潮に達していたらしいのです。過去数カ年営々とした努力も踏みにじられ、顔に泥を塗られた口惜しさは胸の張り裂く思いです。二人は媒酌人あって正式に結婚したものですが子どももないために入籍はいまだしてありません。妻を離別する物質上の保障は必要ないと思いますがいかがですか。

石井満は「断然見込みのないものとして、手をお切りになるべきだと思います」と答える。石井は一刀両断に夫に対し解消すべしと言う。子が生まれなかったということもあるかもしれないが、七年間も内縁関係で婚姻届を出していないのはなにが原因なのか、夫婦の間になにか理由があるかもしれないなど、いっさい詮索しようとしない。夫からの離婚相談については、あっさりと結論を出している。

一九三四年二月二十日「東京朝日新聞」は「新時代の色は濃い――法廷に描く離婚相――裏から見た近頃の家庭生活」という記事で、東京地方裁判所白方一判事の次のような談話を載せる。

「東京地裁の人事裁判だけで毎月約五十件新件が出て、年間約六百件に上り、その約三分の一ないし四分の一は離婚に関しており、離婚事件は多い。刑法の改正で姦通の告訴をする場合には、同時に民事の離婚の訴えを提起しなければならなくなったこともあってか、姦通による離婚の訴えが相当ある。社会階層から言えば、中流以下でほとんど全部男から提起され、事件の配偶者である妻は大部分職業婦人で、女給、デパート、会社に勤めている者である。上流階層では世間体を考えて容易に表沙汰にしないために、離婚事件が少ない」

これらをみると、当時でも協議離婚以外の裁判離婚でも、男からの離婚の訴えは特定の社会階層に限られているというのが実態のようである。そうであれば、男が求める離婚はほとんど協議離婚で解決されていたということになる。

妻の不貞

次の三つの相談はいずれも妻が不倫を犯し、その結末をどうつけたらよいかという内容である。このような類の相談は大正年代まではあまりみかけられなかったが、少数ではあるが昭和七、九年頃にはみられる。いずれも河崎ナツが解答している。

一九三四年一月二十六日「読売新聞」「婦人」「悩める女性へ」

今年三十一歳になる人妻です。家庭の事情、親戚の義理に迫られ、涙をのんで現在の夫と一昨年六月に結婚しました。夫は昨年四月業務のために負傷し、病院生活をしております。目下一人でくらしていますが、夫と同じ会社のAと知り合い、身も心も許してしまいました。夫は私を愛してくれていますが、私はどうしても夫を愛する気持ちにはなれません。Aは私を心から愛してくれています。Aは夫と同じ会社で、もし二人のことが知れたら現在の職にいることができず、また私もこの土地にはおれません。それと知りながら、二人は別れるということは絶対にできません。別れるくらいなら死んだ方がましです。（悲しき女性より）

河崎ナツは次のように答える。「看護を第一とし、主人の退院後理解を求め離婚すべきでしょう」「結婚という人生の大事に当たって、いかに勧められたからとはいえ、心の進まぬ結婚をすることは、一時周囲の人たちへの和合をきたしたとしても、これは自分の本心を欺き相手を不幸にすることです。今日の暗いあなた方の夫婦生活は原因の一端をここに発していることにおいて、十分あなたが責任を負わねばなりますまい」

恋愛結婚などが盛んに論議された後の昭和十年代に近くなっても、自分で結婚について納得のいくような相手を選択する主体的態度に欠け、軽率な婚姻をした結果である。親任せ、親戚任せで、自分の結婚でありながら真剣に考えていない。このような結婚であるために、夫に対して愛情をもてなくて、他の男性と恋愛する。相談者は二つの事柄を短絡して持ち出しているところに問題がある。

一九三四年三月七日「読売新聞」「婦人」「悩める女性へ」

姦通という忌まわしい文字によって私どもの離婚事件は心ない人々の噂に上りましたが、世の中には言うに言われない事情があるように、夫婦関係にもまた何かしらそぐわぬ事で離れゆく微妙な問題があると思います。奥深き神秘の殿堂に閉じ込められた性生活に対し、煮え切らぬ夫の態度にいつか離れゆく私の気持ちをどうすることもできませんでした。ちょうどその頃夫の許を訪れる青年のハキハキした明朗な態度に引きつけられ、ついに関係を生じてから秘密に逢瀬が増していくうち、不義密通という何ら同情のない言葉によって片付けられてしまいました。私は甘んじてその言葉を受けます。しかしおそらく夫婦の内面生活ともみられる性生活の欠陥を大胆に指摘するもののない限り、世の中にはその不満を率直に言い表さなかったため、同じ汚名を冠せられ原因不明の破局に泣いている人がたくさんあることと思います。

私は夫自身の告白により青年時代の自瀆行為により性器障害の恐るべきことを知りました。それが日常生活の行動にまで現れてすべてに男らしくない態度に出る結果、私の抑えがたい欲求を他に求めることになったのです。それを単に淫奔な女として世の指弾を受けねばならぬ立場になったことに不満なのでございます。人間として夫はまったく不足のない人格者です。しかも社会の師長とまで仰がれる人なので、夫婦生活の内面を知らぬ者が私を非難するのもやむを得ないことかもしれません。母も妹も私の離婚理由となった根本原因を告白せよと申しますため、姦通という一片の法律用語でなしに恋愛の神聖をもって抗弁しようと思います。それとも弁解を避け秘密のまま葬るべきでしょうか。とるべき道をお教え願います。

（不生節子）

河崎ナツは次のように答える。「あなたの場合は夫が人格者と考えられているだけに、あなたのふしだらがますます大きく世間に反映するでありましょう。まったくお気の毒のことと思います。しかし、夫婦の性生活に不満があったからといって、直ちに第二の男性の関係に落ちるということはあたかも飢えたものが盗みをしたのと同様、飢えたという理由があったとしても盗みはあくまで盗みとして罰せられなければなりません。あなたは不満のある夫婦生活をまず解消してから、第二の恋愛を求めるべきでした。さればいま神聖をもって抗弁としようとなさっても、それは法律の前に何の効力も生じるものではありません」

河崎ナツの回答はもっともな常識的なもので、これに対する反論はないと思われる。ただ相談者は不義密通をしたけれども、そのようにせざるを得なかったという理由を明らかにして、弁明しようとしているのである。少し前であれば、不義密通であれば言下に切り捨てられて葬り去られてしまうという状態であったことを考えると、当の本人が堂々と自分のした行為を明らかにして、相談に持ち出すように変わってきたことには注目すべきである。

一九三三年六月五日「読売新聞」「婦人」「悩める女性へ」「不義が暴露して離婚話となった人妻」の相談である。

私は二十五歳、二子の母で、七年前番頭Kが病気をした際に、同情のあまり主人の目をかすめて一生取り返しのつかぬ事を犯しました。その後、Kに強いられるままに事の暴露を恐れ五年間も醜い関係を続け、二年前にKが店を出たのを機に改心しました。主人は二人の関係を最初から全部知っていましたが、Kの病後のこと、私がKの手込めに合ったものと解し、その後も脅迫的に引きずられているものと考えていたとのことでした。今回国元の妹の出現により、Kが足繁く私の家に通うようになり、主人とKが口論となり絶交しました。私は事実の白状を迫られ、全部を告白したところ、動機に一点の同情の余地もないとて離縁話になりました。私は離縁を好まず、このまま置いて頂きたいと妹二人で頼んだところ「何か僕が感動するように誠心を見せろ」と申します。髪を切るとか、一年くらい奉公するとか、田舎の父親を呼んで今後を契らせるとか、それともKの所へ去れと申します。いずれも私にはできないことばかりです。

（Y子）

河崎ナツは次のように言う。「そんな寛大な条件が実行できぬとは何というわがまま」と言い、「今まで御主人はよく辛抱されて来られたことと思われます。あなたを愛すればこそ、また家庭を円満に治めたければこその忍耐と考えます。その心持ちを忘れて、Kとの関係を続けていたあなたは何というダラシのない母親でありましょう」と叱責する。

相談者は犯した不倫行為についての自責の念からの弁解も反省もない。夫の要求する諸行為とは別に、結婚を続けたいのであれば、今後子育てをどうするのか、結婚生活をどのように修復していくかについてのビジョンはなにも語られていない。

次は、妻が夫も親も棄てて恋人のもとに走ったけれども、その恋人からも別れ話が出されたというものである。

一九三二年六月三十日「読売新聞」「婦人」「悩める女性へ」

三十七歳の女です。一昨年まで実直な夫（勤め人）と私の父（七十六歳）の三人で十年間円満に過ごして参りました。家が広いので二階をY男に貸すことになり、夫の無趣味で無学なのに引き替え、博学多才なので心を惹かれ道ならぬ関係を結ぶ仲になりました。ほどなく夫の知るところになりましたが、寛大な夫は今後を諌め許してくれました。しかし私は望んで離婚してしまい、夫と別れてYと同棲しました。父は私の行為に怒り、田舎に帰ってしまいました。夫もやがて再婚しました。Yにはすでに二人の子があり、妻は死亡し、Yは失業していたので同棲以来無収入です。離婚するとき夫から貰った貯金、株券など全部を使い果たしました。Yはようやく就職しましたが、今度はしきりに別れ話を持ちかけ、七年も上だし僕はもっと美しい妻が欲しいと言います。生活の道が出来たので、もう用はないというのです。

河崎ナツは次のように答える。「わがままな感情に理性のタガを締めて一路更生の途を進め」「三十歳を過ぎた女性の恋は狂わしくなりがちです。夫をも父をも捨てて愛人の許へ走ったあなたは、またあなたの不幸をも自分で背負わねばなりません」

相談者は自らの責めで結婚を簡単に破綻に陥れ、再婚をしたがその夫にも捨てられる状況に追い込まれている。自ら選択した途であるが、相談者は第一、第二いずれの結婚についても、自覚がまったく欠落している。

このような相談が昭和十年前後になって、その内容はともかくとしてぼつぼつ持ち出されだしたということは、それまでの相談には見られなかった事柄である。

（1）徳岡秀雄「離婚と子ども」上子武次・増田光吉編『日本人の家族関係』有斐閣、一九八一年、八二―八四頁。湯沢雍彦「日本の離婚の実態・離婚率の推移とその背景」青山道夫他編『講座家族』四、弘文堂、一九七四年、三四五頁。

（2）「婦人公論」大正十五年十月号「家族争議に関する男女懇談会」の広津和郎の意見、七五頁。

女性の再婚へのためらい

配偶者と死別・離別した場合に、残った配偶者や離婚した配偶者の再婚については、男性には再婚への障害はない。「相談」にも出てきたように、再婚どころか三婚する者さえいる。しかし、女性については大きな障害がある。大正になっても、「相談」に再婚の女性は汚れているとの理由にならない理由で忌避する夫がいる。女性に対しては、結婚前でも将来の夫となる人のために純潔を守らなければならないとされ、結婚後も厳しく守操義務の遵守が要求され、さらに夫が死亡し寡婦となっても、貞女は二夫にまみえずと信じこまされていた。さらに、このような再婚に対する考えは、儒教的倫理の浸透によって強化さえされた。このような事情があるため、女性が再婚をためらい、あるいは再婚しても差支えないかという相談が多い。

次のものは夫が死亡し、親、兄弟もない寡婦で、遺児一人を抱え再婚してもよいかという相談である。

一九一四（大正三）年七月十四日「読売新聞」「身の上相談」

私は不幸な身で、両親、兄弟もなく、杖柱と頼みし夫は昨年死去し、ただいま一人の遺児と永年使っている乳母と三人暮らしです。私は一生このままにして送りたいのですが、親類の反対が多く、家事の事情に何一つとして自分の意見は通らず、子どもの養育費も多少ありましたが、それらがどう処置された事やら分からない有様です。この家にきて十八歳から三十二歳までの今日、不運続きです。先の永いことゆえ私も決心して、親切で同情深い人なら年齢の如何を問わず再婚したいと思いますが、いかがでしょうか。（不幸女）

「記者」はこれに答えて次のように言う。「再婚問題は我邦で大なる問題に触れています。寡婦が亡き良人のために貞操を守って一生を送るというは、来世までもという観念がはっきりしていて初めて意味が徹底するのです。今日では来世も夫婦というような観念がないのに、ただ習慣上世間体を繕うために寡婦が再婚せずにいてよいというのは、まったく無意味だと思います。若い女性の独立独行というのはきわめて至難のことですから、今回の場合、なるべく良縁を求めて相当の御結婚をなさることを望みます」

記者が言っているように、わが国ではかつては「死者入れ」という特有のあの世観があった(1)。あの世とこの世が死者をメディアとして両者が交流するという考え方で、夫婦はあの世までともにすると考えられていた。しかしいまではこのような考えはないし、記者も若い寡婦が独力で生活するのは困難であるから、よい機会があれば再婚することを勧めている。大正の初めでも、寡婦が再婚してもよいかと相談するような状況であった。

次の相談は、離婚した女性と結婚するのにこだわりを感ずるという、男性からのものである。

一九一五年一月二十四日「読売新聞」「身の上相談」

私は当年二十五歳になる者で、母は当年五十九歳になります。母はこの節分前にぜひ嫁を貰うようにと言っております。候補者の一人は、他家へ一度嫁いで四カ月ばかりして夫にあきたらないで出てきた者で、家は母の実家の近所で当人の人物も家庭の有様も十分存じております。またその者の父は村での名望家で、私にとって十分力になることが出来る人です。私も話の具合では別に異存はないのですが、ただ再婚ということが気になります。しかし至急を要する事ではあり、年老いた母の労を省くために再婚でも承諾すべきでしょうか。それとも節分前にまとまらなければ一年間置くことにして、初婚者を求める方がよろしいでしょうか。

（K・O生）

「記者」は「再婚でも良い人なら、差支えなぞはありませんが、またそういう再婚者を貰ってやることは、大なる功績があろうと存じます」と答え、その解答も大変振るっている。男性が女性の再婚にこだわりをみせ、再婚者を貰うのは功績になると言うほど、女性の再婚は困難である。

次は、妻が再婚で二人の子どもを持つまでになったが、その間ずっと夫に再婚であることを隠していたため、これが知れて夫の不信を買い、夫は他女の許に行って同棲しているという相談である。

一九三五（昭和十）年五月三十日「読売新聞」「婦人」「悩める女性へ」

三十歳の会社技師の妻です。十九歳の春、母が私に婿養子を迎えてくれましたが、同棲四カ月で死別しました。翌年帝大在学中で、実家が破産したため学資の仕送りがなく退学を余儀なくされたKを夫に迎え、上京して同棲しました。夫は卒業後ある会社に入社し、一男一女をもうけました。ところが一昨年、夫が誰からか聞いたのか私が再婚であることを知りました。私たちの縁談の際に媒酌人の勧めでそのことを話していなかったので、謝罪してその時は済みました。しかしそれ以後夫はだんだん辛くあたり次第に乱行がつのり、昨春とうとう家を捨ててダンサーと同棲しています。私は子どもを連れて故郷の母のもとに戻り一年になります。母は離婚したらと申しますが。

（菊江）

河崎ナツは次のように答える。「誤解を解いて帰ることを交渉し、聞き入れねば離婚する外ない。少なくとも初婚より再婚は女にとっては男の場合よりも、絶対的に不利益な立場に置かれている今日の世間にあってみれば、つい隠すという誘惑にさそわれやすいということも、無理ないと言わば言えます。ただそれを今日までも隠しおわせようとしたところに、夫婦の淋しさを如実に思わせる妻の責任があるわけです」

女性は再婚というだけでかなりのハンディーがある。そのために前婚を隠して再婚したり、あるいは夫は再婚であることを承知しておきながら結婚し、結婚生活を始めて改めて再婚を問題にされ、不和になることもある。再婚した妻が結婚後にどのような結婚生活を築き上げたらよいのかが問われる問題である。

本相談のように、再婚を隠して結婚した場合は、できるだけ早い時期に夫に話をして了解を取り付け、夫婦の愛情を通わせ相互に融和する努力をすべきである。再婚を秘したまま結婚生活を続けて、夫婦間の融和が本当に実現できるのか、妻の夫に対する愛情の深さ、強さが問われる。

最後に、娘は性の衝動に駆られて再婚を望むが、父親がこれに賛同してくれないという相談である。

一九三二年六月十七日「読売新聞」「婦人」「悩める女性へ」

私は三十四歳になります。二十一歳の時結婚して、二十三歳の時一女を生みました。夫と六年ばかり暮らしていましたが、あまり道楽がはげしいので子どもを引取り別れました。兄夫婦と父と弟と暮らしている家に入りました。兄夫婦の厄介になるのも気の毒なので、私が他に嫁ぐという約束で、父と弟、私と子どもの四人が別に家を持ち、ある所に勤めながら八年間親子水入らずの生活をしました。父はこのまま水入らずで気楽に一生を終わらせてくれと私に頼むので、私もそのつもりで一心に働いておりますが、実にお恥ずかしい次第でございますが、私の丈夫な若き肉体をめぐる血潮に悩んでいるのでございます。一生独身で通すのは辛うございます。こんなくだらぬ事は父に申されません。父の年老いた姿を見るといじらしくて父の願いにそむく心にもなれませんが、この細腕で一生暮らすのも心細い気がします。

（ケイ子）

河崎ナツは次のように答える。「そんな生活は不自然です。良縁があったら結婚をなさい。子を抱えて再婚なさることが不幸に終わると考え、また御自分でその方が気楽だと考えられるのでしょうが、若いあなたの生理的状態を無視されている所に、あなたを子ども扱いされる親の錯覚があると思います。もしあなたが結婚されたとしても、兄さんがお父さんの世話をなさるでしょうし、兄さんとあなたの弟とで世話なさるのもよいと思います。あなたが結婚なさりたいのを抑えているのは不自然なことですし、その無理はどこかにほころびを出さずにはおりますまい」

父親が娘の再婚に賛成しない理由は、女性は再婚したとしても、その道は険しいと考えてのことか、それとも、ひたすら親子の水入らずの生活を続けたいという気持ちが強いのかはっきりしない。いずれにしても、女性が子を抱えてひとりで生活するのは経済的に厳しいし、また、本人も困難を伴うことを承知の上で再婚の途を選択するのであるならば、再婚は当然認められてしかるべきである。この時期に、女性があからさまに生理的衝動に駆られる気持ちを第三者に訴えて相談するようになったのも、昭和に入って女性自身の考え方が変化してきたことを示すものといえよう。

(1) 伊藤幹治『家族国家観の人類学』ミネルヴァ書房、一九八二年、一八七―一九六頁。

嫁としゅうとめ

伝統的な「いえ」は、三世代にわたる多人数を含む拡大家族であった。あととりの嫁は他の「いえ」から夫＝あととりの「いえ」に入ってきた人であるため、あととりの親すなわちしゅうと、しゅうとめとの間には親子関係が擬制されたとしても、不和、葛藤が絶えず存在した。とりわけ、嫁としゅうとめとの不和は「わが国家庭上の古い宿題である」と「身の上相談」の回答者も述べている。古くからの川柳にも「掛け合いに嫁と仏をいじって居」「母を殺すか嫁を出すかと息子せめ」「嫁が来てわしを談義へといびり出し」というのがある。柳田国男によれば、嫁としゅうとめの問題は、婚姻制度の変形したもので、つまり、婚姻が村内婚より村外婚が多くなり、妻訪婚から嫁入婚に変わったことにより、同一の「いえ」に主婦権を持つ嫁としゅうとめが併存することが生じたためと言う(1)。

嫁としゅうとめを扱った相談は大正期、昭和戦前期を通じて非常に多い。しかしこの嫁としゅうとめの問題は、太平洋戦争後「いえ」は消滅し、家族意識などが変化した中で、三世代が同居する家族において家庭内部の状況や力関係が変ったにもかかわらず、依然として生じている今日的課題でもあって、伝統的な「いえ」の慣行や意識がもっとも後まで存続している一つに数えられる。

一九一八（大正七）年四月二十七日「読売新聞」「よみうり婦人附録」の「婦人と社会」で、「嫁姑間の噂」と題し、嫁としゅうとめとの間にトラブルがないのは十の中一、二で、大多数は不和の噂があると次のように言う。「各家庭で嫁と姑が同居するのが全数の半分以上はあるが、その中の十中八、九が不快の家庭であるとすれば、社会の進歩と人類の幸福とを傷つけていることがどれだけ多いか、実に恐るべきである」。さらに、嫁はしゅうとめを母と思え、しゅうとめは嫁を娘と思えというが、これは不自然な教育で、実際、娘でも母でもない「ただ他人同士の特殊な関係」にすぎないことを知るべきであると言う。そして、この特殊な関係はいかなる性質のものであるかを明瞭にすることが必要であって、嫁としゅうとめを実親子と同一視するのは無理だというのである。すでに大正の半ばにして、親子でないものを親子に擬制するのは無理であって、息子の妻と息子の母という特殊な関係を十分に認識して対処すべしとしている。

嫁としゅうとめのトラブルの相談は非常に多いが、いくつかの典型的な相談を挙げよう。嫁がしゅうとめとの間がうまくいかず、別居したが、夫婦関係もおかしくなったという相談である。

一九一四年九月五日「読売新聞」「身の上相談」

私は十二年前夫に嫁いできましたが、昨年夫の母と同居することになりました。その後家庭の中で風波が絶えず、母はついに別居してしまいました。私は母に仕える道に欠けぬようずいぶん勤めたつもりですが、母は私を憎むことがますます甚だしくなりまして、他人様や夫に私を悪し様に罵り、家庭の平和を破るに勤めております。そのため夫婦間にも風波が絶えず、じつに煩悶いたしております。（煩悶女）

「記者」は次のように答える。「嫁と姑との不和問題はわが国家庭上の古い宿題であります。概して新旧思想の衝突から起こることが多いように思われます。あなたが家庭の平和を破るのはお母さんだと思うように、お母さんの方でも嫁が悪いと思っていないでしょうか。つまり和はお互いにある程度まで譲り合わなければ、とうてい望むことのできないものであります。この際あなたも辛いでしょうが、姑さんにいっそう尽くしてあげてご覧なさい」

回答者は相談した嫁に対して、お互いに譲歩しなければ家庭の平和を望むことはできないと言い、嫁に対して譲歩を勧める。嫁としゅうとめのトラブルは二人の間のトラブルと見られており、夫がまったく出てこない。「いえ」の中の嫁の夫は家長としての顔で超然として第三者の立場をとるか、あるいは母親のしゅうとめに同調するかのいずれかが多いが、夫婦の間もおかしくなったというのであるから、夫は後者の立場をとったのであろう。本来ならば、夫は妻と実母とのトラブルについて積極的に調停者の役割を果たさなければならないはずであるが、それをしないところに問題がある。それとともに、「いえ」の中では夫婦のきずなは、夫と実母＝しゅうとめのきずなの強さに比較して弱いことが、嫁としゅうとめのトラブルをいっそう大きくしている。

次のものは、嫁としゅうとめのトラブルに夫が関与するが、夫はしゅうとめに荷担するので嫁は実家に帰ったというケースである。

一九三一（昭和六）年一月十三日「朝日新聞」「女性相談」

私は三十二歳で、十年前に地主で相当な農家に嫁にきました。夫は三十五歳で、高等教育を受けて家におります。家族は五十五歳の気むずかしい姑、義姉や義妹は他に縁づき、五歳、四歳、一歳の三人の子がおります。今まで十年間、身を犠牲にして勤めてきました。夫は着物一枚着るにも妻の手を借り、毎朝床の中であんまをさせるという始末、子どもが泣けばうるさいと不機嫌になり、姑は自分の子どもの始末もできないとののしるし、子どもを叱れば残酷な嫁だと申します。夫に少しは自分のことを自分でと申せば、女は子を産んで家の仕事をするものと申し、少しも理解してくれません。夫はお前のような理性の勝った女はあきあきしたと言い、外に女をかくまうようになりました。姑はあなたさえ我慢すれば何事もなく世間へも知られずにすむことだから、見て見ぬふりをしてくれと申しましたが、妻としてはそんな侮辱に堪えられないと女と別れさせました。このことがあって以来、夫は私に辛くあたり、姑はこんな強い嫁は行く末恐ろしいの、子どもばかり産んでいるの、はては自分は他に出て行くと言いますので、私は一歳の子どもをひとり連れて実家に帰って参りました。どうしたらよいでしょうか。

解答者の山田わかは「姑さんの三つの条件を快く容れてお子さんたちの所に帰り、夫や姑にやさしく仕えてごらんなさい」と言う。山田は嫁はしゅうとめに妥協して子の所に帰れと言い、しゅうとめや夫に対して自戒するようにとは一言も言わない。この相談をみてもしゅうとめと夫との親子のきずなは強固であって、嫁と夫との夫婦間のきずなは全然形成されていない。嫁がこのような状態で帰っても、トラブルは繰り返されるだけである。次はしゅうとめが嫁を嫌い、嫌がらせして夫との離婚を迫るが、嫁は七年間愛した夫と別れたくないと思っての相談である。

一九一七年十二月二十六日「読売新聞」「よみうり婦人附録」「身の上相談」

現在三十歳で、七年前縁続きの家に嫁ぎました。舅は半年ほどで死亡し、良人（三十二歳）、姑（六十一歳）と三人です。夫は家督相続しましたが、姑の意思で約十五万円の財産の三分の一を夫、残りを姑名義にしました。姑はしっかりした猜疑心の強く欲の深い人、良人は病身で意思の弱い人です。一年の後に、良人は彫塑研究を志し二人で大阪に行き、二年の後姑と同居しました。姑は良人の財産を自分の名義に書き換えました。一昨年の夏、夫は痔瘻にかかりましたが諸名医の勧めにもかかわらず姑が手術に反対し、昨年一月には夫は肺炎になり、私も肺炎を病むようになり喀血さえしました。私の姉夫婦が大阪に来た際に義兄に連れられ帰宅すると、姑は義兄と不義の関係があるかのように疑い良人に離縁を迫り、良人も同意したためやむなく私は実家に帰りました。父や兄が再三交渉した結果、姉夫婦と生涯絶交するならばという条件で、半月後に帰宅できました。しかし、姑の私に対する態度は険悪になり、良人も気の毒がって転地療養に出してくれました。ところが姑は良人に対し、私が医者と不義をしていると讒言《ざんげん》し、良人もそれを信じているとみえ、当分帰ってはいけないと言い出しました。そして子がない、病気だという理由で離縁を迫ります。七年間も愛してくれた良人を想うと別れたくありませんが、どうしたらよいでしょうか。（愛読の一女）

「記者」は次のように答える。「あなたの良人は姑の言い放題になるお人の好い方ですが、なによりも良人の心を捉えることに力をお入れにならなければなりません」

夫はしゅうとめと嫁との葛藤で優柔不断の態度をとり続け、しかも、母親の意見に引きずられている状態である。記者が相談者に対し夫の心を捉えることに力を入れよと言っているのは、夫とのきずなを強くして、夫に両者間の調停者の役割を果たすように仕向けよという意味に理解したい。

以上のように「身の上相談」に出た嫁としゅうとめの争いの相談から拾った二、三のケースをみても、その争いは多様であって、決定的な解決策は見あたらない。

かつての「いえ」では、嫁しゅうとめの問題はしゅうとめの嫁いびりということが深刻であった。嫁は夫の

「いえ」の中の気心の知れない人々の中に親族のひとりとして入っていくのであるが、嫁の唯一の理解者は夫以外にはない。しかしその夫が理解してくれなければ、嫁は孤立無援の立場に置かれる。しゅうとめは嫁を愛する子の伴侶としてとらえて愛そうとするのではなく、多くの場合他人としての嫁を冷たい眼で追い、嫁の奉仕を期待する。不幸にしてその嫁がしゅうとめの心に添わないような時に、嫁としゅうとめの葛藤が起こる。

しかし、このような嫁に対して強いしゅうとめ、子に対して絶対の権利を主張する親はだんだんと少なくなったと、一九一六年年頃でも、次のように言われている。「今日現在我々の目の周りに多く見るのはこれを転倒した現象であって、嫁の勢力に気押されて小さくなっている姑、泣いている姑がたくさん出来てきた。時代の傾向が合点されぬ姑には情けない事に違いない」（一九一六年一月三十日「東京朝日新聞」「思いのまま（3）」）

古い家族制度を廃棄して新しい家庭を形成しようとする大正末の動きの中で、嫁の方から姑に別居を希望するという提案がなされている。一九二三年五月十一、十二日「読売新聞」「よみうり婦人欄」の「懸賞応募・家庭の不平」の「北海道草の実」から、「嫁いびりをする姑に対して別居を望みたい」（上下）という、次のようなものである。

ああまたかと言われるくらいに古い問題になっている嫁姑の問題について申してみたいと思います。一家の主人と主婦によってその家が支えられている以上、姑の位置にある人はすべての権利を捨ててしまわなければなりますまい。扶養されている一員としてその家風に従ってゆくべきでしょう。「若い者のたてた家風やなんぞに六十年も七十年もの生涯を捨ててどうして従ってゆかれよう」と思えば、自分から退いて別居するのが一番自他のために幸福でしょう。体も壮健で経済上にも不安がなかったら別居して自分の自由な世界を送り、若いうちには育児や家事のために顧みるひまのなかった社会の事柄に老後の勢力を傾けて、少しなりともつくすのが人としての本文でしょう。

これらに述べられたものは、若い人は新しい家庭を作り、その家庭に姑が入り込むならば、若い人の家庭の家風に従って生活するのが当然で、それが嫌であれば、健康、経済的な不安がなければ、しゅうとめは嫁とは別居して社会のために貢献することをしたらよいという提案である。第二次大戦後に現れた新しい家庭での嫁としゅうとめの問題を彷彿とさせる。

（1）堀三千『父との散歩』人文書院、一九八〇年、一五一―一五四頁。

家庭の民衆的改造論の台頭

大正デモクラシーの掉尾《ちょうび》を飾るものの一つとして一九二〇（大正九）年頃から一九二四年頃にかけて、家庭のデモクラシー化を主張する論説が雑誌やその他のマスコミを賑わした。そこではかなり明確で具体的な家庭改造論が展開されている。それらが一般の人々の家庭改造にどれだけの影響を与えたかは定かではない。しかしながら、これらの様々な家庭民主化が論議されるようになった背景には、現実の伝統的な「いえ」が外容、内実ともに変貌を遂げつつあるという事実がある。それらの論説では「いえ」の崩壊を予測し、それに代わるべき家庭が取り上げられている。注目すべき論説のいくつかを紹介したいと思うが、その前に、広津和郎（一八九一―一九六八、小説家、評論家）が一九一九年について次のように述べている点は、その背景を知る上で重要であるので、押さえておこう[1]。

大正八年という年は「思想界も大いに賑わった。そういう機運が『中央公論』一つでは間に合わなくなり、『改造』『解放』等を輩出させたのであろう。デモクラシーという活字が至るところで目についた。つい四年ほど前、『奇蹟』の仲間である峰岸幸作が金沢の方の小さな新聞の主筆になっていたが、デモクラシーについての論文を新聞に書いたということで捕まえられ有罪になったことを考えると、時代は急転回をして新しく自由になったように見えた（もっともこれは一時的現象であったかも知れない）」。

社会状況は急転回し、マスコミにはデモクラシーという活字が踊り、デモクラシーは盛況を極めたことが想像される。

一九二三年の「婦人公論」一月号の「題言」に主幹嶋中雄作は家庭改造について、社会の改革はまず身近の改革からという発想に基づき、「家庭革命の提唱」をテーマに掲げ、次のように主張する。「今日の多くの家庭で、厳密に安息所の資格だけでも有っているものが果たして何ほどあるであろうか」と疑問を呈し、社会が変われば家庭も変わるかも知れないが、改革は内から自然になだらかに外に向かって及ぼすのが有効で、賢明な方法であると主張する。嶋中が目指している家庭は安息所としての家庭であり、また次世代の養成に当たる家庭であった。後者について次のように言う。

「家庭成立の意味は何かといえば、言うまでもなく『次代の養成』である。したがって家庭の中心は子どもである。子どもを本位とした家庭を外にしてその存在の意義は無い。住宅の改良も台所の革命も、すべてはその上のことである」

嶋中が実現を期待し、目指している家庭は伝統的な「いえ」から完全に脱却し、また明治民法上の「家」制度とは無縁の家族であって、第二次大戦後に一般化したいわゆる近代家族であった。

次の二つは、主婦の家事労働に注目し、その合理化、近代化をすべしとの主張である。当時の家庭で主婦の過酷な労働を軽減して、その繁忙や過労からの救済を説く。

市川源三（府立第一高等女学校教頭）は「静座の時と独居の処とを欠いた家庭生活」（「婦人公論」一九二五年三月号）で、日本の主婦は朝から晩まで家事に忙殺されていると、次のように言う。

「さらに思え！　混沌たる日本の主婦の日常生活を。朝起きるから夜半寝に就くまで、炊事、掃除、洗濯、裁縫、子どもの世話、老人の世話、その上主人の世話、客人の応対、近所親類への付き合いに至るまで、ことごとく主婦が一手に引き受けて取りさばいていく。朝から晩までくるくると休む間も無いコマネズミの生活ともいうべきものだ。されば多くの婦人はこの繁務に堪え得ない。たまたま奮励一番これに当たろうとすればたちまち過労に陥ってしまう」

おそらくこのようなものが一般の多人数の「いえ」の内部の主婦の労働状態であったことは疑いない。前出の一九二三年「婦人公論」一月号では、「わが理想の家庭」と題する読者の懸賞当選文を発表している。一、二等と選外の三編、合計五編である。選外の山茶花の「私は不幸である」は、当時のサラリーマンの家庭の煩雑な家事を描き、それからの解放を説く。

「朝から晩まで、髪束ねる暇も無いまでに家事に追われている母、少しの余裕も与えられないで学校から帰るとすぐ母の手助けをしなければならぬ弟妹等、そのくせ母は子どもばかりを叱っている。生活の煩雑さに耐えかねての苦痛のやりどころが、結局子どもにゆくのであろうか。この中にあって、ひとり父ばかりが役所から帰れば庭一つ掃くでなし、盆栽に余念がない」

「現在日本の家庭は、あまりにも主婦にのみ重荷を課し過ぎている……と私は思う。炊事から洗濯、裁縫、育児あまつさえあまり豊かでない家庭では、主婦も生活費の一部を生み出さねばならぬという繁忙さ、考えてみるだけでも頭が痛む」

サラリーマンの家庭でも、炊事、洗濯、裁縫、育児を一手に引き受ける主婦は文字通り忙殺され、まず家事の改良、合理化をするのが家庭のデモクラシー化の第一歩とするのである。しかし家庭のデモクラシー化を説く多くの論評は、これらの具体的問題を挙げて改良を考えるのではなく、抽象的な論が目立つ。

一九二一年、東洋大学教授、廣井辰太郎は同年の「婦人之友」十月号で、「家庭の民衆的改造」を説く。日本人は先天的に官僚国民であるから、家庭の「互敬相愛の情を基調」にしたデモクラシー化は、家人、すなわち夫、妻、親、子が相互にことごとく友人にならしむべしと言う。

一九二〇年、中島徳蔵は「倫理講演集」二一〇輯（大正九年）で、「家庭のデモクラシー化」を論じ、デモクラシーの中核思想は政治的、社会的、経済的に強制、圧迫を排除して、各人の自由、平等を確保する精神にあると言い、まず夫婦関係のデモクラシー化を説く。

「真の愛情なるものは相手方が自分と同等の人格の所有者でなくては顕れぬ。もしも相手方が自分より下等である場合、ならびに自己より優等である場合には、真の人間的愛情の成立は不可能である。一例をもって示せば、日本従来の習慣に基づける古き意味の夫婦関係では、夫は『サムシング』なれども、妻はすなわち『ナッシング』である。かかる関係にある夫婦間に真の愛情があり得ようか。もしありとするならば、情愛ではなくてじつは憐愛とか憫愛とかいうものであろう」（六六—六七頁）

中島の主張は正当であって、夫婦間に愛情が成立するには相互に相手の人格を認め合う関係でなければならず、デモクラティックな夫婦関係には自由、平等な愛が伴わなければならないというのである。「いえ」から伝統的に受け継がれた夫婦関係では、基本的に夫婦が相互に人格を認め合う関係が欠けており、中島の説く夫婦関係とは遠く隔たったものである。

一九一八年、教育家、西山哲治（一八八二―一九三六、私立帝国小学校長、米国教育学博士）は「婦人公論」七月号に、「子ども本位の家庭を作れ――子どもの権利としての衣食住」と題し、子どもは親に養育される権利があるからそれを基本にした家庭を構築すべきだとして、次のように言う。「子どもは健全に産んで貰ったら、次にはよく育てて貰わねばならぬ。これが子どもが親に養育される権利を有するゆえんである。子どもを育てるについては、従来はずいぶん親本位に子どもを育てたものであった。子どもの権利として『母乳で育てられる権利』『空気と光線を受くる権利』『子どもに適した食物・衣服・住居・遊び場を得る権利』がある」

今日、「子どもの権利条約」が締結、批准され、ようやく子どもの権利の具体的内容が認識されようとしているときに、いまから九十年前に西山の以上のような、子どもに権利を認め、子ども本位の家庭を作れという先進的な主張は驚きに値する。

一九二四年「婦人之友」二月号は、「新時代の家庭におくる言葉」の特集をしている。当時の識者五十七名に対し、それぞれがこの時代を背景にした理想的な家族像を描かせて呈示させている。民法で「家」制度を定めた明治も過ぎ去り、大正デモクラシーをも経験した人々がどんな眼で新しい家族を見、それに期待しているかが分かり、興味深いものである。ここでは、彼らが描いた新しい家族の中で、もっとも重要と思われる愛情をどのように位置づけているかを中心に見よう。

阿部次郎（一八八三―一九五九、哲学者、評論家）は、家庭は「将来にわたって新しいものを築いて行こうとする二つの意思が、理性と愛情と努力によってその意思の実現を期すべき道場」とする。

永井柳太郎（一八八一―一九四四、政治家）は、家庭をもって「人は世界に一つだけ、絶対に虚偽のない、真に安心の出来る休息所を必要とする。しかし、かくの如き休息所は絶対に虚偽のない、真に愛し愛される家庭にのみ恵まれる幸福である」とし、家庭は愛情に恵まれた虚偽のない休息所とみる。

堀江帰一（一八七六—一九二七、経済学者、慶應義塾大教授）は、「新時代の家庭は、純愛を基礎として結婚した夫婦、その間に生まれた子女をもって組織されなければなりません」と言い、新しい家庭は夫婦と子を中心とし純愛を基礎とした小家族を考えている。

高村光太郎（一八八三—一九五六、詩人）は、「信無き家庭と愛無き家庭とは、人間生活の中で最も残酷な牢屋であるに違いない。信ずる事、愛する事の幸福さは、家庭に於いて一番美しい花である」と言い、信と愛を不可欠とする家庭を考える。

木村泰賢（一八八一—一九三〇、インド哲学者）は、「相互に愛し合うはもちろん、とくに相互の性格を理解し合い、相手方の長所を認めると同時に、その欠点を許し合う雅量あるは家庭平和の基礎的精神と存じ候」。木村によって描かれた家族は相互に愛し合い、理解し合う雅量に富んだ家庭である。

和田富子（高良とみ、一八九六—一九九三、婦人平和運動家）は、家庭を持って「私ども各々の外における活動や奮闘が激しく緊張したものであればある程、それだけ家庭は愛と潤いとの憩いの場としたい」と言う。

森本厚吉（一八七七—一九五〇、評論家）は、家庭における愛を強調する。

「家庭の中心は愛である。外はどんな冷たい風が吹いていても、社会にどんな波瀾が起こっていても、家庭のうちに何時も愛の暖かい陽光が輝き、正義人道が尊重されるところに、家庭生活の偉大な価値が存在している」「夫婦間の愛は、その当初において青春の性情が最も有力な一要素となっているものであっても、それは『愛』の全部ではない」「愛はその厚さを深くするとともに、その幅を広くしなければならぬ。愛は修養によりまた訓練により年とともに成長しなければならぬものである」「夫婦間の恋愛すなわち『夫婦愛』がまず子どもに拡張されたときに『家族愛』が発生する。次にはそれがいろいろな『団体愛』となり、さらに進んで人類そのものを愛する『人類愛』に成長すべきものである」

茅野《ちの》雅子（一八八〇—一九四六、日本女子大学教授、歌人）は、「新婚の方々に望むことは、真の愛に生きることです。そういえばきわめて簡単なようですが、実際は非常なことです。お互いに愛されることばかり考えずに愛することを考えれば、きっと幸福な生活ができるでしょうと思います」。

これらをみると、「いえ」の復活、まして明治民法の「家」制度の温存、強化を望む者は一人もいない。描かれた新しい家庭は、夫婦とその子を中心とした、相互の愛情をきずなにして結ばれた潤いのある憩いの場である。このような家族は、第二次大戦後の一九六〇年頃にようやく一般化した家族であって、彼らは早くもこれらの家族を展望していたのである。

家庭の民主化のための改革として主婦が提案するものとしては、家計はいっさい主婦＝妻に任せず、家長＝夫が掌握するのは不合理と批判するものが多い。「読売新聞」「よみうり婦人欄」に一九二三年四月三十日から九月二日まで七十四回にわたり掲載された「懸賞応募・家庭の不平」の十八回目、五月二十九、三十日の「宵待草」「家庭内における民主的生活——与えられた金で主婦はやりくり算段」（上下）は、匿名ではあるが農村婦人が提案した家庭の民主化案である。

家庭はあらゆる事において男子本位家長本位で、女は厩の馬と同様に見なされています。……まず家計のことについて一言不平を申しましょう。主婦は家の財産や収入がいくらあるやら何も知りません。お醤油代を下さい、塩引きの代を下さいとそのたびに平身低頭して家長の処へ参ります。家長たるものの目に上らざるを得ません。自分の酒代や遊蕩費（ほとんど全村の男たちは有妻であるなしにかかわらず遊廓通いをしますから）はそっちのけにして又かとどなります。朝早くから夕暮れまで牛馬のように働いて一年一度の寺参りすらろくろく出されずに、料理育児裁縫洗濯を一手に引き受けつつ、しかも家族に食べさせる食品代すら恐る恐るいただかせて貰うのです。
全財産は家族平等のものだと思いますが、まずさしあたり私の考える民本的家計法では（すべてが民本的となり女の位置、妻の位置が向上せねばならぬのは言をまちません）、全収入は夫妻の前に提供さるべきもので大綱を相談の上、消費経済の全責任は主婦にまかせられなければならないと思います。かくて予算も立てられ各項目によって相当の取捨選択がなされ、偏せぬ家政が取られるわけです。

家長が全家計を掌握するのではなく、全収入、財産を夫婦の前に公開して、家政の基本方針を夫婦が相談して、消費経済をすべて妻に任すべしと主張する。家長がいっさいの財産を処理していた「いえ」のしきたりに対する痛烈な批判である。

家計を掌握するのは俸給生活者の家庭でも同様に夫であり、妻に任せない。専業主婦も家計の処理に不満を持ち、家計の民主化を主張する。このような状況の中で、評論家清沢洌《きよし》（一八九〇―一九四五）は、一九二六年の「婦人公論」六月号に「細君業」を載せ、主婦に対して報酬を支払うべしと主張する。

清沢は「『家族制度』という男子専制の下に日本の婦人がどれだけ苦しめられてきたり、いま現に苦しめられつつあるかに想いをいたして、一種の義憤を感ずる」と言い、イギリス、アメリカの議論を引き合いに出して、弊害はあるけれども夫は妻の家事労働に対して給金を払うべきだと主張する。

「世の中に妻の名業ほどましゃくに合わない商売はない。この資本主義全盛の世の中に、どこに行ったたって報酬を得ないで働くなどというあほらしいことはありはしない。女中に行ったってこの節口をあずけて十五円や二十円になる。それでも仕事だけが多くて、人間がなくて困っておる現状である。ところがこうして他人のために働いて立派な給金をとる婦人が、さて一度結婚して人の細君になるとほとんどお小遣いにさえありつけないことが多い。こんな不合理なことが世の中にたんとあるだろうか」「結婚して二人の経済生活は始まる。『内助の功』とか『家庭の女王』とか今までありきたりの言葉を使っても、婦人が外で働く男を助けてその家庭の地歩を築くものであることは明瞭である。ところがこうして二人の努力で出来上がった家庭と財産は、出来上がってしまうと二人のものではなくて男のものになるのである。御用たしに行くのにも二円三円を夫からひどく恩にきせられて貰わねばならぬのはもちろんとして、なにかの都合で三行半を突きつけられれば、女は何十年前に生まれた家から持ってきたものだけを携えて出て行かねばならぬ。すなわち家庭がどうたくさんの財産を得たところで、女につく財産というものはない訳なのである。女は三界に家なしというが、せめて働いたものだけは自分の所得となっても罰は当らないようである。そこで近頃は欧米ではやかましく細君に対する給料（wages for wives）ということが称えだされている」

「婦人公論」同号は「『細君の俸給』問題是非」を特集する。この頃細君に俸給を支払うべきか否かの問題がアメリカの雑誌を賑わしているが、問題があるし、わが国では「早速実行されそうもない問題」ではあるが、このような議論が出るには出るだけの理由があるし、軽々に見逃すことのできない事柄と思うので識者の意見を聴くといい、五十二名の意見を載せる。

識者の意見は多様であるが、第一には「アメリカニズムはここまで発展するのが当然でしょうが、われわれにはやりきれない気がします」（藤森成吉、一八九二―一九七七、小説家、劇作家）などのように、日本をアメリカ化したくないという立場から反対するグループがある。

第二は細君に給料を支払うことができるような良人はザラにはおるまいというグループである。たとえば「そうした身分になりたいものです」（小牧近江、一八九四―一九七八、仏文学者、社会科学者）などの意見である。

第三は夫が細君に給料を支払うのは、夫婦関係に雇用関係を導入することになって許されないという意見である。たとえば「生活共同を期して結合すべき夫婦関係は経済的にも共同関係であって、断じて雇用関係であってはなりません。もしかりに夫が経済的主権者であり、妻が俸給を支払わるべきものであるとするならば、少なくとも経済的にはそれはすでに生活共同を見限ったものでなければなりません。しかも純粋理論上からしても妻の受くべき俸給なるものはその経済的能力を言いあらわすものであるかどうか、多くの疑問をもつと言わなければなりません」（石原純、一八八一―一九四七、歌人、物理学者）。

「細君に俸給を支払うことは主義において賛成することができません。それは細君を雇い女、または下卑の地位に引き下げるものであるからです」（松本君平、一八七〇―一九四四、衆議院議員）。このグループもかなり多い。

第四は夫婦間に給料問題を持ち込むべきではないという意見である。「私は何事をも金銭にて計算されることを好みません。妻に俸給を出すという思想は、やがて父母にも良人にも金銭の報酬を出すという結論にまで達します。言語道断の説だと考えます。私は芸術品にてもじつはやむを得ず売買するのだと考えております」（与謝野晶子、一八七八―一九四二、歌人）。「私の考えでは細妻に俸給などを支払うべき筈のものでは断じてないと存じます。こんなことでは夫婦間はあまりに水臭くなり日本の醇風美俗にも反します」（北吟吉、一八八五―一九六一、政治家）。このような考えをもつ人は内ケ崎作三郎（一八七七―一九五三、評論家、代議士）、宮田修（成女高等女学校長）、土田杏村（一八九一―一九三四、評論家、哲学者）、小川未明（一八八二―一九六一、小説家、童話作家）などである。

第五のグループとしてもっとも多いのは、妻の地位の向上のために必要ではないかという意見である。「俸給というような形式で夫婦の間に金銭を授受することは滑稽なように感ぜられますけれども、夫が妻を養っているという考えが男子の間にかなり強い今日においては、しばらく実行してみるのも得策ではないかと考えます」（安部磯雄）、「今日の制度のごとく、細君とは亭主に対して一種の筋肉労働を捧げる職業婦人であるならば、俸給を要求するのは当然でありましょう」（石川三四郎、一八七六―一九五六、社会主義評論家）、「日本現在の女、ことに妻の全然奴隷的なる立場を向上せしめ救うためには、このような声はむしろよい反省の資料と存じます。教育の上の法制の上に、社会的地位の上に、日本の女も俸給を要求するぐらいは意気をもってほしい」（星島二郎、一八八七―一九八〇、弁護士、政治家）などで、下田将美《まさみ》（一八九〇―一九五九、随筆家）、西川文子（一八八二―一九六〇、婦人運動家）、片山哲（一八八七―一九七八、弁護士）、向軍治《むこうぐんじ》（一八六五―一九四三、ドイツ語学者）も同意見である。

さらに、堀江帰一は「妻が金銭的に保護されることは必要です。私は妻が道徳上の理由によらずして離婚された場合には、夫の家に属する財産の半額だけ分配に与る権利を法律に認められることを必要と考えます。俸給問題の如きは軽微のことにすぎません」と言う。今ようやく論議されているところの、離婚に際しての財産分与での共有理論がすでに提起されているのである。平塚らいてうも「婦人之友」一九二五年四月号「家庭の仕事を職業と見る」で、「家庭の仕事を他のさまざまの職業と同列な一つの職業とみなし、……適当な方法によって社会が結婚婦人に報酬を支払うことを主張したいのです」と言っている。[(2)]

大正末に、妻に給料を支払うというのは唐突な提案のように考えられるが、日本の家庭内の主婦の地位の低さを問題にし、その見直しを迫る一つのキャンペーンであったことは間違いない。第二次大戦後、主婦論争として専業主婦の家事労働が有償か無償かが論じられたことがあったが、そのようなことがすでに家庭の民主化の一環として大正末に問題提起があったことは注目に価するといえよう。

（1） 広津和郎「年月のあしおと」『日本人の自伝』16、平凡社、一九八一年、三四九頁。
（2） 小林登美枝・米田佐代子編『平塚らいてう評論集』岩波文庫、一九八七年、二〇八―二一一頁。

親子の関係

有地　亨

博多橋口町の紙、文具店、1910（明治43）年頃。（写真提供・平原健二氏）。大人にまじって働く少年たち。当時はごく当たり前の光景だった。親の子どもに対する権威は絶対であり、とりわけ一家の労働力としての期待が大きかった。町家の少年たちは、10歳くらいになると見習い奉公に出され、そこで様々なしつけを受けた。

親と子の争い

私はかつて明治、大正、昭和戦前・戦後の時期における親子関係について、『日本の親子二百年』（新潮選書、一九八六年）で描写しているので、ここではそこで触れなかった事柄について説明したい。

「身の上相談」の中で、親子関係に関する相談は非常に少ない。この時期には親子関係の重要性が絶えず強調され、教育その他によって子には親に対する無条件の孝行が強要されていた。このような状況の中での親子間の紛争は、親の側からは自らの力で解決せずに相談に持ち込むことは親の権威にかかわることになるし、また子の側にすれば、親の子に対する虐待や非行を相談に持ち出し「いえ」の内部の事柄を世間にさらすのは、はばかられるという事情があった。このような理由で、親子間の問題についての相談は総体として少なかったと推測される。

子は親に対して絶対的で無条件の服従が要請されたから、親は子に対して親としての役割を果たすどころか、勝手な振る舞いをする者も出てくる。次は、非道な親の仕打ちに苦しめられる子からの相談である。

一九一八（大正七）年十一月二十日「読売新聞」「よみうり婦人附録」「身の上相談」

私は明治三十三年千葉県の農家に生まれました。そのとき母は二十歳、父は十九歳の婿養子。父は母や私を残して東京に出て早稲田専門学校に入ったが、ある女と関係したため半年で退学。母を促して上京させ、その衣類を質に入れ、まもなく妹が生まれました。父は以前の女と一緒になって、小樽の新聞社に記者として赴任、失敗して母から旅費を出させ、その女と東京に帰ってきました。父は無断で私の名義の土地を売却し、新聞社に入るには独身でないと都合が悪いと称して、母を欺き離婚しました。当時私は五歳、母は二人の幼児を抱いて途方に暮れました。父はその女と神戸に行き、新聞社に入りました。その後、父は東京の二六新報に移り、私はおじと一緒に中学三年の夏休みに父の宅を訪ねました。父は私に向かって「田舎の中学をやめて東京に来い、私が学校にやる」と言ったので、母の反対を押し切って中学を退学して上京しました。父は宅に私を入れず、近くの下宿にぶち込みました。父は日夜女とみだらな騒ぎをし、前の女は情夫を作って逃げました。私は父を何とか諫めましたが、父の放縦はやまず、「お前とおれとは戸籍上の親子ではないから、訪ねてきたり、手紙をよこすな」と言います。親子は永久に親子と思われますが、誤っていますか。

（A生）

「記者」は次のように答える。「たとい親でもそんな人に係わりあって、貴方の一生を棒に振るのは感心したことではありません。放っておいて、あなた方母子の幸福になれる道をお取りなさい」と言い、子は自分の方から父親との縁を切って、母親との関係を大事にして幸福になれと言う。父親としての責任を果たすどころか、挙げ句の果てに親子の縁を切ると主張する、勝手で非道な父親である。このような父親に対して、子どもは父親を相手にせず、みずからの道を歩むべきであって、第三者の記者もそのように勧めている。

非道な親は父親だけではない。病床にある父親を裏切って、母親は不貞を働いている。そのような母親に対して、娘は兄とともに復讐したいという相談である。

一九三二（昭和七）年三月十八日「読売新聞」「婦人」「悩める女性へ」

家出して喫茶店に住み込んでいる三十歳の女です。女学校二年の時、兄が放蕩したという理由で勘当されました。その放蕩の理由は財産家で妻と死別したおじと母が醜い関係を結んだことです。それを知った兄は、おじをののしり母を責めたのですが、容れてくれないため自暴自棄になってしまい、おじのさしがねだったのです。父は病身のお人好しで、母が持参金をもちだして高飛車に出ると頭が上がらないのです。あるときは、泣いて母の不貞を諌めましたが、愛欲に溺れたおそろしい中年の恋に身を焼く母にはなんの反応もなく、むしろ母と私との間に深い溝ができてしまいました。十九歳になった私は家出し、兄と同様に母への復讐を誓っています。父を裏切った母は不貞を悟らず、病床に臥す父とは別居しているとのことです。

（喫茶店の女）

河崎ナツは「まずは何をおいても父の看病。すべてはそれからのことです」と回答する。病臥する父親を放って置いて不貞を働く母親に対して、復讐したいと言うのである。兄も自分も母親のために痛めつけられて家出を余儀なくされ、病床に臥す父親は母親に看取られるのではなく、母親は父親と別居している。自分たちの母親に対する怨み、父親に対する母親の仕打ちを、父親に代わって晴らそうとする気持ちを披瀝する。今日と違って当時においては、この娘の周辺には父親や母親の親族集団があるはずである。そのような親族のだれにも相談せずに、兄妹だけで解決しようとしている。あるいはこの娘の家族は、都市の中の孤立した小家族になってしまっているのであろうか。いずれにしても、この娘たちは新聞の「身の上相談」に訴えるより方法がなかったのであろうか。
次は、母親は娘を働きに出し稼いだお金を全部まきあげ、娘が体を壊して家に帰ると働きに行けと言って追い出す、そんな母の仕打ちに苦しめられるという娘の相談である。

一九三二年八月十七日「読売新聞」「婦人」「悩める女性へ」

私は十九歳になりますが、昨年父を亡くして以来、母は町に出て酒屋を始めました。私の家は私が小学校に上がるようになってから貧しい生活になりました。七人の兄弟で、兄や姉は高等小学校を卒業しましたが、私は尋常五年の時父母の貧しさを少しでも助けたいと思い、子守りに出ました。それから七年間、年百円から七十円を父母に援助してきました。私が働いているうちは母も可愛がってくれましたが、体の具合が悪くなって母の許に帰ってくると食い扶持を稼げと申します。毎日稼ぎに出なければ、着物でも何でも放り出してしまいます。（S子）

河崎ナツは「まだお若いのですから決して捨て鉢にならず自重してください」と言う。この時期の回答者の態度は、子は親に服従すべしという前提に立ち、親の立場に立っての意見が目立つ。母親に対してその態度を非難するのではなく、娘に対して自暴自棄にならないようにと自重を促し、娘を徹底的に働かせて絞り取り、体を壊しても働きに出ることを強要する母親を批判し、そのような母親に対する娘の対応の仕方についてはいっさい触れない。
次は、父親は娘に対して夫と別れて郷里で一緒に暮らそうとしきりに勧める。父親は、酒癖が悪く知人にも借金をする夫に愛想をつかしてのことで、いまは夫は改心して酒もやめ、私も夫を愛しているので、どうしたらよいかの相談である。

一九三二年七月十一日「読売新聞」「婦人」「悩める女性へ」

父と夫との間で悩んでいる二十三歳の母親です。結婚の際に仲人を信じ、身許もよく調べもしなかった関係で、夫は酒癖が悪かったのですが、今では酒もやめ会社に戻ることができるようになりました。私の七十三歳の父は、夫の不身持ちを見て、離縁して郷里に帰れと言います。郷里で商売をしながら、老い先少ない自分と暮らそうと言います。夫が遊んでいる頃父も心配し、知人から用立てて貰ったお金をいまだ返しておらず、父はそれを苦にして顔向けならぬと申します。親戚の者も別れろと申しますが、今の夫は驚くほど変わってきていますし、私は夫を愛しております。父は別れなければ裁判するとまで申しますので、夫もそんなに言うならば子どもを置いて帰れと言います。私は子どもと別れては一刻もおれません。しかし私が六歳の時母を亡くして以来、父には苦労をかけていますので、老けて淋しい父の姿を思いますと、父の言うことを聞いてあげたくなります。

（迷う女）

回答者の賀川豊彦は「夫を棄てることは正しくない、父に了解を求めなさい」と言う。父親は娘の本当の幸せを考えて、いまの夫ではその実現は難しいと思い、娘に離婚を勧めているのであろうが、娘は夫を信頼し、夫に愛情を持ち続け別れたくないと考えている。娘は夫を選ぶか、あるいは父親の命に従うかの選択を迫られている。この場合に、妻が夫に愛情を持ち続けているならば、父親よりも夫に従うというのがさしあたっての解決方法であろう。香川豊彦もその方法をとるように言い、夫を棄てるのはよくないと回答している。

都市のサラリーマンの夫婦と子どもから成る家族で、妻の父親が同居している場合に、夫婦間と父親と娘＝妻の間の関係で、夫婦の愛情と親子のきずなのいずれが優先するかが問われているケースである。このような家族では、父親といえども娘夫婦を引き裂くことができないことを示したものといえよう。都市の家族では夫婦の愛情が中核を占め、その重要性が次第に認識されつつあるということを知らしめる相談である。

親子間のトラブルに関して、子の側から「身の上相談」に持ち出すだけでなく、親を訴えて法廷で黒白をつけようとする者も出てくる。親子間の葛藤がたとえ存在していたとしても、「いえ」という固い囲いの内部に深く隠され、しかも孝行という徳目が儒教倫理で裏付けされた教育で説かれていたこともあって、親子間の争いを公の場に持ち出して解決しようという考えは、明治末から大正にかけては非常に少なかった。ところが大正末から昭和の初めになると、子が親のやり方に異議を唱え、ときには子が親を訴えるケースも現れる。

一九二五年十月二十一日「東京朝日新聞」に、「わからず屋の父を告訴す――息子の結婚に同意しつつ結婚届と同時に離籍す――資産家の新旧思想」という見出しで報じられた、次のような事件がある。

同年十月二十日、横浜市居住のA男（三十一歳）は自分の父親B男（六十六歳）を相手取って離籍無効確認の訴えを東京地方裁判所に起こした。Aが去る七月六日、父親Aの同意無くして妻Cと婚姻したのは不都合だとし、七月二十四日、父親BはAを離籍してしまったので、子Aは離籍無効確認の訴えを起こしたものである。記事は、「この中には新旧思想の衝突を中心とする痛ましい物語が含まれている」と伝える。

訴えられた父Bは昔から代々大資産の質屋を継いでいて、頑固一点張りで他人とも交際せず、夫婦間にも情味の薄い有様で、ただひとり子Aの教育さえ中等程度の実業教育を受けさせたのみで、Aが高等教育を受けたいと切望するにもかかわらずこれが容れられず、それ以来十年間は他の店小僧と同様に店の仕事にコキ使われ、二十七、八歳にいたるまで一カ月十五円の小遣いしか貰えなかった。Aはそれでも習い覚えた写真技術からの収入で勉強を続けていたところ、父親Bが真面目な番頭を殴ったのを見かねて止めたが聞き入れられず、同人を逃がしたことから父子間にひびが入り、十月十一日、Bがささいなことで Aを殴りつけて家から追い出してしまった。

しかしAはあくまでも父親の怒りを和らげようと、Bと同居している祖父に依頼して詫びを入れたが、許されなかった。Bは大地震の時は真っ先に安否を気遣って駆け付けると、あべこべに追い払われる始末で、その後三年は糊口にも窮しながら独立してきた。父親Bはあくまで Aを廃嫡しようとしてその機会を待っている矢先に、一九二四年六、七月頃、Aは他から現在の妻Cを世話されたので、去る五月下旬結婚する気になった。Aはまず父親の店の支配人Dを通じて父親Bの同意を求めたところ、Bは同意はするが印はつかないという返事であった。Aは仕方なく単独で婚姻届を出したところ、これを機会に即刻離籍されてしまった。そこで、AはBを訴える挙に出た。

当時、この事件のように子が親を訴えるというのは珍しい事で、マスコミが詳しく取り上げたのはいかに非道な父親であったかということを物語っているといえよう。

一八九〇(明治二十三)年、「教育勅語」が渙発され、親に対する孝は君に対する忠を裏付け強化する重要な徳目として、忠孝一本の思想が教導された。さらに、孝行は一九〇四年から使用された国定教科書の修身科目の中で、二宮金次郎が「親孝行の手本」として取り上げられる。「二宮金次郎は家がたいそうびんぼうであったので、小さい時から父母の手だすけをしました……」と教え、「孝ハ徳ノハジメ」でしめくくっている。

このような親孝行観に対して、はやくも大正に入って批判も現れる。芥川龍之介(一八九二―一九二七)は「侏儒《しゆじゆ》の言葉」の中で、親の利己主義的な考え方を前提にする親孝行を、次のように批判する。[1]

「この立志譚(二宮尊徳の話)は尊徳に名誉を与える代わりに、当然尊徳の両親には不名誉を与える物語である。彼らは尊徳の教育に寸毫の便宜をも与えなかった。いや、むしろ与えたものは障害ばかりだったくらいである。これは両親たる責任上、明らかに恥辱といわなければならぬ。しかし我々の両親や教師は無邪気にもこの事実を忘れている」「十五歳に足らぬわたしは尊徳の意気に感激すると同時に、尊徳ほど貧家に生まれなかったことを不仕合わせの一つにさえ考えていた」

有名な文学者だけではない。一庶民の中でも、子どもに対して二宮尊徳やお房の話を強制することについて痛烈な批判をしている者がある。一九二五年七月十六日「東京朝日新聞」の投書欄「鉄箒」で、「親孝行」と題し「K村のある母親」の次のような投書が載っている。

私の隣に昨年アメリカから帰って来た農夫の一家族があります。その家に今年小学五年生になる女の児がいて、時々宅に来て面白い話をしますが、ある日のこと突然「おばさん私はお父さんやお母さんに孝行しなくていいのよ」と言い出しました。どうしてと尋ねますと、「だってお父さんもお母さんも丈夫ですし、家は貧乏でもないんですから」とこうです。

そこで私は考えました。なるほど子どもの頭でそう考えるのもいちおう無理のないことだと思いました。現在小学校の読本に上っている親孝行の話は「二宮尊徳」や「お房」の話に尽きています。そしてみな親が病気をしていたり、その日の生活にもさしつかえたりするような貧乏な家庭のことばかりです。そしてそんな場合にのみ孝行が成立するかのように書かれているのです。

これはどうしたものでしょうか。元来親孝行ということが、ある境遇にのみ出来るものであるという様なことはあり得ない。いかなる家族においていかなる事情の下でも、こうした美しい人の行為は出来得べきはずであります。

私は日本の小学教育、少なくとも小学読本の傾向が、今日になっても偉人崇拝と申せばよいようですが、見ようによってはいたずらに、異常な事情の下に異常な人物のした行為のみを小学児童に示して、これをしいている憾《うら》みがあると存じます。私はそれが子どもにある刺激を与えることは認めますが、そのために、私は人間からいろいろの着物を脱した真の人間性を、なんとかして子どもの頭に吹き込んでしつけるような道はないかと存じます。

このような芥川や投書主の親孝行を強要する国家をあげてのキャンペーンに対する批判は、その後昭和に入ってファシズム態勢が着々進行するとともに、かき消されていった。

一九二一年、廣井辰太郎は、前掲の「家庭の民衆的改造」(『婦人之友』十月号)の中で、親孝行について次のように論じている。

「孝の説法は今日の若い人間に向かっては何等の権威を有せぬ」と言い、親子関係は強制的なものではなく自発的なものである。すなわち、「ネバナラナイ」という倫理的命令より生ずるものではなく、「ザルヲ得ズ」という必然的な因果法より生ずる感情の高波であると説く。親子関係は自然の感情の関係であるから、親が子に対して当然の義務を尽くせば、孝として強制しなくても、子は親に対して当然の義務を尽くすようになるとし、親子間で倫理的関係のみを強調することに疑問を投げかける。

デモクラシーのさなかに、このように親孝行について親子の間の相互主義的な義務であって、自然感情から発生するもので、親が子に対して当然の扶養義務を尽くせば、子は強要しなくても親に対して当然の義務を果たすようになると言ってのけているのである。

一九五五年頃、第二次大戦後に改正された民法について民法の再改正論が台頭し、民法は子の親に対する孝養の義務を定めていないから親孝行が廃れると主張され、民法の改正が論議されたことがある。その際、このような民法の再改正に反対する議論として展開されたのが、この親子間の相互主義的義務であった。大正の末にすでに同じようなことが主張されていたのは注目に値する。

昭和になり太平洋戦争に突入し、戦時体制に入っていく状況の下で、裁判所も忠孝の儒教倫理の強制を追認する判決をするようになった。大審院は一九四三年七月十三日判決（「民集」二二巻六二〇頁）で、子が親を訴えることは道義上許されないという判決をした。

亡父A（一九三七年四月七日死亡）と長男Eとの間で、一九三四年以後甲地（百数十筆）の所有権の帰属について争いがあり、A死亡後家督相続人C（二男）がAの訴訟を承継した。第一審、第二審（一九四一年四月判決）、上告審においても、A、Cが敗訴した。この訴訟の期間の一九三七年四月から翌年十二月末まで、Aの妻Bと三男Dが右耕地を耕作したため、EらがB、Cに対して不法行為に基づく損害賠償を請求した事件である。大審院はBらが夫Aの所有なりと信じて耕作したというのであるから、本当にBがそのように考えて耕作したのかどうか、もしそうであればAのものと考えるにいたったのはどんな状態に基づいているのか、その根拠には相当な理由があったかどうかについて、審理判断していないと言い、ついで次のように判示した。

本件は上告人（B）の実子（長男）たる被上告人Eが、実母Bに自己の財産権に対する不法行為ありたりと為し、右Bを被告として損害賠償を求むるものなるをもって、わが国古来の醇風美俗たる孝道の見地よりその請求の当否を検討する要あり。おもうに現在の法制の下においては、親なればとて子の財産を不法に侵害したるときは、子はこれが救済の訴権を行使し得ざるにあらざるべきも、道義に反する訴権の行使は許されざるをもって、その行使には、子が親を相手取り訟廷においてその行使の不法を言いなし財産上の利益を争うことが、真にやむを得ざる相当の事由に出でたることを要し、しからざる場合には、醇美なるわが家族制度の精神にもとり、その孝道をもって百徳の基とするわが国古来の道義に反し、許さざるものと断ずるにはひとり上告人Bにつき、一般不法行為に関する用件たる事実の有無を詮議するに止まらず、さらに上告人Eが右Bを被告として本訴を提起し、あくまでもその不法行為上の責任を追及せざることには、真にやむを得ざる相当の事由ありや否やをも審究し、……現に被上告人Eの本訴請求に対し、上告人Bは、長男たる被上告人Eは時価十万円に達する資産を擁して裕福なる生活を為しおるに反し、Bは老齢病弱の身を鉄道省の一雇員たる二男Cの許に寄せて細々とその扶養を受け、わずかに三反歩余の本件土地耕作による収益を生活維持の主たる財産と為しおれる本件においては、かかる事由の有無はもって本件請求の許否を決する上において斟酌すべき重大なる事由たらずとせず。

この事案をみるかぎり、長男が所有する土地の一部の三反歩余を母親と三男Dが生活をするために耕作し、その収益で糊口をしのいでいる状態で、そのような母親たちの耕作を不法行為として訴えた長男のやり方は妥当とは思われない。その意味で、大審院の判決は大筋では妥当と思われる。戦後の解釈として谷口知平大阪市立大学教授は、現行民法七三〇条を適用して判決と同様の結論を導くことができるとする。(2) ただ一九四三年という太平洋戦争のまっただ中で出された大審院の判決であるために、このような子が親を訴える事案では、「わが国古来の醇風たる孝道の見地よりその請求の当否を検討する要あり」と言い、「真にやむを得ざる相当の事由に出でたることを要し」、そうでなければ「孝道をもって百徳の基とするわが国古来の道義に反し、許さざるものと言わざるべからず」と述べ、さらに一般不法行為に関する用件たる事実の有無を検討するだけでなく、本訴を提起するについて「真にやむを得ざる相当の事由ありや否やをも審究し」なければならないとする。当時の事情からすれば、やむをえないと言えるかも知れない。

大正デモクラシーのさなかに、孝行に関して親に対する子の一方的な義務とする儒教的考え方に対し、自然の親子間の感情に反するという批判がされたが、戦時体制が整備されるに応じてそのような考え方は忘れ去られてしまい、国を挙げて忠孝一本の倫理が確立され、子の親に対する孝のみが声高に主張される状況が敗戦の日まで続いたのである。

（1）芥川龍之介『侏儒の言葉・文芸的な、余りに文芸的な』岩波文庫、二〇〇三年、三九―四〇頁。
（2）中川善之助編『註釈親族法（上）』（谷口知平執筆）有斐閣、一九五〇年、八七頁。

親と子の関係

わが国の「いえ」の中では、母親と子との関係がきわめて濃密な情緒的結合であったことは、これまで多くの諸先学の研究によって明らかにされている[(1)]。そこに描かれた母親は、子どもへの純粋な愛情だけから子を産み、子の出生を無条件に喜び、子どものためのみに生きる母親である。母親はすべてを子どもに捧げつくし、子どもを生きがいとして苦労を重ね、子どもはその母親の苦労を十分に理解して成長し、母親の労に報いたいと念じていたという、特殊の日本的な母子関係が形成されていた。

このような母子関係は欧米の父性原理の典型というべきエディプス・コンプレックスと比較され、エディプス・コンプレックスは子どもと母親との性愛がテーマであるのに対して、日本の母親の場合には、母子関係では女としての母親は捨象され、母親である前に女であることは子どもにとっては受容しがたいもの、子どものためにのみ生きて欲しいし、そうでない母親に対して子どもは幻滅と憾みを抱くという特徴をもつ母子関係であると指摘されている。[2]

教育学者山村賢明は、日本の社会にあっては基層的な文化が存在し、それを基底にした日本の伝統的な家庭の行動様式があって、日本の家庭に根強くみられる母子の濃密な情動的関係を通してこそ、日本人の「甘え」が原初的に形成されるとする。どんなわがままを言ってもどんな迷惑をかけ失敗しても、母親だけは許してくれる、事荒立てて言わなくてもどこかに自分のことを分かってくれる人間（母親のような）がいる、そういう家庭における幼時原体験があってこそ、情緒性の濃い人間関係が可能となるというのである。もっと具体的に言えば、耐えて尽くすという非要求的な母親の愛情によって、愛し愛されることの最初の学習をした人間にとって、愛するとは母親のようにすることであり、愛されるとは母親のようにして貰うことであって、このような母子間の型が、日本の男と女の間の愛の形態を深いところで規定していると推測するのである。[3]

日本の母子関係がどうして濃密な情緒関係になったのかについては、日本の「家」内部の夫婦関係、また都市を中心に新たに形成された家族の夫婦関係でも、これまで検討してきたように特殊であるために、日本的な母子関係が形成されたと考えられる。

「いえ」の場合、結婚して夫の「いえ」に入った嫁は、夫の母親（しゅうとめ）や夫の兄弟姉妹（こじゅうと）の間で孤立した立場に立たされた。それだけではなく前述したように、しゅうとめと嫁の特殊な関係によって虐げ苦しめられる弱い立場に置かれていた。このような状態で、妻は夫との間が強いきずなで結ばれ、愛情の交流があればよいのだが、当時の「いえ」では、そのような強いきずなの形成は期待できないのが実情であったので、嫁にとっては自分が産んだ子のみが自分のもの、あるいはこの子しか頼れるものはないという意識をもつようになり、母子関係はますます濃密になっていった。

都市に新たに形成された家族においても、すでに述べたように、夫婦が強靱なきずなで結ばれるほどの強い愛情が形成され、相互に交換されるような関係ではなかった。このような状態であったから、都市の家族でも妻は「いえ」の中の妻と同様に、母親として一途に子どもに愛情を注ぎ込んで、妻としての欲求不満を解消させていた。いずれにしても夫婦間に愛情の交流がなく、夫と妻の間が強い愛情で結ばれていない結果が、母子関係を肥大化させ、異常なほど濃密にしたと考えられる。

このような母子関係にさらに輪をかける役割を果たしたのが、良妻賢母の教育が浸透したことであった。一八九七（明治三十）年頃から、当時識者と称された西村茂樹（華族女学校長）、中川謙次郎（女子師範学校校長）、三輪田真佐子（三輪田高女校長）たちにより、家事を上手に処理し、育児にも習熟しており、「次代国民の女たるに足るべき人物を育成することを望む」という、女子教育の理想像が「良妻賢母」の語に集約されて、唱道された。その後の女子教育を充実させるという国家目標と合致し、また民衆の間に根強く存続していた儒教的家族主義と結びつけられ、しかも、家事育児という主婦の技能の向上の必要性が強調され、当時の社会の要請を巧みに取り入れた新しい女子教育の目標となった[4]。

この良妻賢母の思想は明治末になると、文部省の教育政策に採用されるようになった[5]。一九〇六年、牧野伸顕文部大臣は地方官会議で「元来、男女は性の異なるが如くその本分も異なりて、教育の方針も異ならざるべからず。女子の教育はその本分も異なり、したがって教育の方針も異ならざるべからず。女子の教育はその本分たる良妻賢母を作るにある」と述べている（「大分県教育雑誌」一九〇六年五月）。さらに一九〇八年、ついで文部大臣になった小松原英太郎も全国高等女学校長会議で、「家族制度をもって成れるわが国においては、女子のためにわが国情に適切なる教育を施し、もって健全なる家庭の発達を企図するは最重要なり」と言い、良妻賢母主義をもって国情に適切な教育であると説いている。

この時期以後に、日本特有の母子の密着した関係と良妻賢母主義の浸透により、子と母子の結びつきはますます強化されていった。一九三五（昭和十）年「文藝春秋」一三巻九号が「私は父母のいずれに影響されているか」を当時の識者に「葉書回答」でアンケートをしたものがある。回答者は十八名であり、その中で「父母双方からの影響を受けた」やその他が十一名、父、母、のどちらか一方であると明確に答えている人で、父とした者は二名、母と答えた者は五名で、母親の影響を強く受けたとしている者が多い。

そのいくつかを紹介すると、河西三省（京都帝大教授）は母について次のように言う。「小生は母に影響を受けております。父はわりあい呑気でしたが、母は優しい上に物事をきわめて慎重に考える女性でした。他人と対話をする場合は『口の中で三遍言い直してからしなさい……』とよくさとされました。この慎重と熟慮の気持ちが現在の私のすべてを支配しております」。母の影響が強いことを指摘する。大口喜六（一八七〇―一九五七、政治家）は「母は私が五十二歳の時まで存生でしたから、私が若い頃などには意見の違ったこともありました。しかし今日から考えますと私はまったく母の教育に負うところの多いことを痛感します。私の今日の性格はほとんど全部が母そのままだというように思われます」と、母の教育に負うとする。植原悦二郎（一八七七―一九六二、政治家）は次のように母の教育に感謝している。「母は慈悲深き人で、子どもの教育、とくに私の教育には心を砕いた。私は勉強は嫌でなかったがハニカミヤで大勢の居るところが厭で小学一年全部を欠勤した。母はこれを心配して天神様に願をかけたり、自分で私の読み書きを教えてくれた。そうして私は同年の他の子どもより一年遅れて学校に上がったが、この頃は優良なる成績の者は一級飛ばしてくれたので、母の苦心により私は小学校を卒業するときは他の子どもと一緒であった。私は母の教育を今でも記憶する」

わが国の精神分析学の始祖とされる古澤平作は一九三一年、母親が子に向ける感情について、わが国固有の文化の特殊性が存在することを「阿闍世《あじゃせ》コンプレックス」で明らかにした(6)。これは二十年後の一九五三年に古澤自らの手で書き改められ(7)、さらに一九七八年、慶應大学名誉教授小此木啓吾により、この古澤の「阿闍世コンプレックス」は、翻訳され再構成されて、西欧のエディプス・コンプレックスと対比されるべき日本的母親の心理を見本に分析されることが明らかにされた。(8) 物語の中で、母なる韋提希《いだいけ》夫人が子の阿闍世との間での愛と悲しみの悲劇を通して、子に対し無条件の愛と献身を尽くす姿を取り戻し、母子の一体感を回復する地点にまで到達するというのである。この阿闍世の母が到達した母性愛は、一九七一年、山村賢明が分析した日本の母の概念、すなわち「母のコンセプションズ」と共通するものである。(9) それは母親は自我を捨て、子に無条件に愛と献身を捧げる母性愛であって、わが国の伝統的な母子が過度に密着した母子関係の考え方である。

このわが国の特殊な母子密着の影響について、江藤淳によれば、わが国の母子関係の特殊な密着は子どもの自立の障害になるとされる。(10) 母親は子どもが幼くて自分自身の延長にすぎなかった頃の幸福を楽しみ、成長して自分の許を離れていくことに憾みの気持ちをもつ一方、子ども(息子)もその母親の気持ちに敏感に反応し、いつまでも幼児のままでいたいと願っているという母子関係を形成するというのである。このような母親と息子の関係では、通常であるならば、息子を手放すまいとする母親と母親から自己疎外して子どもらしさを切り落とそうとする息子との間に一種の相克が生じる。この母親と息子との間の相克が、男性が一人前の社会人となるためには通過しなければならない一つの関門である。

詩人谷川俊太郎(一九三一―)はラジオ番組の「母を語る」の対談の中で、非常に強かった母親との結びつきが、最初の恋愛の告白で、その結びつきが切れたと生々しく語っている。(11)

「思春期まではマザコンそのものだったんですが、最初の恋愛をしたときに現実の母とは切れちゃったところがあります。そのとき『恋人ができた』と母に言ったんです。僕らはすごく気の合う親子、何でも話ができる親子だったから、そういうことも隠さずに言えば、喜んでくれると思っていたんですね。ところが母は泣いて家出したんですよ。家出といっても、どこかに泊まりがけで行っちゃうわけじゃないんだけど、とにかく夜、家を飛び出してふらふらどこかへ行っちゃったんで、僕は慌てて後を追っかけて行ったんですね。

僕も世間知らずで、親子関係を客観的に見るなんてことは全然していなかったわけだから、びっくりしたんですね。だけど本能的に、もしここで母親に負けたらだめなんじゃないかと思ったので、父のところに行って、僕にも恋人ができたから、お母さんはこれからあなたが引き受けてくれみたいなことを言ったんです。

父親もそれは分かってくれたんですね。母も知的な人だったから、少なくとも頭では息子を切って、夫との関係をちゃんと修復しなきゃいけないと考えたと思うんです。だからその後は母の方から、僕の恋愛とか結婚に対して何か理不尽なことを言ってきたり、圧力をかけることは一切ありませんでしたね」

この谷川の母との関係の述懐に、母と子どもの相克を見事に克服して母子の情緒関係を切断した情景が語られている。

大正、昭和前期の父子関係については、拙著『日本の親子二百年』の中で、かなり詳しく触れておいた。今日では一般に承認されているように、当時の父親は家長の座について家長に付与されていた権力を行使することはできたけれども、それは父親が本当に実力をもった父親としての権威を行使し、それが一般に承認され、正当と思われたものではなかった。また父親の子に対する人間関係についても、濃密な母子間の情緒的関係の影に隠され、親愛の情の表現も貧しく、家族内の人間関係でも母子に比べると比較にならないほど希薄な存在であった。[12]

京都大学名誉教授作田啓一は、日本の家族は西欧や中国の家族に比べると伝統的に自主性が弱かったと言う。[13]それは家長が家族構成員に対する攻撃に対して、それらの人々を保護する力をもたなかったことに由来するとみる。家長がリーダーとして統制が十分に承認されるには、家長が家族の外部から来る圧力に対して家族構成員を保護する力をもたなければならない。しかし日本の家族ではその構成員が他の集団から非難攻撃を受けた場合に、家長が中心になって一致団結して保護にあたることをしない。むしろ家長はその非難に同調し、その非難を追認してその成員に懲罰を加える。このことは戦時体制下で、「いえ」の家長として父親が果たした役割を考えれば明らかであろう。したがって家長は外部に対して自主性が弱く、また親としての権威ある存在ではなかった。

（1）土居健郎『「甘え」の構造』弘文堂、一九七一年。河合隼雄『母性社会日本の病理』中央公論社、一九七六年。小此木啓吾『日本人の阿闍世コンプレックス』中央公論社、一九八二年ほか。
（2）大日向雅美『母性の研究』川島書店、一九八八年、四四―四八頁。
（3）山村賢明『日本の親・日本の家庭』金子書房、一九八三年、一〇頁。
（4）田中寿美子編『女性解放の思想と行動』（戦前編）（駒野陽子）時事通信社、一九七五年、一三一―一三二頁。
（5）深谷昌志「日本女子教育史」世界教育史研究会編『世界教育史大系34』講談社、一九七七年一八九頁。
（6）以下の点について大日向雅美『母性の研究』四四頁に依拠する。古澤平作「罪悪意識の二種―阿闍世コンプレックス」「現代のエスプリ148　精神分析・フロイト以後」所収、至文堂、一九七九年。
（7）古澤平作「阿闍世王の物語について、一九五三」同「現代のエスプリ148」所収。
（8）小此木啓吾「モラトリアム人間の時代」中央公論社、一九七八。同「古澤版阿闍世物語の出典とその再構成過程」前掲「現代のエスプリ148」。同「阿闍世コンプレックスよりみた日本的対象関係」同「現代のエスプリ148」。
（9）山村賢明『日本人と母』東洋館出版社、一九七一年。
（10）江藤淳『成熟と喪失』河出書房新社、一九六七年。
（11）遠藤ふき子編『母を語る　NHKラジオ深夜便』日本放送出版協会、一九九八年。一四四―一四五頁
（12）大日向、前掲書、二六六頁。
（13）作田啓一「日本人は自立的になれるか」「潮」一九六六年八月、七四号、一一一―一一四頁

恋愛結婚とその周辺

有地　亨

福岡・中洲に出現した海上レストラン、1923（大正12）年（写真提供・平原健二氏）。大正に入るとカフェー、レストランなど庶民が利用できるモダンな施設が出現した。こうしたところで男女が出会い、恋愛が芽生えたとしても、親、親族の承認を得て正式な結婚をするまでには多くの障害があった。

恋愛結婚

すでに述べたように、大正期、昭和前期を通じて、日本の結婚の形式は見合結婚が大勢を占めていた。しかし大正の半ば頃から欧米の諸思想の影響を受けて恋愛至上主義などが台頭し、自由恋愛がマスコミを賑わした。またそれを実践する者もマスコミに報じられ、注目された。

伊藤野枝は夫辻潤と別れ、次男を連れて大杉栄の許に飛び込んだが、大杉には入籍してはいないが堀保子という妻がおり、神近市子とも関係があって葉山の日陰茶屋で殺人事件に発展した恋愛事件（一九一六年）、お抱え運転手と心中を企てた伯爵枢密院副議長芳川顕正の三女で、婿養子夫人の芳川鎌子の心中未遂事件（一九一七年）、流感で死亡した島村抱月の後を追い縊死した女優松井須磨子の事件（一九一九年）、九州炭礦王伊藤伝右衛門と同棲十年の後、決別の書簡を新聞に発表して法学士宮崎龍介の許に走った柳原白蓮の事件（一九二一年）、歌人原阿佐緒と恋愛し、妻子を捨てた東北帝国大学教授石原純の事件（一九二一年）、作家有島武郎と「婦人公論」記者で夫もあった波多野秋子が軽井沢の別荘で心中した事件（一九二三年）などが、相次いで発生した。これらは既婚の著名人や夫をもつ女性の恋愛事件で、いずれも特定階層の特定の人々のスキャンダルともいうべきものであったが、一般民衆の結婚観に一定の影響を与えたと思われる。

これらの事件とは別に、当時マスコミに取り上げられ、若者にかなりの影響力を与えたと思われるいくつかの結婚論を紹介しよう。

一九一九（大正八）年、社会学者井口孝親（一八八八―一九三二）は、「我等」一巻一号で、「男女結合の合理的基礎――旧来の非人格的結婚観を排す」を論じ、「過去及び現在を通じて我等の周囲に見出さるる大多数の結婚は、物と名すなわち地位財産の結婚であると同時に、当事者相互間における性欲充足の手段たる以外、何物でもないこと」と言う。

井口は「男女結合の場合における性的欲求は、肉そのものに対する単純な動物的欲求ではなくて、全心的なる人格的結合を欲せる当事者相互の霊的欲求に伴うものでなくてはならぬ」と考える。したがって井口は「結婚は異性たる二つの人格の肉体的ならびに精神的結合」として「人格的結合」とみる。その人格の第一の特性は人間性、すなわち「特定の異性に対する止み難き憧憬の情」、つまりかの恋愛である。人格の第二の特性は「何物をもってするも絶対に代替し得ざる独自性、特異性」にある。第三の特性はその「永続性」にあるとみる。かくして「我々は――すくなくとも真に自己を生かし、個性の成長発展をねがえる我ら新時代の青年男女は、一切の精神的および特質的犠牲を忍び、またあらゆる個人的、家庭的、ないし社会的障害を突破して、質的純真なる恋愛に基づく理想的結婚を実現せしめなければならない」。

この井口孝親の結婚論に対して批判がある。一九一九年の同誌「我等」に長谷川万次郎（長谷川如是閑の実名、一八七五―一九六九）が「性的感情の醇化について」を載せる。長谷川は「恋は社会化され、同時に醇化された生殖本能」であると言い、井口の結婚論は恋の醇化と結婚制度の醇化とを混同し、前者でもって後者の必然条件とみているが、両者は峻別すべきだとする。長谷川は次のように言う。結婚という制度は社会的生活の便宜のための法制であるから、結婚を本位として性生活を考えるのは「恋の至醇に至る道」ではない。長谷川は結婚という社会的便宜のための制度と至醇の性的感情とを一致させようというのは無理な試みという。長谷川が恋愛と結婚とを峻別すべしという主張は正しい。後に見るように、恋愛して後に結婚に踏み込む場合に、多くの障害にぶつかった事例はこれを証明している。

すでに触れた京都帝国大学教授厨川白村は一九二一年九月三十日から十月二十九日までの「東京朝日新聞」に有名な「近代の恋愛観」を載せる。[1] 古今東西の恋愛観を引用しながら、学者によってはじめて〝Love is best〟を論じ、恋愛至上主義として当時の若者に大きな影響を与えた。白村は日本人の明治期の恋愛観を批判する。

「我々の生活がようやく新路を拓こうとするに至った明治三十年頃からのロマンティシズム時代には、青春の恋を歌う詩人を星菫党《せいきんとう》などと言って冷やかしたものだ。さらに四十年前後からは世人は自然主義という文字を変に曲解して、また再びすべての性的関係を侮蔑した。ついでは享楽主義の文字に勝手放題な異様の意味を寓し、最低には性欲と恋愛とみそとくそとをごっちゃにして、また新しい愚弄を始めようとした。つまり手を変え品を変えて頑迷《がんめい》固陋《ころう》な旧思想の迷妄を繰り返しているにすぎない。しからば、かくまで性関係を蔑視せる日本人は、その性的生活においてピュウリタンのごとく潔癖なりやというに、そは言うまでもなく正反対だ。今も昔も女でなければ夜の明けぬ国である」

婦人を一個の「人」として認め、個人の人格を確認するとともに、また完全な霊肉合一の恋愛観を見るに至ったのは十九世紀以後になるとする。エレン・ケイやエドワード・カーペンターの諸説がこのような近代の恋愛観の代表的なものである。

白村は恋愛を高く評価し、「自己犠牲の至高の道徳性が恋愛には最も華やかに現れる」と言い、「恋愛は心純なる者にして初めてこれをなし得べき気高さと貴さをもっている。結婚関係に入るに及んで、この愛はさらに物的基礎の上に固められ強められ深められる。最初の恋愛はやがて夫婦間の相互扶助の精神となり、至高至大の情誼と変じ、さらに進んで親としての児女に対する愛情に向かっても転化していく」とする。

村上信彦は白村の恋愛至上論は理想論にすぎないとする。白村が結婚の前提に恋愛を置くのは正しいが、現実に多くの女性は生活に無能力なために、生きるがために結婚を余儀なくされているのであって、結婚に際して女性の無能力に注目するならば、当然女性の自立、女性の職業について語るべきであったが、白村はなにも触れていないと批判する。(2)

白村は恋愛から結婚への道筋を考え、それを説いているが、結婚ということになれば当事者の生活上の問題だけでなく、届出をして社会的法的承認を得て当事者双方の「いえ」の制約を受けるということになり、克服しなくてはならない問題が存在していた。そのために恋愛から結婚へとスムーズに移行できなかったのである。

内田魯庵（一八六八―一九二九、評論家）は、「太陽」二三巻四号（一九一七年）の「案頭三尺」に「家庭の悲劇の教訓――不自然なる結婚の犠牲」を載せ、一九一七年の芳川伯爵家の若夫人のお抱え運転手との情死事件に関連して、その当時の恋愛と結婚を論ずる。魯庵は結婚が非常に簡単に考えられ取り扱われていることに、その原因があると次のように言う。

「家庭を成立する当初の結婚を等閑にし、当の男女も父母も媒介者もみなきわめて軽忽に処理し、婚後の将来を少しも考慮しないで神定めの運命に帰する我が結婚習慣がすなわちこのごとき家庭の産出するそもそもの大原因であろう」

そして、恋愛は男女間の遊戯として軽蔑され、結婚とは無関係とみなされていると次のように言う。「恋愛なるものは夫婦にあらざる男女間の卑しむべき遊戯として軽蔑され嫌悪され、夫婦間の義務たる子孫長久の手段と恋愛とはあたかも没交渉であるごとく思いもしまた扱いもしている。ここにおいてか、本能の欲求たる恋愛の満足を妻によって充たす事の出来ないときはいきおい妻以外の女に走って恋愛をあさろうとするのは当然であって、これまで――あるいは今日まで――道徳上その自由が許されないでも事実上には男の日常茶飯として黙認されておる」

一九一八年頃から若者によって自由恋愛が謳歌され、伝統的な婚姻風俗を排斥する「身の上相談」が目につくようになった。まず、下級官吏の青年が愛のない結婚は罪悪だという信念から、恋愛結婚を強く望みこれ以外の結婚はないと思うがどうしたらよいかという相談である。

一九一八年十一月二十二日「読売新聞」「よみうり婦人附録」「身の上相談」

私は市内某省に勤める下級官吏で、三十歳を越した独身者です。北国の片田舎に生まれ、小学校卒の貧しい家庭に生まれたため、はやく社会に出てパンのために働くべく運命づけられました。自由、平等、博愛というような自由思想の信徒となり、その方面の書籍に親しんだため、一時は注意人物にされたくらいです。一昨年から親その他から、嫁の候補者を十人もつきつけられ、これを断るのに相当の理由が要ります。私は「愛なき結婚は罪悪であり、理解なき結婚は虚偽である」と信じています。ですから、私は世の常の結婚――見ず知らずの女と一度や二度見合をしたきりで夫婦になるというような大胆な冒険はとうていできないのでありますｰ。ベーベルの婦人論を読み、エンマゴールドマンやエレンケーなどの思想をよしのぞいたことがないにしても、私には日本の旧慣を墨守する勇気はほとんどないのであります。そこで、私は以上のような立場に立つとき、愛する人が自分の前に出現するまで待つより外に途はないような気がいたします。私は今日まで童貞を維持してきたことは、我ながら雄々しいと思うくらいの悪戦苦闘でありました。私はどういう途をとったらいいでしょうか。

（苦しめる男）

「記者」は次のように答える。「あなたのような清い心を持っていられる者があるかと思うと、大いに気強く感じます。あなたの望むとおり愛と理解とを十分有する女性があなたの前に現れて来なくても、多くの候補者や種々の条件が上等と認める女と一緒になってごらんなさい。愛と理解は必ず霊肉合致により発生します」。

当時の恋愛結婚賛美の思潮の高揚を反映し、そのような思潮の影響を受けた男性が「愛なき結婚は罪悪である」という心情を掲げ、日本の伝統的な結婚習俗に挑戦して、自分の理想とする結婚観を堂々と披瀝し、それに適う女性の出現を待望するという気持ちを述べる。回答する記者も相談者を激励し、できるだけ理想に近い結婚をせよと答える。相談者が言うように、愛する人が現れるのを待つのか、それとも回答者のいうように、多くの候補者の中から適う人を選択するというのであれば、そのような人を見つけてしばらく交際して、恋愛して結婚へという道筋をたどれという意味と解した。親や親戚の勧めによって伝統的な婚姻習俗に従って結婚する者が圧倒的に多かった当時の事情の下で、みずからの意思で相手方を選択し、愛と理解のある結婚をしたいという男性の出現である。

男性よりも女性が伝統的な婚姻習俗に従わずに、自分で結婚の相手方を自由に見つけ出そうとすれば、多くの困難を伴う。

一九二二年七月二十二日「読売新聞」「よみうり婦人欄」「身の上相談」

私は中等以上の教育を受けた二十四歳の女です。親の勧めるままに古い伝統で固められた因襲的な結婚をする気にはなれません。私の周囲は男女の自由な交際も許されませんし、選択に適当な境遇も開かれておりません。我々のような考えをもった女性はどうしたらよいでしょうか。

（N県の一女性）

「記者」は次のように言う。「それはあなた一人の悩みではありません。それは知識ある現代青年に共通した悩みとして一様に感じられている事なのです。それにもかかわらず、今の時代はまだこういう青年子女の要求にはきわめて冷淡で、耳を傾けているのはほんの一部の人間に過ぎないのです。新道徳や新生活の本当に確立されるまではおそらく正しい解釈を下すことは困難でしょう。今はむしろどうすべきかをあなた自身にも考えていただかねばならぬような悲しい時代です」

記者の回答は自由恋愛が置かれた一九二〇年前後の状況をいみじくも言い表している。古いしきたりと因襲に従った婚姻を排して自由恋愛をするには新しい道徳や新しい生活方式の確立がなければならないが、そのような状況が到来していない中で、自由に恋愛して結婚するのは、遺憾ながらきわめて困難で「悲しい時代」ですと表現されている。この相談と回答の中からも、恋愛結婚は若い男女のあこがれの結婚形態であるが、それを可能にするには、男女の自由な交際ができる条件はなにも整っていないし、そのような交際を支持するのはごく一部の人にすぎない。ただ、これらの若者の考えの中には、因襲的な結婚を排除して双方の愛情の交流を基礎とする恋愛結婚の必要性が認識されつつあると言えよう。

若い人が自由恋愛で一緒に生活したとしても、それですべてが解決されるというわけではない。結婚するには親、親族の承認を得なければならないという困難な問題が存在する。次は、若い二人が恋愛し五年も同棲しているが、男には国元の母親や兄から他女との縁談が持ち込まれ、女が男の動揺している姿を見かねての相談である。

一九二〇年十一月十一日「読売新聞」「よみうり婦人欄」「身の上相談」

私は五年前、一つ半下の男と自由結婚をしました。男は学校に通い、私は家で仕立物をして睦まじく暮してきました。男が来年卒業するので、国元から嫁の話が出ております。国元では私たちの関係は知っているが、私が年上であることで反対をしています。男には父がなく母と一人の兄の力であまり楽でない中から大学までやって貰ったから、自分で勝手に他国の女と一緒になっては申し訳ないという感じと、長い間私が尽くした心づくしに対して、私を捨てるという不人情はできないということで苦しんでいます。男は親思いで、親が私たちの結婚を許さなければ、親、兄弟を捨ててまで私と一緒になるとは思われません。

（心配女）

「記者」は次のように答える。「あなたのお母さんから男の国元へ今日までの一部始終を話して貰って、先方の了解を求め両人の間をまとめていただきなさい。すでに五年間も結婚生活を続け、相互とも愛し合っていられる仲を、いまさら無理に引き離すような没常識なことはまさかにわかになさるまいとおもいます」。

自由恋愛した当事者が親などの承認を受けて社会的に認知されるためには、親元に知らせて了解を得なければならない。本相談でも男の親は同棲していることは知っているが、自分たちの選択した配偶者を勧め、男の方もそれを拒否し自由恋愛した女と結婚すると言い出す強い意志をもっていない。多くの場合、男は親の意思に従ってしまうという状態だったようである。

男女が知り合って恋愛し同棲するが、二人が親や親族の承認を得て結婚するに至るまでには困難があった。まして婚姻届を出して結婚生活を開始するのは容易でなかった。せっかく恋愛しても結婚について社会的承認を得るには多くの障害があった。この時期に恋愛結婚が盛んに説かれ、有名人の恋愛もマスコミに登場したが、結婚までに至ったのは一部であって、多くの恋愛は自由恋愛のままで終わり結婚には到達しなかったし、また結婚までに到達するには克服すべき障害がいくつかあった。

（1）鹿野政直編『近代日本思想体系34・大正思想集Ⅱ』筑摩書房、一九七七年、一五〇頁。
（2）村上信彦『大正女性史』上巻、理論社、一九八二年、一五二―一五五頁。

さまざまな恋愛

大正半ばから昭和十年前後にいくつかの恋愛事件がマスコミを賑わした。それらの恋愛は挫折するものもあるし、あるいは結婚まで漕ぎ着けるものもあって、さまざまである。ここではそのいくつかを取り上げて検討したい。

浜田病院令嬢事件

一九二一（大正十）年六月、東京神田駿河台浜田病院、故浜田玄達博士の長女栄子（十八歳）が相思相愛の従兄Aと結婚できないために、Aや母親Bに遺書を残し殺鼠剤を飲んで自殺する事件が発生し、マスコミに大きく取り上げられた（一九二一年六月二十一―二十八日「東京朝日新聞」など）。栄子の父浜田博士は一九一三年に弁護士に後を託して病没した。家督相続人の長男は廃嫡され、百万の遺産は長女栄子が相続し、栄子には医師を養子として迎えるはずであった。ところが栄子は浜田家に寄寓していたA（Bの甥）と恋愛したがBは二人の結婚を許さなかった。一九一九年の二月頃、十六歳の栄子は家を出てAと同棲、妊娠し、早産児を産み落とすこともあった。栄子はBに結婚を懇請したが聞き入れられず、本年になって二度目の懐胎をした。再度Bに懇願するために帰宅したが聞き入れられずに、服毒自殺したという事件である。

A宛の栄子の遺書には「私はついに最後の手段を採りました。私は死にます。……三年というものあなたからずいぶん愛されて暮らしたことは幸福でした。母がもう少し理解に富んだ人でしたら私たちはこのような不幸をみる事は決して無かった事と信じます……」。

Aは栄子について次のように語っている。「本当に可哀想な事をしました。栄子は同棲の当時、必ず母親を説いて社会上公然夫婦になると私に誓っていた、そしてほとんど日参のようにして母親を訪ねておりましたが、許されなかったのです」。栄子はAと同棲し子どもまで産んだが、結局は母親の同意が得られず自殺に追い込まれている。

厨川白村は「近代の恋愛観」の中で、執筆中にこの事件が生じたと言い、「財産だの家名だのいろいろの問題に連関して、周囲の人々が言える千言万語といえども、『愛』と『死』とによって裏書きされた彼女の一片の遺書に比して、真に力なきものであった」と言う。さらに、「『恋は至上である』の一句を詩人の寝言のように思い、法則と因襲と形式とに周囲の人たちが囚われていたればこそ、あの悲劇は生じたのであった。否、周囲の人たちばかりではない、一婦人（栄子）みずからもまたこれを知らなかったのだ。少なくとも周囲の人たちと共に……それを自分の生活内容にまでは取り入れていなかったからだ」「母とか兄とかの関係、形式上の手続き、世間体、そんなものにもおそらく心をひかれたであろう。よくわかっていながらそれが思い切れない、できないというのが人の子の弱さであり、果敢なさであり、また人間の悲哀である」(1)。

この事件も白村の言うように、栄子は自分の恋愛を貫き通すことができず、母親の同意を得なければ結婚はできないと思い込み、結局はその同意を取得できずに自殺しているのである。恋愛から同棲そして結婚にいたるまでに、越えなければならない困難に立ちはだかれて命を絶つという悲劇になった。

らいてうの結婚

平塚らいてうは青鞜時代に五歳下の画学生奥村博（後に博史と改名）と恋愛し、親の家を出て二人で共同生活を始める。「新しい女」の運動の先頭に立つらいてうの結婚でもスムーズにはいかない。親の元から離れるに際して、らいてうは独立について両親に宛てた私信を「青鞜」四巻二号に公表する。(2) その中で、母親が子の結婚についてそう簡単には事は運ばないのだといった言葉を紹介している。

「お前はお前一人の都合や勝手でいいように決め込んでいるようだけれども、物事はそう簡単にいくものではない。家には家としての考えがあり、親には親としての立場からしなければならないこともあるのではないか。何もお前のしたいということをさせないというのじゃあるまいし、ものには順序というものがある。相当の手続きというものがある。今度のようなことはまず親兄弟に相談し、双方で一番都合がいいという処方をとって行ってもらわねばならない。それに親類の人たちにも一応は話さねばならぬし、いくらお前の方の準備ができていたって、そうそう明日あさってというような訳にはいかない」

このような子の結婚についての親の考え方は当時の中流以上の「いえ」では普通であって、親族に話をしその近親者の承認を経なければならないのである。したがって多くの若い男女は結婚するまでには至らず、男女二人の同棲だけで終わってしまうか、恋愛を諦めて見合結婚するようになってしまうのである。

らいてうは、親が「私にいつもお許し下さる多くの自由は、とうてい今日の日本の家庭における親子関係においては見られないほどのものだということを、私はいつもありがたく思って感謝いたしております」と言い、結局はらいてうは独立して親元から出て行くことが許されている。しかしらいてうは日本の民法の定めた婚姻制度には反対であるために、届出などいっさい拒否している。

「昨日お母さんから結婚もしないで若い男と同じ家に住むというのはおかしい、子どもでもできた場合にはどうするかというようなお話しもございましたが、私は現行の結婚制度に不満足な以上、そんな制度に従いそんな法律によって是認してもらうような結婚はしたくないのです」「ましてこの結婚が女にとってきわめて不利な権利義務の規定である以上なおさらです。それのみか今日の社会に行われる因襲道徳は、夫の親を自分の親として不自然な義務や犠牲を当然のこととして強いるなど、いろんな不条理な束縛を加えるような不都合なこともたくさんあるのですから、私は自ら好んでそんな境地に身を置くようなことは致したくありません。Hもこんな道理はよく解してくれていますから、結婚などを望んではおりません」

らいてう夫婦はこのような考えから民法の婚姻を認めず、届出をしなかった。ところがらいてう夫婦に子どもができ、出生届けを出す段階になって困ったと述懐している。(3) らいてうは父親に迷惑をかけないために、分家をして自分が戸主になって自分の籍に子の籍を入れようと考えた。

「さっそく、父の認知した庶子としてわたくしの籍に入れるよう、使いを頼んで区役所にその手続きをさせにやったのですが、戸籍吏がこれを受け付けてくれません。父が認めた子どもは庶子として父方の家に入るのだといってきかない、それをようやくのことで母方の戸籍に入れることができました」「父の認知した子どもはすべて『庶子』の名で呼ばれるものと思っていましたが、曙生の場合、母方の家に入ったために戸籍上『私生児』になっていることをあとで知りました。強い愛情で結び合う二人の間の子が、立派に父親を持ちながらてなし児の扱いを受けるのも変な話ですが、もともと現行の民法を無視している二人にとってそれはどうでもよいことでした」

らいてうは親を説得して同意を得たが、婚姻届の履行を拒否することで結婚制度に反対した。しかしその結果は、生まれた子の入籍について障害が生じたというのである。恋愛しても最後の婚姻届けに至るまでにこのような問題もある。

山川菊栄の結婚

山川菊栄は社会主義者山川均と恋愛し結婚したが、菊栄の父親は水戸藩の民権思想家、母親は女高師範出身という知識階層に属していたけれども、結婚についてすんなりと親の同意が得られたわけではなかった。

菊栄の母親は菊栄の結婚に三つの条件を出した。

「一、仲人を立てほんの形だけでも式を挙げること、二、式後すぐ入籍すること、三、ペンネームにもいっさい実家の姓を使わぬこと。この三つは母にとっては重大なことであり、私にとっては痛くもかゆくもない気がしたので承諾しました。そのころの社会主義者といえばごろつき同様に思われ、親兄弟が失業し、姉妹が離縁された例もあるほどのきらわれ者だったので、実家の籍をぬき、その姓を名乗らぬようにするだけで周囲の迷惑が減るならば、お安いご用だと思いました」

男女二人が恋愛し同棲しても、結婚に踏み切って社会的法的承認を受けるには、多くの障害があった。菊栄の場合には親の理解と協力でそれらの障害を回避する措置が講じられ、結婚に漕ぎ着ける。具体的には三つの条件をのんで、仲人夫妻とその娘、菊栄の母親、山川均の甥のわずか五名の立ち会いの下で挙式が行われ結婚した。このように山川菊栄の場合も、母親の協力によって社会の婚姻風俗や法的手続きについて最小限度の妥協をして結婚に到達したのである。

伊藤野枝の結婚

関東大震災の際に、大杉栄とともに惨殺された伊藤野枝は一九三二（昭和七）年「太陽」二四巻五号に「自由意思による結婚の破滅」を載せ、次のような主張をしている。

自由意思による結婚が破綻する原因は二つある。一つは極端な自己肯定である。女は男の心に自分の姿が根を下ろしたことを確認するといろいろのわがままな要素を持ち出し、男の構想を打ち砕き、男女ともに相互の愛と尊敬を失い離別する。第二の原因は結婚と恋愛の混同である。野枝は次のように言う。

「結婚と恋愛は共通な何物をも持っていない。両者はまるで両極のように離れているというエンマ・ゴールドマンの言葉に同調する。熱烈な恋愛により親や周囲の不条理に、不法な権力に反抗しながら、結婚という既成の制度の中にはまり込んで、彼らは再び不条理な不法な因襲の中に帰って行く」(4)

恋愛は成功した。二人の生活の全部は愛で完全に保たれ、同時に、二人はいわゆる社会的な承認を経た結婚制度の中に入り、既成の家庭生活をするようになると、そこからは思想、趣味、性格の違った人々との交渉で譲歩を迫られ、さらに子どもが生まれると、愛をもって結びつけられた男女の共同生活が父と母という二重の結合によって、二人だけの愛を中心にした生活とはだいぶん勝手が違ってくるのを実感するようになる。

野枝は郷里の福岡で無理に結婚させられて、東京に飛び出て辻潤と恋愛し、その母とも同居して子を産み、さらに大杉栄と恋愛して同棲し子をもうけるという、複雑な恋愛、同棲、出産を経験していた。この結婚に対する考えは、彼女の実践した生活の実感から得たものであろう。

宮本百合子と荒木茂との結婚

宮本百合子(一八九九—一九五一)は一九一八年、父親とともにアメリカに渡り、一九一九年一月コロンビア大学の聴講生になったが、そこで古代東洋語学の研究者荒木茂と知り合い、周囲の反対を押し切って八月ニューヨークで結婚し、十二月に帰国している。荒木も一九二〇年春に帰国し、同棲を始めたが、一九二四年夏、両者は離婚するにいたった。その間の事情については、長編小説『伸子』(改造社、一九二八年)に詳しく描かれている。さらに百合子没後二十五周年を記念して『「伸子」時代の日記1920~3年』(一九七六年、多喜二・百合子研究会）が刊行された。この日記には『伸子』以上に自分の手で軽率にも選んだ夫に対する愛情といらだち、憎しみが赤裸々に描かれている。公開を予定されていない一九二〇年から同二三年の四年間の日記には、この時代のインテリ女性の結婚当事者の内面における悩みが生き生きと描かれている。

百合子は夫に対する愛にこたえてくれない不満を訴える。一九二〇年八月三日「私は彼にもっと徹底した理解や鼓舞や愛を持って、私の人格全部を見て欲しいのでございます。私には彼の目の粗い考え方がたまりません。自分の満足のために私の燃え上がる熱情――ただ彼に対してのみ燃え、彼に対してのみ輝く熱情――をむごくも理屈で消されそうになることはたまりません。真個にある人を愛するものが、その人の苦しむのに対して私には分からないのに、いつか私の心を分かってくれる時がくるだろう、といってじっとしておられるものでございましょうか？」

「私は彼を愛します。それゆえ彼が苦しみ、彼が私に対して不満なのは堪えきれないのです。しかし、自分が愛していることを愛するものは、恋人がいかに苦しんでも、自分の心にある愛しているという確信が崩れないかぎり安心しておられましょう。それだからこそ今日のように、私が先達来《せんだつてらい》の不愉快を忘れるほどの愛に燃え上がって、彼を抱こうとして我を忘れて着ていた物も脱ぎ捨てて腕を広げたのに、私のためにという自分の満足のために、泣く私を傍らに置いて私がほどいた衣類のひもをしめて眠ってしまうことができるのです。女性が、人間が不快や苦痛を忘れるほどの激しい愛に白熱した真実さも、彼はただ、肉欲に色づけて見るだけの真実さのほか持たないのではありますまいか？　再び神よ、私は彼を愛しているのです、私は彼を自分の終生の良人たるべき人として選択致しました。そして、今この深い自分の魂も食うような疑いに逢着しなければならないのはなぜでございましょう。もう一歩進めて、神様私は彼の何を愛しているのでございましょう。私は、自分の心の内に在るけがらわしさから彼の童貞を守神のように尊敬致しました。軽薄な男性の浮気の中で、彼の一種の憂鬱とストイックな心持ちにいい知れない共鳴を感じたのでございます。彼の私に捧げてくれる熱情にも魅せられました。彼の童貞は如何なる内面の原因によって保たれたものだったのでございましょう。真個に真実な愛の日のためにでございましたのか、それとも、結婚する相手はなし、商売人は恐ろしいからやむを得ず捨てられずにくっついていたものでございましたろうか」

一九二一年八月には、百合子はAの性格や仕事に対して不満を抱くようになり、彼に期待をかけなくなってきている。

一九二一年八月十九日「近頃自分とAとの間にはまるで衝突というものがなくなった。一面から見れば、私が彼に対する理解を深めたのだと言え、一面から言えば、彼に私の期待はかけないということになったのだ」。

百合子はアメリカから帰国して両親の家で同居していたが、やがてそこを出て別居した。百合子の母親は国粋主義者の西村蔵持の娘であったので、百合子夫婦とは合わなくなってくる（一九二一年九月十九日日記）。

一九二二年三月十四日には、百合子は夫に対し愛が通じないことを嘆き、次のように言う。

「自分は純粋な心からAがあまり人付き合いのよくないのを、ただ彼の深い人格と周囲とのうまくいかない故だとのみ思ったからこそ、自分の深い信頼と愛とがある程度まで彼を変えると思って結婚したのだ。けれども彼は、石だ。変わらない。他人の中に入って面白くなく、何となく人にぎこちない思いをさせる彼は、私の周囲に世間が来たとき、小さい嫉妬や偏狭や片意地で、私を苦しく思わせる。元はそれで直ちに理解しない親や世間が悪いと思ったが、今はその悪さも、彼の冷やかさ、彼の自分を理解させない心も両方見えてきた。自分は苦しい。結婚が、自分の結婚したい時期に起こるが故に、いかほどの盲目を起こさせるかということ。愛がなくてもやっていける時に真実の愛は来るというドストエフスキーの言葉が、何という真実」

藤原義江の結婚

昭和になると、恋愛から結婚、届出をしてゴールインする著名人も出てくる。一九二七年、藤原義江は三井の元老故中上川彦次郎の令嬢で、眼科病院長宮下左右輔の妻でありすでに二女をもうけたあき子と恋愛、姦通し、親族会議であき子は夫と離婚した。あき子はミラノに滞在中の藤原義江と結婚するためにイタリアに出発する旨が報じられている（一九二八年八月九日「朝日新聞」夕刊）。あき子は鹿島丸に乗って九月二十三日朝、ナポリに着き、二人はしばらくイタリアで過ごした。

二人の行動に対して婦人雑誌、とくに「婦人画報」は攻撃を加えた[5]。あき子に対しては不倫を指弾した。たとえば「彼女はあまりにも個人的だ。自己の幸福の追求のみに執心して、愛児二人の幸福や向上のために犠牲となることも辞さない母性愛の欠陥せる人」、「彼女は恋を求めて、愛を知らざる人」という非難がある。あき子は学習院女子部の同窓会「常磐会」から、卒業生の名誉を汚すという理由で除名された。

これに対し柳原白蓮のみはあき子に同情する。

「親類兄弟の厳しい反対に向かって勇敢に戦ったり、こうした感情の闘争ほど、女性にとって堪え難い苦痛はありますまい。私はあき子夫人に同情します。どうかあの方の将来が、以後は真に幸福であるようにと念じています」

これらの非難に対して、藤原義江は挑戦的態度を取る。「婦人公論」に「私の恋愛と芸術――私と女房との世評に答う」を発表する。

「女房のことについてまだつべこべ言っている連中があるのには少々私は驚いた。人の女房のことをそれほど心配する時間があったら頭のふけでも落としたらと思うのだが、いったいわれわれは先祖代々の人の疝気を苦にするくせがあり、あまりいいくせではなさそうな気がする。人の事だと言えば何でも知りたがる、知らずにはおかぬという意気込みであろう。私は中心を失っていた。ぐらついていた生活も、女房と二人になってからぐっと引き締まってきたから、これからに大きな期待をしてもらいたい。恋の果実は消え、芸術の果実は永久であるという。しかし私はどちらも永久に消しはしないつもりである……」

二人は日本に帰って一九三〇年一月十七日、恩師伊庭孝、山田耕筰、堀内敬三、久米正雄など先輩知己六十余名を招いて、東京会館で結婚披露宴を行った。藤原あき子は、戦後、一九五四年義江と離婚し、一九六二年には参議院全国区に最高点で当選した。

谷崎潤一郎の結婚

文豪谷崎潤一郎は一九三〇年、佐藤春夫と連名で有名な「妻を『譲渡』する」という挨拶状を発表し、十六年間連れ添った千代と離婚した。当時、潤一郎は四十五歳、春夫は三十九歳、千代は三十五歳であった。

潤一郎は同年の暮れに文藝春秋社に勤めている婦人記者、古川丁未子《とみこ》（二十九歳）に結婚を申し入れて婚約し、一九三一年四月、谷崎邸で身内だけの結婚式を挙げた。この結婚は一年八カ月で破綻する。破綻の原因は丁未子にあったのではなく、谷崎が根津松子を敬愛し、恋をしたからである。松子には大阪船場の綿布問屋の息子根津清太郎という夫があり、潤一郎も妻のある身で、二人が同棲する以前から松子は潤一郎のもとへ通い、妻のように振る舞っていた。潤一郎と松子との交際の模様は、谷崎松子が亡夫の十七回忌（一九八一年）を迎えて出した『湘竹居追想』（中央公論社、一九八三年）の中に、潤一郎が松子に愛を語ってから一日をおかず送られてくる手紙や、谷崎が丁未子前夫人に語った言葉がそのまま収められている。谷崎が丁未子夫人と話し合いをつけたことを松子に伝える一九三七年八月十五日付の書簡には、次のように記されている。

「昨夕御影より差し上げました文、ご覧遊ばして下されました事と存じます。あれより帰宅いたし、夜にかけてまた話しましたところ丁未子も大変よく聞き分けてくれました。自分もうすうす気がついていたが、とても自分は奥様と競争のできるような女ではないし、それはよく分かっているから、あなたの幸福のために自分は犠牲になってもよい、その代わり今後は兄妹のように可愛がって下さい。両親よりはやはりあなたの方を頼みにいたしますとの事で、私も泣かされました。なお奥様には今しばらく感情の沈静するまでお目にかかるのを差し控えさせていただきたいと申しております。……これほど早く話が分かろうとは思っておりませんでしたが、丁未子もやはり賢いところのある女だと感じました。可哀想だと思し召して下さいましたら、一度当人の気分の落ち着きました時に会ってやって下さいまし」

　潤一郎と松子の同棲生活は一九三四年三月、潤一郎が根津別宅へ松子を迎えに行った日から始まった。二人は芦屋の隠れ家に住んだ。潤一郎は松子にあてた手紙の中で「法律上は夫婦でも実際は主従の関係を結ぶことだと考えております。私は昔より御寮人様（松子のこと）を崇拝しておりましたけれども、ただの一度も自分を対等に考えたことはございません」とも言っている。[6]一九三五年、谷崎は丁未子との離婚手続きをすまして、自宅の広間で正式に古式ゆかしい結婚式を挙行している。

　これらの著名人は恋愛から結婚に到達しているが、多くの若い男女はそうではなかった。大正時代の女性は女学校を出て、自由に恋愛小説を読み男性と接する機会をもち、好きな人と恋愛をし同棲までしても、結局は大半の女性は親の選んだ男と見合をし、婚期が過ぎるのを恐れ結婚した。男性の方も、自分の好きな女性について親を説得し結婚に踏み切るには、よほどの努力を必要とした。いずれの立場でも、自由に恋愛して結婚に漕ぎ着ける可能性は乏しかったということである。したがって恋愛した相手方がありながら、他の者と見合して結婚するケースが多い。

次の相談も、このような立場に置かれた女性からの相談である。女性には、恋愛し将来まで誓った男性がいたが、親の勧めにしたがって別の男性と挙式し結婚した。ところがまもなく女性はすでに妊娠二カ月であることが判明したため、どうしたらよいかという相談である。

一九一八年九月二十五日「読売新聞」「よみうり婦人附録」「身の上相談」

私は二十三歳の人妻の身ですが、三年以前から相思の人があり、末久しくと誓った二人はお互いに運命を切り開く努力をしていました。今年の春の初めに、知人から縁談がかかりました。私は極力お断りし、愛のない結婚はとうていできませんからと両親にお願いしましたが、両親はぜひ嫁ぐようにと道理を説いて私に勧める一方、着々と話を進めてしまわれました。私は意中の人に対し申し訳なく、死んでお詫びをしようと覚悟いたしましたが、かえってその方からなだめられ、なんとか破談にしようとしているうちに結婚式を挙げなければならぬ日が来て、さる三月致し方なく嫁いだわけです。ところが因果応報とでも申しましょうか、お恥ずかしいことに二月の月に妊娠していたことが結婚後まもなく分かり、主人は不在がちですが先だってこのことを知り、月を尋ねましたので一時逃れに結婚の月からと言って置きました。いま私は悩みに沈んでおります。今後ともこの虚偽のまま生きていかれましょうか。それとも今までの情実を明らかにして、離別しようかとも思っています。（迷える女）

「記者」は次のように言う。「すべてを打ち明けて御主人の処決を待たれるがよいと思います。いったいこの頃はしきりとあなたと同じような手紙を投書する人がありますが、そんな愛のない結婚はできないなどと型のような文句を言っていながら、見事に敗残の姿を見せつけられます。これは一つは今日の自由恋愛者が周囲の勧めに余儀なくされる点もありましょうが、一つは男女交際の訓練の足りない結果、薄っぺらな愛を唯一のもののように懸命になるからだと思います。これは今日の青年男女の無自覚からくる欠陥でもありますが、同時に社会的欠陥からくるものとも思います」

記者はこのような相談が多いことを嘆き、男女の無自覚から生じた弊害と、男女の交際の訓練が足りないという社会的欠陥から生じたものと批判する。この相談でも、男女は恋愛するがどこまでも愛や意思を貫き通す気持ちもない。相談者の女性は他人事のようにずるずると、親の勧めに従って見合をし結婚するに至っている。相談者は恋愛した男性と肉体関係を持ち、妊娠していることを知って困惑し相談しているのである。この結末は、記者の言うように夫にすべてを話して決断をまつよりほかはない。

農民運動家渋谷定輔は、一九二六年十月十三日の日記の中に、拾った「東日埼玉版」に掲載されている早稲田大学教授本間久雄の次のような「動かぬ恋愛の二字」という記事を紹介する。(7)

「この頃の結婚を見ますと、近頃の若い婦人の結婚観は非常に常識的に発達してきております。十年前の自由結婚は非難の対象とされましたが、今日の自由結婚は当然のこととして迎えられるようになりました。もう少し時代がたてばむしろ推奨される時が来るに違いありません」

本間は、恋愛結婚に対する評価がこの十年間に大きく変化し、非難の対象から当然のこととして承認されるべきとなり、やがて推奨されるようになると推測する。しかし、残念ながらこの推測は当たらなかった。むしろ後述のように戦時体制が着々と準備されるとともに、恋愛結婚に対する批判が声高に叫ばれるようになった。

一九三〇年代になっても、日本の結婚では恋愛結婚は定着せず、依然として見合結婚が主流を占めていた。ただ見合結婚の内容が変化し、以前の見合では親が一方的に選択したならば子に有無を言わせずに決定してしまうというものであったが、このような見合結婚は上流階層の結婚に限られ、一般的には少なくなっている。多くの見合結婚は見合の後にしばらくの間交際して、お互いに気に入れば結婚するという方向に移りつつある。

このように見合結婚では、交際の機会をもつという新しい要素が加わり、そこで相互の愛情が育てられるということになれば恋愛結婚と変わらないことになるのであるが、男女の交際の慣行もなく、幼少の時から男女の交際に慣れていない若者たちは、このような交際で自分の意思を明確に相手方に伝えて、相互に相手の性格その他を十分に知って愛情を育むという機会にはならなかったように思われる。

上流階層では旧来のような親が一方的に決定する見合結婚が行われていたが、他方、一定の地域や特定の階層では恋愛結婚が容認されていた。その意味では結婚は多様化していた。たとえば福岡県の事例を見ると、農村を離れて都市や炭坑、沖仲仕の間では、それぞれがその場に見合った新しい生活規範を作り上げていたから、彼らの間では若い世代の愛情の交流を容認し、恋愛結婚を公認する規範が形成されていた。[8] 炭坑地域についての状況は「愛と結婚」の章で紹介している。ちなみに福岡の地方新聞に「恋愛」という表現がはじめて用いられたのは一九二六年で、それも「星菫主義の自由恋愛」と修飾されていた時代である。

(1) 厨川白村「近代の恋愛観」鹿野政直編『近代日本思想体系34 大正思想集Ⅱ』筑摩書房、一九七七年、一六六―一六七頁。
(2) 小林登美枝、米多佐代子編『平塚らいてう評論集』岩波書店、一九八七年、四四―五七頁。
(3) 平塚らいてう『元始、女性は太陽であった』(下) 大月書店、一九七一年、五八二―五八四頁。
(4) 今井静一編『近代日本思想大系33 大正思想集Ⅰ』筑摩書房、一九七八年、三二九―三三八頁。
(5) これらの事情は古川薫『漂白者のアリア』文藝春秋、一九九〇年、二二二頁以下に詳しい。
(6) この辺の事情については、林えり子『この人たちの結婚』講談社、一九九七年、二一六頁以下に詳しい。

（7）渋谷定輔『農民哀史・下巻』勁草書房、一九七〇年、四五二頁。
（8）前掲『光をかざす女たち』九六頁。

恋愛結婚への批判

一九三〇（昭和五）年頃、アメリカが中心になって、性問題を科学的に探求しようとする風潮が世界的に顕著になっていた。それまでの性の問題は卑俗な雑誌などで娯楽、わいせつな説話として、もっぱら低俗な動機で取り扱われ、まじめに取り上げられて論じられる状況ではなかった。ところが性問題を社会問題として取り上げ、対処しようとする動きが現れ始めた。そのような動向で注目を浴びたのが、アメリカで唱道された友愛結婚論である。この友愛結婚論は一九二七年、アメリカ合衆国コロラド州デンヴァーン少年・家庭裁判所の裁判官ベンジャミン・リンゼイ（一八六九―一九四三）によって発表され、わが国には一九三〇年、原田実により『友愛結婚』（中央公論社）として翻訳出版され、にわかに反響を呼んだ。

この友愛結婚というのは、男女が同棲し互いの相性を試し合い、二人の相性のよいことが確認されると正式な結婚へ進み、もし二人の生活がうまくいかなければ解消するという男女関係である。もっともその関係が失敗に終わる危険性を考慮して、その同棲中産児制限をして子の出生しない状態を維持すべきだとする。[1]

当事者の相性が良くないと認められるときには、アメリカでは認められていない協議離婚の方式によって友愛結婚を解消し、しかもアリモニーは原則として請求されない。友愛結婚がうまくいったときには子を設けるノーマルな結婚、すなわち生殖的結婚へと発展する。友愛結婚は合法的な産児制限と子を持たない夫婦の協議離婚の権利を含み、通常はアリモニーの支払いを伴わない合法的な婚姻である。

このような結婚が提案された背景は、アメリカにおける離婚数の異常な増加という状態に対処するために、配偶者の選択を慎重にさせることや、婚前交渉・堕胎の増加の状況を考慮しての対策であった。友愛結婚は病理的な婚姻を合法化し、従来の婚姻や家庭を負担と考えていた若者たちによって支持され、家庭などの社会制度に一定の影響を与えるものであった。

アメリカでは、若者たちが結婚する機会を奪われている状況が彼らを非行に走らせているとみられ、それを防止するために友愛結婚が主張されたといわれる。わが国でも、一九二七年いちはやく清水冽によって、この友愛結婚が「伴侶結婚の話」として「婦人公論」十月号に紹介され、翌年前述のように原田実により訳出刊行され、八十五版を重ねる爆発的な人気を得たとされる。

すでにみたように、わが国でも一方では大正デモクラシーの余波を受けて、新しい婚姻の方式を模索する若者たちも増えてきたし、また他方では恋愛によって同棲、妊娠する事態も頻発したため、友愛結婚は若者たちによって新しい婚姻形態として歓迎される向きもあった。この友愛結婚については、わが国では「受胎制限を公認し、子どものない男女が離婚するに当って慰謝料の請求をしないという契約をもって行う法律婚」と定義され、批判も厳しい。

一九三〇年の「婦人公論」一月号で市川源三（一八七四―一九四〇、府立第一高女校長、女子教育家）が「友愛結婚批判」を展開する。市川はリンゼイの友愛結婚は、異常な離婚増加に対処するために考えられたもので、その背景には（一）男女交際の自由、（二）離婚の軽易、（三）受胎制限の公認、（四）女権の伸張、（五）性的欲求に対する措置の五つの基礎条件が存在するとみる。そしてこれらの点についてわが国では（一）男女の接触は頻繁になってはいるが、都会に限られた現象で狭く浅い程度にすぎない、（二）離婚の軽易の点では、わが国では内縁関係も認められているし、また協議離婚の手続きも平易簡単であるが、結婚は当事者自身の意志よりも周囲の人々の手によって行われているから、離婚数も民法施行以来減少しており、アメリカのように離婚続出という趨勢に至っていない、(三) 受胎制限の必要は感じられているが、それらを普及し善用する者は少なく、したがってこの公認のごときは前途遼遠である、(四) 女権の伸張についても、わが国では法律・政治・教育・産業において、婦人に男子と均等の機会は付与されていない、(五) 青年の性的欲求に対する処置について、多年廃娼運動に尽力する識者があるものの、その成功をみていない。市川は以上の点を挙げて、将来はともかくわが国の実情は友愛結婚を適用するに必要な素地は形成されていないと断ずる。

友愛結婚が好ましいものであるかどうかは別として、アメリカとはかなり事情を異にしており、市川の言うように、アメリカで友愛結婚を発生せしめた原因は日本には存在しないというのは事実である。

一九三〇年三月八、十日の「東京朝日新聞」は二回にわたって羽仁もと子の「友愛結婚問題」(一)(二) を載せるが、ここで羽仁も友愛結婚を批判する。友愛結婚の唱道は、産児制限が不完全ながら人力で可能になったこと、結婚がいろいろの理由でだんだん遅れ面倒になってきたこと、家庭生活や子どもが多くの人にはなはだしい重荷になってきたことなどがその背景にあるとみる。さらに産児制限も友愛結婚も、人間のどうしても捨て去ることのできない事柄であるために、それに苦しむ世の中が考え出したイージー・ゴーイングな性の取扱い方だと言う。そして「いかにして我らはよき結婚をなすべきか」の解答は友愛結婚ではなくて、まず本当の人であるという立場に立って相愛で結婚ができたときに、本当の結婚が認識されるとする。

高群逸枝も一九三〇年一月二十二日の「東京朝日新聞」に「最近性思想の二、三」を論じ、友愛結婚を取り上げている。高群はその発生原因は二つだという。一にはバース・コントロールが行われるようになって子の出産が調整され、結婚と親子関係が区別されるようになり、結婚すれば当然出産するという状況ではなくなった。二には子は国家的見地からは絶対必要であるとしながら、国家は保護政策をとらないため、子の出産は親にとって経済的な負担の増大になっている。

高群の指摘は正しい。結婚と出産が分離され、しかも子どもに対する国家による保護政策が不十分であるため、子どもに対する冷酷な取扱いに対する反逆の心理から、友愛結婚論が生まれたというのである。

明治の始めから大正、昭和戦前の時期の結婚慣行の歴史を振り返ってみると、明治の初めまでは、恋愛は一般には御法度でないがしろにされた。ところが外来思想の浸透、「新しい女性」の出現や大正デモクラシーの影響などで、西欧の婚姻思潮が移入され、大正期には恋愛至上主義が文学、新聞、その他マスコミによって取り上げられ、恋愛が論議されるようになり、著名人の恋愛事件がマスコミを賑わすようになった。そのため若い人々の中には、伝統的な婚姻習俗に従った婚姻や見合結婚を排斥し、恋愛結婚を是としこれを賛美する者が現れ、新聞紙上の「身の上相談」にもいろいろの形で恋愛結婚を志向する者の相談が見られるようになった。しかし「相談」には登場するけれども、恋愛結婚が一般化し社会に定着する時期はほとんどなかった。昭和になって戦時体制下に入っていくと、自由恋愛、恋愛結婚に対する批判が公然と現れてくる。

一九二七年、文明批評家室伏高信（一八九二―一九七〇）は「婦人公論」四月号（非恋愛結婚号）に、「自由結婚の解体」を載せる。「恋愛は一つのトリックである。恋愛と結婚とを結合する時代は去った。結婚は恋愛の墓場である。気の抜けたシャンペン酒のような自由結婚の末路を見よ。どこに恋愛が残されているか」と主張する。恋愛結婚の時代は過ぎ去ったと言い、以前の恋愛と結婚を分離し、どういう形か不明であるが、そこから新しい結婚論が出発すると言い、恋愛結婚への反情を表わす。この論を待つまでもなく、すでに見たようにこの時代、恋愛と結婚とが結びつく土壌を欠いていたのである。

一九三〇年、政治家、小説家鶴見祐輔（一八八五―一九七三）は「婦人公論」一月号に「恋愛の緊縮」を発表し、自由恋愛を次のように批判する。

「近頃日本は二、三十年前に比べると、よほど自由になった。二、三十年前には男女の交際など不可能であったし、男が女を思うなどは女々しい恥ずべきことと考えられ、少数の学生以外は恋愛などを口にしなかった。しかし、第一次世界大戦が世界や日本を変え、男女関係も大いに変わってきて、恋愛至上論などが公然と言われるようになって、若い人もだいぶん心の手綱をゆるめてもよくなってきた」「今まであまりに永く箱詰めにされていた日本の青年男女が、かかる時代の潮流に駕して恋愛の解放をしたのであるから、勢いの赴くところ、自然道徳習慣などという社会の埒を踏み越えるようになったのも当然である。日本のように暗がりからだしぬけに明るみに出たような国においては、恋愛を誇張し、恋愛を浪費することが一時の風潮をなすのもやむを得ないが、一定の時期を過ぎたらそろそろ緊縮し、統制することの道理を悟るべきであろう。それはある統制の下に行われるのでなくては、恋愛の永続性が保持しがたいからである。恋愛の緊縮は恋愛の自己保存だ」

鶴見は熱しやすく冷めやすい日本人の特性を見抜き、しばらくは恋愛至上主義などと道徳慣習の埒を越えて恋愛を謳歌していたけれども、そろそろ熱を冷まし、恋愛についてもその永続を考えるならば引き締めるべきだと説いている。自由恋愛に対する批判が相次いでなされている中で、注目すべき意見であろう。

（1）友愛結婚については、江守五夫『現代婚姻思想の展開』国書刊行会、一九七七年、一六一頁以下に詳細な紹介、批判がある。

私生子

明治民法の定めた「家」制度の下では、妾が公認され、またすべてにおいて男性が優位する社会状況の下で、男性のわがまま勝手から婚外子が輩出した。法制度の上では、一八七〇（明治三）年十二月十日に第九四四号として公布された新律綱領の「五等親図」によれば、妻妾は二等親で、妻は法律上の親族ではなかったが、事実上親族の一員として承認した。

一八七三年一月十八日の太政官布告第二一号によれば、「妻妾ニ非ザル婦女ニシテ分娩スル児子ハ一切私生ヲ以テ論ジ、其婦女ノ引受タルベキノ事」とした。したがって、妻妾以外の分娩子は私生子が原則であった。一八八〇年の旧刑法（布告第三六号）は妾を親族から除外した。しかし、妾の産んだ子であろうと、妾でない婦の産んだ子であろうとを問わず、父親が認知すればすべて庶子となった。

妾はいちおう公認されていたとはいえ、生まれた子は婚姻外のふしだらな男女関係から生まれた子として蔑視された。まして、妾以外の女性からの出生子は世間からひどい処遇を受けた。みずからはなんらの責めを負うべきこともない私生子は、非情にも罪の子としての差別に苦しんだ。一九二〇（大正九）年五月十二日の「読売新聞」の「身の上相談」には、次のような私生子からのみずからの身の哀れを嘆く相談が寄せられている。

私は本郷の某中学校に在学しているもので、将来官立学校へ入学したく思っていますが、不幸にして私生子です。私生子は官立学校に入る資格はないのでしょうか。私は私生子という名の下、生涯恥に苦しまなければならぬでしょうか。

（T生）

男子優先の社会では、出生した子は男子の血統を承け継いだ「家」の承継者として予定され、男子の血統をもたない私生子は社会の片隅に追いやられてしまった。男の子については「家」の承継が中核に置かれ、私生子が「家」の中に入るためには、父親に認知されて庶子としての身分を取得しなければならない。「家」に入れなかった私生子は、「家」以外の社会でさまざまの差別を受ける。

次の相談も、兄が私生子の弟の将来を案じて、私生子は社会的にどんな処遇を受けるかを尋ねたものである。

一九二二年一月十三日「読売新聞」「よみうり婦人欄」「身の上相談」

私の末の弟は私生児となっていますが、本人の将来を考えると何となく不利な道をたどらねばならぬのであるまいかと心配しています。私生児は社会ではどんな風に待遇されるのでしょうか。他の嫡出子と同様にその才能や人物に相応した公平な待遇を受け得られるでしょうか。（麴町心配生）

「記者」は次のように答える。「現行の戸籍法の不完全なために、私生子といえば一般社会はただわけもなく卑しめるような傾向がありますが、時代の進歩とともにこの欠点は除かれると思います。また今は多少侮辱されてはいても、べつに私生子なるが故に社会から特別の迫害を受けたり冷遇されたりすることはありません。弟さんも将来においてその手腕なり才能なり人物なりの如何によって、相当の出世もできようし、人から尊敬を払われることも至難ではありませんから、この一事を以てはなはだしく悲観するにも及びますまい。もっとも私生子が嫡出子に比しすべての点に損な立場にあるのは詮方なき次第ですから、でき得ることならば父に認知して貰って父の籍に入れ、庶子とされたがよろしいと思います」

他の「東京朝日新聞」の投書欄の「鉄箒」にも、私生子本人から社会的に多くの差別を受けていることについての、あからさまな意見が載っている。

一九二六年一月三十一日「東京朝日新聞」「鉄箒」「私生児」

法律の上で親のない児は私生児となっている。私もその一人だ。世の中には私と同じようにずいぶんたくさんの私生児が存在しているだろう。私はいま身の不幸に泣いている。社会の多くの人から妾をよせと叫ばる度にゾッとする。この間ある役所に勤めようと思って志願したら、はねつけられた。私には年頃の妹が一人有るが、だれもこれを嫁に世話してくれる者がない。可哀想でたまらぬ。女だけにいろいろの思いにふけり、身の不幸かこう様見ておられぬ。

昔、平重盛は忠と孝との間に進退きわまったことを嘆いた。私も現在毎日見ている父がうらめしい。また一方母もうらめしくなる時もある。これはいったいどちらの罪だろう。あるいはこういう制度を有する社会の罪か、私も二十三だ。一日おき位に来て寝泊まりして帰って行く父が、何だかうらめしいような気がしてならぬ。

しかし妾を持った名士も世には多いそうな。先頃も審議会とやらで私生児の名称を廃止しようとの議論も出たそうだが、それはただ文字の上のことで、私は依然として事実上の私生児だ。父の家にも大きな子どもが七、八人も有って庶子にしてくれぬ。公公然と両親を持つ子は実に幸福だ。いかなる生活をしようとも今の私の望みはただこれだけだ。

私生児をもつ親たちよ。お前らは色欲の盛時は満足するであろうが、丁年《ていねん》以上に達して身の素性を知るに及んだ私たちのように、ひそかに親を怨む者多々有ることをさとってもらいたい。

(不幸生)

この投書に同情する次のような投書が掲載されている。

一九二六年二月六日「東京朝日新聞」「鉄箒」「私生児の嘆きし不幸生に同情して」

私生児！　何と情けない文字でしょう。私はこの文字を見るたびにギクリとします。そして泣かされます。それほど私には痛切に感ずるのです。子どもには少しも罪はありません。そして苦しむは子どもです。親の因果が子に酬いとは、この間の消息を申すのでしょうか。決して社会の罪でも無ければ、制度の罪でもありません。私は不倫な不品行な不道徳な性欲の奴の親の罪と存じます。

世の中には私たちのような境遇に泣かされている人が幾万人あるか知れません。私はこうした悪因縁によってできた幼児を見るとき、泣かずにはいられません。罪なき無邪気な児が喜々として遊んでいる時、どうして涙無しに見られましょう。いまに十年か二十年もたてば、あの子らも必ず親を憎む時は来るでしょう。気の毒なことだといつも思います。

私は私生児なるが故に今日までどのくらい苦労したか知れません。中学の願書提出の時、寄留の時、大学入学の時、一年志願の時、何につけても私生児と書かれるのです。そしてその度ごとに人に見られぬようにするその苦労は、私生児の身でなければ味わい得ないところです。私は私生児なるが故に、どのくらい今日まで苦しんでいるか知れません。

芝居や活動写真へうれしそうに両親に連れられていく子どもを見るとき、どんなに恨めしいか知れません。私は今日まで「お父さん」と呼んだことは一度もありません。そしてお父さんは私が十五歳の時まで生きていたのに、私はとうとう知らずになくなってしまいました。私は「お母さん」と呼んだことは一度もありません。母は私の幼少の時、お母さんと呼ぶなと言ったからです。私は十歳の時ある事情のために母の側を離れ、十七年間異郷の空で苦学しました。そうして今はようやく母を養い得る程度になりました。しかるに母と一緒になってみれば、母性愛はありません。冷血無情です。慈悲もなければ涙もありません。こうして日々泣かされる多くの私生児のあることを知ったとき、世の不品行な、間違ったお考えの男女方は反省していただきたいのです。（無な子）

翌二月七日の「東京朝日新聞」はこれら二つの投書の私生児の深刻な境遇に同情する多数の投書が寄せられたと報じ、「年々生まれる八万の私生児のなげき――社会と法律の欠陥から罪のないのに虐げられる一生！――本紙鉄箒に投げられた」という見出しで、みずからは罪も責任もない私生子たちが人知れない苦悩と侮辱を受けていることを伝える。

たしかに、前年五月十九日、法制審議会総会が開催され、「私生子ノ名称ハ之ヲ廃スルコト」（第一九）が決定されている（一九二五年五月三十日「東京朝日新聞」）。しかし、投書した私生子本人が述べているように、法律上の名称は変わったとしても、その惨めさは変わらない。一九二六年、法制審議会委員の穂積重遠教授が私生子の名称の廃止になった経緯を、次のように述べている（一九二六年二月七日「東京朝日新聞」）。

「日本では昔は血統を重んずる傾向から私生児でも父の血統に依って尊重されてきたが、しかしこれは女や子の方からは父の認知ができぬことであった。ついで現在の民法に至りようやく女や子からも認知ができることとなり、さらに最近は正当な婚姻尊重の傾向から私生児をいやしむ結果が生まれつつあるので、ここに法制審議会ではこの結果を憂慮してあの案を可決したのである」「日本の最近の私生児問題というのは、一つには正式に結婚式をあげても届出がないことから法律上の権利を得られぬというのが多く、これに対する改善の方法はまず実質上の夫婦を尊重し私生児を少なくすること、他はかの私生児なる名称廃止論で、親族近隣の者が夫婦と決めれば正式の婚姻と見なし、私生児の名称のみならず庶子の名も永久に廃する方が適当だとさえ、私は考えている」

統計局の調査によると一九二三年の私生子数は全国で七万九〇五〇人で、翌年は七万三六三二人であるとされている（前掲一九二六年二月七日「東京朝日新聞」）。同紙も、これらがすべて「私生児の嘆き」に述べられているような、妾の関係の下に出生した父のない暗い惨めな境遇の下に生まれた子とみることもできないと言い、「結婚しても届出を遅らせたり、家庭的事情の下に戸籍面上のみの私生児も少なくない」と述べ、大正末になって徐々に私生子の実情が変わってきていることを伝えている。穂積博士の談話にもあるような実態が述べられているように思われる。

一九三七（昭和十二）年、京都帝大教授、刑法学者瀧川幸辰（一八九一―一九六二）は「文藝春秋」一五巻二号（一九三七年二月）で「私生子論――母子保護法案に関連して」を論ずる。この論文には、私生子の歴史は「転落の歴史であり、迫害の歴史である」という有名な語句が載っているが、その結論は「私生子に何の罪があろう。父母が婚姻していないことは父母の過失――これを過失といい得るとすれば――であって、子の関知するところではない。父母の過失の責任を何の罪もない子に負担させることは残酷のきわみである」と言う。この中でも、私生子の増加は世界共通の現象であるがわが国の現状は特殊なものがあると、次の指摘をする。

「男女が同棲しながらも、あるいは戸主であるが故に法定の推定家督相続人であるが故に、あるいは家風に合わぬとか姑の気にいらぬとかいう理由のために、婚姻の届出ができずやむを得ず生まれた子を私生子としておく者も少なくないのである」。このように「家」制度、その他の理由で私生子にならざるをえないケースもあって、昭和十年頃、私生子数を減少させるには、事実上結婚生活をしていながら届出をしない内縁関係を解消させ、届出をさせることが重要ではないかと主張している。

一九三九年八月二十六日「読売新聞」「婦人」で、私生児問題の解決には内縁解消が先決と言い、内縁の実態を伝える。東京本所の某社会事業団体が調査した三四六組の夫婦で、戸籍上結婚届を済ませた夫婦は二七五組、事実上夫婦生活を営んでいながら届出をせず内縁関係を続ける夫婦が七十一組で、約二〇パーセントもある。京都警察署が調査した一七二組の内縁夫婦について、その原因の結婚の届出をしない理由として、男女双方が戸主または相続人のため入籍ができないのが一番多く五十組、何気なく怠慢により届出をしないのが四十組、両親の戸主が承認しないのが二十二組、妻の出産までというのが十四組、夫婦不和のため四組、届出の手続きが面倒という者（寄留者に多い）が六組、男を信用せぬためが五組、男の行方不明が一組、同意者の戸主（両親）の行方不明のためが三組、女が年上のためが四組、前夫との関係が未解決のためが一組、前婚解消後六カ月経たないためが一組、妻の実家が幼児ばかりのためが一組、その他が十六組である。これらをみても、私生子の発生の原因である届出をしない内縁の実態は多様であって、妾関係のために出生した子どもが私生子にとどまるというものだけではない。

一九三一年、柳田国男は「明治大正史・世相編」の中で次第に内縁が増加してきた原因について特別の考察をする。[1] 最初は、親の同意を得にくく入籍を断念して事実上夫婦になっている者、事実上の夫婦で法律上の手続きが必要だとは知らない者が主であったが、さらに内縁の増加の原因として、女性が物を持っているとか芸ができるとかで籍に入らなくても生活の不安はなく、男にすがりついていなくても自ら頼むところができたことである点を挙げる。

日本も昭和十年前後から戦時体制に入った。戦時体制では、人間、とくに子どもは人的資源として重視される。私生子も例外ではなく、このような理由で、私生子も優遇された。一九三九年一月三十日の「読売新聞」「婦人」では、「人的資源強化を叫ぶ世界――私生子を健康に明るく育てましょう」というタイトルの下に、「新東亜の建設に人的資源の強化、増加が要請されているところから、東京市社会局では暗い運命の下に生まれた私生子を明るく健康に育てるために、『独立乳児院』を建設することになった」と伝える。子どもの中の私生子は戦時体制では優遇されたが、けっして私生子の人権の擁護の結果ではない。

一九四二年、第二次大戦の真っ直中で、「民法中改正法律」（法第七号）により、民法、戸籍法および法例の法文中「私生子」という名称を削除して「嫡出ニ非ザル子」に改めた。このように私生子は最後まで、その権利の擁護ではなく「家」制度とか国家の目的のために利用される、悲しい運命を担わされた。

（1）柳田国男、前掲『柳田国男全集』二六巻、筑摩書房（ちくま文庫）二三九―二四一頁。

戦争と家族

有地　亨

武運長久を祈る裸参の青年たち。福岡県久留米市・高良神社、1937（昭和12）年（写真提供・平原健二氏)。戦争の影響は、家庭内のすみずみまで浸透した。生と死が背中合わせの非日常的な体験から、家庭の中にもこれまで見られないような特殊な人間関係が生まれた。

戦時体制下の家族観

昭和に入って、日本の政治情勢はきわめて不安定で、一九二八（昭和三）年三月いわゆる三・一五事件が生じ、翌月には特別高等警察が設置され、六月四日には張作霖爆死事件が発生し、一九三一年九月十八日満州事変が勃発、翌年には五・一五事件などつぎつぎと国民を戦時体制へと導く準備が整えられつつあった。国民の自由な思想は弾圧され、デモクラシーは後退を余儀なくされ、ファシズムが台頭し、日本は軍国主義一色に塗りつぶされ、急速に戦時体制へと突入していった。

元東大総長大河内一男（一九〇五―一九八四）は一九三一年、満州事変が発生した当時を振り返り、満州事変の勃発と同時に日本国内の雰囲気が一変し、その前と後とでは新聞論調、雑誌の編集方針、議会内の論議、世上の公開講演でもがらりと変わったと、次のように言って慨嘆する。(1)

「事件の勃発と同時に日本国内の雰囲気ががらりと変わり、右翼団体の人もなげな行動がはじまりこれと併行して国家主義的思想が天皇制とむすびつきながら急激に勢力を得はじめるようになりました。大正中期の『大正デモクラシー』からほんの数年しか経っていないのですから、華々しかったデモクラシーや『民本主義』の運動も結局根が浅かったと言うべきなのでしょうか、それとも日本人の節操がない『事大主義』の結果と言うべきなのでしょうか」

評論家安田武（一九二二―一九八六）も同じ時期について、民衆はこれまでメーデーの行進にさえただ何となく喝采を送っていたが、この時にクルリと背中をめぐらして、満州問題の成り行きに熱狂したと驚いている。そして日本のインテリ層や左翼が沈黙し静観の態度をとっただけでなく、民衆は歓呼をもって「侵略」を支持したと回顧する(2)。

当時のインテリ層は、「帝国主義的侵略戦争反対」あるいは「冷静傍観」どころか、丸善の洋書部によると、左翼のものはテンデ買わず、反対にファッショものがよく買われたというのである。インテリ層にしてかくのとおりであった。国民が熱狂し歓呼の声をあげ「侵略」を支持したのだった。

詩人金子光晴は自伝の『詩人』の中で、日中戦争が泥沼に陥り、戦時体制に日本全体が急傾斜していった状況について、大正時代のインテリがいつのまにかはっきりした理由もなく突き進んでいくのを見て、外国から帰ってきて呆然とするばかりだったと、次のように言う(3)。

「だがその当時から、僕としてはどうしても腑におちないことが一つあった。内心はともかくとしてたとえ表面のことだけとしても、昭和七、八年頃までの日本人のなかにはたくさんのインテリと称するものがいて、世界共通な人間的正義感を表にかざして自由解放を口にしていたのが、いかに暴力的な軍の圧力下とは言え、あんなにみごとに旗色を変えて、諾々として一つの方向に就いてながれ出したということは、十年近くも日本をはなれてかえってきた僕には了解できないことであった。明治の日本人が、わずか一銭の運賃値上げに反対し、交番を焼き討ちした血の気の多さが、今日、こんな無気力、奴隷的な、なんの抵抗もできない民衆になりはてたということを、そんなに取り立てて不思議におもうのは、昭和のはじまりからのとくに発達してきた大機構の重圧の下に、我々国民が全くスポイルされてきた経緯を、不在のために僕がいっしょに味わい理解する機会をえられなかったからであろう。

戦争がすすむに従って知人、友人たちの意見のうえに、国民教育の反応が如実にあらわれてくるのをみて、僕は呆然とした。ちょうど外来の思想が根のない借り物で、いまふたたび小学校で教えられた昔の単純な考えにもどって、人々がふるさとにでもかえりついたようにほっとしている顔をながめて、僕は迷わざるをえなくなった」

金子の認識はまさに正しい。昭和の初め頃までは多くのインテリが世界共通の人間的正義感や自由解放論を唱えていたものが、軍の圧力があったとはいえ、なぜ唯々諾々と侵略を支持しなんらの抵抗をも示さなくなったのか、金子は自分の不在の時期に日本人はよほどスポイルされたに違いないと推測する。

大河内、安田、金子にしても、いずれも昭和の初めから満州事変のわずか五、六年の間に日本の状況は一変したという認識で一致している。警察による思想の弾圧、軍部の暴力的圧力などが、国民に強力に働きかけたのも事実であろうが、なぜこのような大きな転換が苦もなくなされたのか不思議である。金子は、転換した日本人が「昔の単純な考えにもどって、人々がふるさとにでもかえりついたようにほっとしている顔をながめて、僕は迷わざるをえなくなった」と述懐しているが、さしたる理由もなく大きく左右に揺れ動く日本人の精神構造について、この歴史的事実を検証してじっくり検討をする必要がある。

(1) 大河内一男『暗い谷間の自伝』中公新書、一九七九年、一一三頁。
(2) 安田武『昭和東京私史』新潮社、一九八二年、六一―六三頁。
(3) 金子光晴「詩人」『金子光晴全集』第六巻、中央公論社、一九七六年、一九五頁。

戦時体制下の家族論

戦時体制下で、民衆の間では比較的自由にものを言うことができたとしても、それは非常に限られた範囲の自由でしかなかったと思われる。そのような限定があるにしても、幾人かの人々が家族論を展開している。

経済学者大熊信行（一八九三―一九七七）は一九四二（昭和十七）年の「婦人公論」三月号に「戦時下の結婚道徳」を載せて、次のように言う[1]。

「結婚生活における性愛の真の構造は、それが単なる官能にとどまりがたく、単なる個人的な情愛にもとどまりがたいところに始まる。情感も官能もそれだけとしてはとどまりがたく、それらを貫いて一つの偉大な自覚が、男女に魂を与えなければならない。この偉大なる行為の自己直視は、もっとも直接には生命の創造にかかわるものであるが、しかしいっそう具体的には『家』の形成に、――そして『家』の形成をとおしてまさしく民族の形成にかかわるのである」

すでに見たように、昭和の初めまでに夫婦間や男女間の愛情が個別的に確立し、それぞれが主体性をもって愛情を交流する状態には至っていない。ところが、日本が戦時体制下になるとたちまち愛情は単なる官能的、個人的な愛情から脱却して、生命の創造、「家」の形成にかかわることを自覚して、「家」を越え、さらに民族の形成にかかわることを認識すべしと言う。神がかり的な抽象論で、せっかく形成されつつあった愛情の芽を摘み取り、雲散霧消させる効果しかない理論である。

社会学者樺俊雄（一九〇四―一九八〇）も、一九四二年の「婦人公論」七月号の「愛情の倫理」で大熊とほぼ同じように次のように言う[2]。

「愛情の問題に限らず、すべての問題が大東亜戦争の発生とともに、当然進むべく定められている新しい相貌を現しだしたと私は考えるものである。では、その新しい相貌は何かというと、近代社会が作り出した個人主義的立場からの脱却ということである。……世界史的転換が行われようとしている現在、しかもその転換を積極的に指導しようとしているわが国においては、女性の愛情の現れ方のごときものもこれまでのままであってよいという訳はない。……女性の愛情の現れ方が個人的立場に立っているということなども、今は改めて考え直さるべきではないかと思われるのである。……女性が従来の個人的立場から民族的立場へ、あるいは家族利己主義の立場から国際的立場へ転換することによって、新しい家庭生活のあり方、新しい女性の教養ないしはたしなみも現れてくるのである」

村上信彦は「もっとも個人的な性質の恋愛に、個人的立場から脱却せよと言われたら、恋愛などできっこない。個人的立場をはなれた恋愛などあるものではなく、要するにむりを言っているのだ」と評する。愛情、恋愛、結婚そのものも拡散され、これらはすべて個人的問題として片付けられ、個人的な事柄は国家、民族に解消してしまうという乱暴な議論が平然と行われ怪しまれなかった。

もう一つの戦時体制下の家族論は、家族が国家的細胞を構成し、国家体制の中に組み込まれた国防の単位であることに注目し、そのような家族が十分な機能を果たすには、女性は家庭に戻って銃後の家庭を守れと主張されるようになる。

一九三二年十二月三日、徳富蘇峰（一八六三―一九五七、評論家）が「大阪毎日新聞」に「国防から見たる家族制度」を論じ、家族をもって国家の国防的単位たらしむ必要があると、次のように言う。

「各個の家族が国家的細胞として、よくその機能を活動せしむるからだ。我らはここにおいてわが国家族制度の大なる強みを見出す。……家族の大黒柱ともいうべき女性は、ほとんど家庭生活の外にはい出すをもって女性の解放と心得るに至る。かくては何人がよく家を保ち、家を守るべき」。女性は家庭に帰って国防の国家的単位である家庭を守れという主張である。

一九四一年頃から、戦時体制の強化の一つとして働くことができる男性はほとんど戦場に出かけたため、女性に家庭の守護を任務とし、婦人の組織化が積極的になされた。同年一月、第七十六議会の衆議院で愛国婦人会、国防婦人会、連合婦人会を統合する「婦人団体一元化に関する建議」が提出された。翌年二月二日には、大日本婦人会が発足する。その目的は「世界に比類なき日本婦道を根底とした修養と訓練二つをかねた団体」とすることにあった。その「日本婦道」というのは、「家庭の中の任務を完遂することだ、家庭を放り出しておいて銃後のご奉公も何もあったものではない」（田中隆吉兵務局長）と説明する。(3) 国防のために婦人をして家庭を守らせることをねらった組織化である。

杉靖三郎（一九〇六―二〇〇二、医学評論家）は、一九四三年三月「国民精神文化」九巻三号（一九二一―一九三頁）に「家と女性」を載せ、日本婦道と日本の家の独自性を主張し、個人主義、社会主義、能率主義は家を破滅させると説く。

「この頃はまたいわゆる目覚めた女性が『家は自我功利の巣窟である』とか、『家を外にして社会で働け』とか、『いちいち保育などするのは非能率的である』とか言って、『家』を否定しようとしているのを目や耳にするのであります。私はその度におそろしいことだと思います。……このような個人主義や、社会主義や、能率主義などから『家』を考えることは、『家』を破滅せしめ、日本婦道を絶やす危険な考え方であります。共同炊事や保育問題などもただ便宜や経済的なことからだけでなく、どこまでも『家』の生活の延長として取り扱いたいものです。……私たちは、知らず知らずのうちに欧米思想の病魔にとりつかれているのです。『家』を考える場合にも深く反省して、本当の日本の姿を見極めるのでなければなりません」

『家』は『うち』であろう。『家』の外は世間であります。『うち』において個人的なあらゆる区別は消滅するのであって、すべては『うちの者』であり『うちの物』であります。これは西洋の家が個人の巣窟であるのとは根本的に違うのであって、それは家屋の構造からも言えるのであります。わが国の『家』の部屋は戸締まりもなにもないのでありますが、西洋の家では親兄弟の部屋はみなそれぞれ別々な錠前と鍵とで区別されています。……そのように厳重に家族の一人一人が隔てられている個人主義的な家の悲哀を思わねばなりません」

杉は欧米の家族が個人主義でバラバラであるのに対し、わが国の「家」では自分も他者も分け隔てなくすべては「うちの者」「うちの物」で、比類なき親しみと仲のよい状況とは比較にならないと、わが国の「家」の独自性を賛美する。しかしながら、アリエスによって明らかにされたように、十六世紀以前の西欧の家屋構造は杉の言うわが国の家屋構造と同じであって、わが国独自のものではない。

（1）村上信彦『近代日本の恋愛観』理論社、一九七四年、一三八頁。
（2）同右、一三九頁。
（3）藤井忠俊『国防婦人会』岩波新書、一九八五年、二〇四頁。

戦時体制下の家族のきずな

夫と妻

戦争の影響は家族内のすみずみまで浸透し、夫婦関係についても平時とは違った様相を呈した。それは内地の家族にとって、夫にいつ召集令状が来るか分からないし、また夫婦のいずれかが空襲や爆撃でいつ死亡するか分からないという、生と死が背中合わせの、非日常的な体験から生まれた特殊な人間関係が維持された。夫＝父が戦地に行っている場合、残された妻や子などの家族にとっては、夫＝父の無事を祈る以外にはなすすべもない状態である。

すでに見たように、強力な家族国家観の下に個人はもちろん個々の家族も国家に統合され、それに適合した家族秩序や家族道徳が強調され、これらから外れた家族内の諸関係は抑制、禁圧された。夫が出征している留守家族は銃後の家族と称され、妻の手によって守られる健気さだけが称揚され、それを乱す男女関係や親子関係は抑圧、排斥された。

他方、戦時体制下の厳しい統制の下に置かれた家族は、平時には見られない夫婦、親子の家族構成員の人間関係の側面が現れ、夫婦間でも赤裸々な愛情が吐露され、相互の愛情がより深まり、その結びつきが強化されるという面もあった[1]。

岩手県のある農村の戦争未亡人の生活記録を綴った『あの人は帰ってこなかった』を編集した大牟羅良は、戦時中の夫婦関係と称されるものは平時とは比較にならないほど愛情の深まった時代だったと、次のように述べている[2]。

「農村の場合、親のとりきめですぐの隣家へ嫁入って、新婚旅行などもちろんなく、結婚の翌日には土間で藁打している、といった状態をみるにつけ、結婚の感激などどこにあろう、こうした中で夫婦の愛情というものが芽生えてゆくものであろうか、と疑ったものでした。こういう疑いはおそらく私の偏見に過ぎないとは思うのですが、こと戦時中における夫婦の場合は、そういう疑いの余地すらないほど、愛情が深まりをみていた時期だったといえるかと思います。……何故戦時中の夫婦関係は平時とはちがっていたのか、いうまでもなく、いつ召集令状が舞いこまぬとも限らぬ状況下では、明日が永遠の別れになるかも知れぬ二人にとって、その一日一日が夫婦としてのかけがえのない一日一日だったはずですし、そこにお互いのいたわりと愛情が深まって行ったであろうことは、疑う余地のないことに思えるからです」

大牟羅は、ある山深い農村で、ある戦争未亡人が話していたことだとして、次のような話を聞かされたと紹介する。

夫の出征が明日だという晩のこと、夫と二人きりになった時「おめェさん、まめしくて（丈夫で）帰って来てけねェや（くださいね）」というと、夫は「おめェも体大切にして元気でいろやな、な、俺きっと元気で帰って来るから……」「ハイ、おめェさん、オレのところ好きだっか？ 好きだったら、おめェに惚れてるって一言いってけねェや」夫は何度も「うん、俺、おめェに惚れてるじェ、惚れてるじェ！」こう言ってくれたったー。こういう話でした。きっとその未亡人には、その出征の前の晩交わした言葉と、そして翌日りりしい軍服姿で旅立った夫のことが、何時までも忘れ去ることのできないものとなっているのでしょう。しかし私は、こうした夫への愛情を語る言葉を直接にはほとんど耳にすることができませんでした。親子間の愛情は綿々と語り得ても、夫への愛情を語ることはのろけとしてしか受け取らない日本的な風土故に、とくにそれが農村には強いからなのかも知れません。それだけに控え目に語る言葉の中に夫への強い思慕の情がかくされているかに思えるのです。

戦場の夫から妻への手紙は検閲のために、妻への愛情が綿々と述べられているものは非常に少ない。次の戦没農民兵士の書簡は数少ないもののひとつであろう。佐々木徳三郎は陸軍軍曹、秋田県の自作農の長男で、二十九歳のときに妻と子ども三人を残して、一九三八（昭和十三）年三月十六日、北支山西省方面で戦死した。この北から妻キミ宛の手紙の一節には次のように書かれている。(3)

この自分がみている月をやはり内地で君子も部屋のどこかで見ているだろうと思えば、しっかり抱かれた君子の身体のやわらかさが感ぜられる様です。甘いくちづけのうっとりした気持ちも今はただ思い出のうつつか、夜半、土の冷たさと目覚めた時の味っけなさ、天幕をはい出して君達の健康を祈ったことも幾晩かありました。

はるかに遠くはなれた戦場で、夫は妻に対する思いを率直に手紙に託している。この手紙の中には、平常であれば夫婦間でも交わすことのない会話を垣間見ることができる。

戦時下の結婚式も簡略に行われ、しかも男性が時間的余裕がないなどのために、見合をすると交際する時間もなく、あわただしく挙式するという、今日では考えられないような結婚もあった。恋愛結婚か見合結婚かの是非があれこれ論議されていたが、そのようなことが戦時体制のためにまったく意味をもたなくなる事態も生じた。婚約中の男性に召集令状がきて急遽入隊するようになって、あわてて挙式、結婚する例もあった。次がそのようなケースである。(4)

一九二〇（大正九）年生まれの女性は一九四一年十二月、神戸女子薬学専門学校を繰り上げ卒業し、二十四歳になり結婚式を十日後に控えた一九四四年四月十六日、銀行に勤める婚約者に召集令状がきたので、急遽、式を二日後に変更し十八日に家族だけでささやかな結婚式を挙げた。二十一日の朝入隊するまでの三日間、「彼との会話は今でも全部覚えている。それほど二人だけの会話は少なかったのである。誰も二人だけの時間など作ってくれなかった。悔しかったけれど勤務先の残務整理、壮行会、親類縁者との送別会、挨拶とすべて公の行事の方が大切だったのである」。

その夫もその七月にサイパンに行き戦死したのであるが、夫が出征した留守宅では「舅、姑、義弟と私五人の生活が始まった。夫のいない家であっても、嫁としての義務は精一杯果たさなければならない。姑の教えを受けながら、掃除、食事、加えて防空訓練、隣組の仕事はすべて私の仕事となった」「そんな中で、婚家先の生活はつらかった。毎日泣きたくなる事ばかりであった。しかし、舅、姑の前では泣けない。私が泣けるのは、お風呂に入っている時だけである。お風呂上がりは、少々目が赤くなっていても気付かれることはない」。

妻はたった三日間の婚姻生活だけで、夫の「いえ」に入り、その成員として義父母に仕え、家事労働その他一切の仕事をすることが期待されている。妻は夫がいないにもかかわらず、実家に帰ることも許されず、まったく他人の中で嫁としての仕事をしなければならないという、異常な状況に置かれている。

応召された夫も、平素では考えられないような病床の妻と死の別れをしなければならなかった。太平洋戦争で日本のガダルカナルの惨敗が伝えられる頃、作曲家小倉朗は結婚した(5)。新世帯を鎌倉に構えたが、結婚して二カ月の後、妻が突然喀血する。精密検査を終え調布大塚の家に戻ると床についたが、咳は激しく、痰をふいた紙にはべったりと鮮血がついていた。検査の結果は楽観からほど遠かった。そのまま食糧事情が悪化していく戦時下の闘病生活に入っていった。妻が病床についてからほぼ一年目、軍から召集令状が届いた。終戦のちょうど一年前の入隊である。

小倉は相模野航空隊に一等水兵として入隊してすぐの二月の終わり、妻の危篤を知らせる電話を受ける。「直ちに特別休暇をもらって家に走る。……案内されてすぐ妻の病室に入る。妻は顔を伏せてただ声もなく泣いた。かつての黒髪は、赤く、細く、いたずらに泣き崩れる妻の頭で、いつまでも震え続けた。声をかけた。だが、語りかける言葉をすべて空しいと感じた。……許された僅かな滞在期間を終えて妻とわかれる。わかれに際して、缶詰の『みつ豆』――貴重品だった――をあけて、スプーンで少しずつ妻の口に入れた。『行っちゃ嫌ー』かすれた声で妻は結婚して初めての『我がまま』をいった。再会はもうないだろう……。妻の病状とも戦争ともかかわりなく、自然は着実に春に移行していく」

三月、「突然病棟から僕を認めて看護婦が駆けよってきた。『小倉一水！　奥さんが亡くなったという電話がありました……お気の毒に……』顔を伏せてそういう看護婦の言葉が嘘のようだった。こんな美しい日に、人が死んでいくとはとても信じられなかった」「特別休暇をもらって家に駆けつける。……妻のなきがらはえんじの地に花の裾模様の振り袖を着せられ、顔に化粧が施してあった。……翌日、雇ってきたリヤカー引きのおじさんに託してひつぎを火葬場に運んだ――自動車は、民間人の手には届かなくなっている」。

出征して内地にいる夫すら、このような異常な状態で妻の死を迎える。妻の死に目に会えなかったけれども、帰れただけでもよかったのかもしれない。夫も妻も親も戦争ということで、人間性を喪失した異常な事態に追い込まれる。

戦争という特殊な心理状態が「いえ」が存在している生活状況の中で、戦地に行った夫と内地にいる妻とのきずなを切断させ、妻に過酷な生活を強いる異常の状態が生ずる場合がある。夫を戦場に送った妻がしゅうとによって犯されそうになり、そのことを知った戦地の夫からの抗議の手紙を、村の婦人会長が受け取るという事件があった。(6)

岩手県の小山村で、国防婦人会会長伊藤まつを の許に、戦地の出征兵士から一通の軍事郵便が届いた。「『銃後のことは引き受けた』など大言壮語していた婦人会長伊藤まつを殿は、いったいなにをしているのだ……」という叱責の手紙である。それは「粟まき」というしゅうとが息子の嫁を犯すことで（粟は麦畑の畝と畝との間に種をおろして作るもので、このことから前の種の間と間に別の種をつける意味から言われているもの）、その「粟まき」がアチコチで起こっているということを聞いての抗議である。

私は「粟まき」のことは知っていたし、それがあるらしいことは耳にしていたが、信じなかった。いや信じたくなかった。ところが、右の抗議の手紙があって後、そのことを心配する手紙がつぎつぎと届き、「〇〇子を頼む、よろしく頼む」などとくりかえし夫が訴えているのであった。さらに一通の手紙が届いた。

「……自分にはもはや妻はない。妻はあってももう自分の妻ではない。今はなにをか望もう。生きて帰ったとてなにになろう。望みのないわが命は、ただこの戦場の露と消えさるのみ……」

私は赤いスタンプのついた軍事郵便を手に、その家に走った。……「これ息子さんからのおたよりです。どうぞ読んでみて下さい」と行って、二、三の意見を言って「では、また参ります」と言って家を出た。翌朝早々にまた訪ねた。

「息子さんにお返事できましたけど、宛先がわからないので、あの手紙いただきに上がりました」

「なんて書きあした?! 息子のばかたれ、なだりかだり（なんだりかんだり）書きやがって、こんどこっちから少しとっちめてやらなけりゃ」

「あ、止めてくなえ（止めてください）、止めてくなえ、私がよいように元気をつけるよう書きあしたから……」

「なにくたばったってかまえあせん」「そんなことといわないで下さい」

その頃、寄るとさわると噂の中心となった若妻が目を赤く泣きはらして、深夜にこっそりと私を訪ねてきた。

会長さん、私なじょにすれば（どうすれば）よがすべ。お父さんのいうこときかなければ、あの家におられながす。お父さん、常にはとってもよい人だけれど、悪い心ではじめると、まるで目つきまで悪くなって、おっかなくておっかなくて。ゆうべなど、お母さんばむりやり部落常会にだしてやって、自分もよそに用あるふりして、ちょっと出かけたと思ったらすぐ帰ってきて、電灯の安全器を切って家のなか真っ暗にしたのっしゃ。私それですぐ外に逃げだしてお母さんの帰るのを待ちあしたの。そのうちにお母さんが別の道を帰ったか、ちょっと電灯がついたようだったけども、私とうとう家に入りそびれて……、それにもしお母さんが帰っていなければ私、おっかなくて入れながすの……」と言って、わっと泣いてしまった。

こんな事件は一つや二つではなく、心労のあまり病気になったり、あるいはついに不縁となってしまう嫁もいた。なかには嫁としゅうとがよくなって、幾十年つれそった糟糠の妻がじゃま者扱いされているケースもあった。

戦時下の異常な状態で、このようないびつな人間関係が農村では散見されたといわれる。農村の「いえ」では、親夫婦とあととりの息子夫婦が同居しているのが一般的で、その息子が召集されて抜けてしまった留守家族の中で、依然として家長にとどまって采配を振るうしゅうとと息子の嫁との間柄で、嫁はしゅうとの要求を拒否すれば、その「いえ」には居られないという苦しい立場に置かれている。しゅうとは嫁の弱い立場を利用しての仕打ちである。しゅうとは戦地の夫と内地の妻との間の夫婦のきずなをあえて分断するような行為を、恥じらいもなくするのである。

農村に残された多くの戦争未亡人に関しても、問題が生じている。戦争未亡人は亡夫の親の手助けをしながら、子育てをし農業にいそしむのだが、そのような空閨に耐えながら働く主婦に対して、村人は暖かい目で庇護するどころか、非情にも嘲笑を浴びせる。

岩手県和賀郡横川目村の一部落の戦争未亡人の記録がある。(7) 小原こめさんは一九三七年、夫小原清止さんが召集され、翌年二月、北支で戦病死し、こめさんはずっと未亡人で通し一男一女を育てた。この部落でははやい夫の戦死であったが、こめさんは次のように述懐する。

この前もおなご達集った時、「二十何年もいっこうその気（男女のこと）起きなかったかヤー」って馬鹿にされて（冗談いわれて）、「オレだっておなごだャ」って笑い返したったけど、今までにあの人の夢をなんべん見たか知れないいて。あの人がオレの側にちゃんと寝ている夢なんだナス。オレ、ハ、皆さそのこと冗談みてにいって聞かせてやったども ス。「オレいい親父（夫）もったから親父の夢ばかり見てよ。それでも夢ばかりでな。そばさ親父（夫）寝ていてオレなんぼ手出してもいっこう親父手出さねえもんだ」といったら、みんな大笑いしたっけナ。オレ、ハ、別の男持ちたいと思ったこともなく生きて来たども、それでも、人間だって生きものだべーと思うナ。好きだとか、好かねェとか、そういうこと有ったって良いんではないかと思うナ。別れたから、死なれたから、外にそういうことしてハいけねてーなんていうことは言えないことだと思うんだがナ。そのことは戦争未亡人だからって何も変わりねェ。皆同じだと思うナ。「国から金をもらってるくせにー」っていう人あるべども、オレだったらその人たちさ、「誰、好きで戦争未亡人になったって。それでァお前その身になってみろ」といってヤリてェ気持ちだナ。

こめさんが言うように、戦争未亡人であろうとなかろうと、好きな人ができれば結婚してもよいし、もう自由に生きることが許されてよいはずである。戦時体制は、戦争未亡人に対して閉鎖的な農村社会で、戦争未亡人という特殊な名を被せ、人間性を殺して生きなければならない状態に追いやってしまった。そのような未亡人を救う途はなんら講じられなかった。

親と子

戦争という異常の事態は、親と子の関係についても平常では見られないきずなを露わにする。母親が死亡し、父親と十七歳と小学生の二人の娘が残されたが、その父親に突然召集令状が来て、父親と二人の娘は悲しい別れをする。[8]

豊橋市の向坂淑子は一九四四年秋、十カ月あまり病床に伏せっていた母親を亡くし、女学校を出たばかりの十七歳で、父親（一九〇〇年生まれ）と小学生の妹と、母親の遺骨を抱いて豊橋の土を踏んだのは一九四五年の元旦であった。召集の可能性はないと思っていた父親に召集令状が来て、五日後の六月十日に入隊するために豊橋駅に見送りに行った。

やがて汽車が入り、父がタラップに足をかけた。「頼むよ」と一言。私の目からこらえていた涙がほとばしった。妹の手は依然握りしめたまま、父の顔を食い入るように見つめたまま、涙はぬぐうまも惜しく落ちるにまかせ、黙って父を見つめる。「清子（妹）を頼んだよ」「お姉ちゃんの言うことをきくのだよ」そして汽車は動き出した。私は無言、手をあげた父も無言。手も振らず二人は手を握りあったまま泣いた。

戦争が突然、娘たちから父親を奪っていく。父親と娘たちの声も出ない、悲しい別れである。戦死した息子に対する母親の思いは痛恨を極める。[9]

一九四五年三月、十四歳の「私」は東京空襲で焼け出され、父母と八歳と三歳の弟妹とともに、各自背負ったリュック一つの着の身着のままで、父親の姉の嫁ぎ先の山科の農家に落ち着き世話になった。寡黙な伯父、さっぱりした気性の伯母、よねさんという従姉の三人の世話になった。

四月に入った暖かった日、伯母一人を留守居に私たちはそろって畑に出掛けた。途中で、私は畑ものを入れるカゴがたりないのに気付き、家へ引き返した。敷地を横切って母屋に近づくと「オウオウ」という泣き声が聞こえ、思わず足を止めた。伯母のようだった。朗らかでいつも「アッハッハ」と豪快に笑っている伯母さんが泣く。恐る恐る近づくと伯母が仏壇に向かって泣いているのだった。この家では従姉（伯父伯母の娘）の夫は戦死、従兄（伯父伯母の息子）は中国で戦病死し、二人の息子を失っていた。伯母ははじめ読経をしていたのが、次第に息子への呼びかけに代わりおえつとなってしまったのだろう。そのうち伯母は「息子を返せ」と叫びだした。ふだんはがっしりした伯母の後ろ姿が、この時は妙に小さく弱々しく見えた。「ばか野郎め！　息子を返せ！」と繰り返し伯母は言っているのだ。はらわたをふりしぼるような声で、合間に号泣しながら、これはどうしたことか、名誉の軍国の母が――一瞬、日頃教え込まれていた通りに反応した私も、すぐ伯母の側に立って考え、伯母の気持になった。

息子が戦死した母親は、人前では〝軍国の母〟として振る舞うが、陰では息子の死をいたみ、なぜ死んだのかと号泣する。この二重の母親を使い分けるいたましい姿である。

東京の大空襲で母親と二人の妹が死亡し、父親と二人が残されたが、その父親が艦載機の襲撃により眼前で死亡するという悲劇に見舞われた娘がある。『ガラスのうさぎ』（金の星社、一八七七年）の作者高木（旧姓江井）

敏子は当時女学生であったが、目の前で父親が艦載機P51の機銃掃射に会い、頭部盲管銃創、胸部・足部の貫通銃創で即死し、ひとりぼっちになってしまった模様を次のように想起する。

高木敏子の母親と二人の妹は一九四四年三月九日夜の本所区（現墨田区）の大空襲によって焼死し、敏子と父親は家業の医療器具工場の再建のために新潟に向かって出発し、東海道二宮駅ホームで機銃掃射を受けたのだ。[10]

「お父さんどうしたの」と父の肩をゆすった。でも父の大きな体はびくとも動かない。父のこめかみあたりからどくどく血が流れている。青黒い顔をして、目はあいたまま返事をしない。父は死んだのかしら、そんなはずはない。私一人残して死ぬわけがない。私は下唇を痛い程かんだ。そうしていないと声を出して泣き出してしまいそうなのだ。でも、目はもういうことを聞いてくれない。目の底がカッと熱くなると涙があとからあとから出てきてしまう。泣くなんて恥ずかしいと思ってもどうしようもない。声を出さないようにするのが精一杯だ。あっちからこっちから「親が死んだらしいよ」「可哀そうに」「まだ子供なのに、だれかいないか」という声が聞こえてくる。私は自分の手をぐっとにぎりしめて、「私の父です。早く病院へ運んで下さい。お願いします。お願いします」と頼んだ。私は父をのせた戸板につきそって駆け足で病院に急いだ。

弔問客が帰って……同じ蚊帳の中に布団を二つ敷き、一つに父の遺体、もう一つに私が眠ることになった。私は父の遺体の顔にかぶせられている白い布をそっと取ってみた。その時、やっと二人きりになれた。でも父はもう物言わぬ人になってしまっていた。頭に巻かれた包帯の右のこめかみの辺りが赤黒く血がにじんでいる。父の死顔を見ていると改めて怒りと悲しみが胸にどっとこみあげてきた。何事もなければ今頃は父と新潟へ向かう夜行列車に乗っていたはずだ。だのにこんなことになるなんて誰が想像できたろう。兄たちだって戦地に行っていて生死が分からないというのに、なぜ私にばかりこのようなことが。神様、仏様って本当にこの世にいるのだろうか。ひどい、ひどい。そんな私から父をうばうなんて。いやだ、いやだ。私も死んじゃおう。そう思ったら涙があとからあとから出てきて、くやしくて大声で泣き出したかった。

戦争は非情にも、少女から母親、二人の妹を奪い、最後に残された父親までも奪ってしまうのである。少女は、神も仏もないと世を呪い、死までを決意させる。戦争は親子関係をずたずたにし、ついには子を孤独にしてしまう。痛ましい戦争の犠牲者である。

母親は出征するわが息子に対して、別れの言葉として「生きて帰ってこい」と呼びかけるが、残酷にもその息子の戦死の公報が届く。岐阜市の田中寿子（昭和九年生）は次のように母親と息子の別れの模様を伝える。(11)

一九四三年、おじに召集令状がきた。私が三年生になってまもなくである。カメラマンのおじは勤め先から引き揚げてきて、その夜は祖母と床を並べて寝た。

夜中、ただならぬ気配を夢うつつに感じて、目が覚めた。「いままでおまえには苦労ばっかりかけてすまなんだ。堪忍しておくれ。からだに気をつけて。かならず生きて帰ってこいャ」「シーッ。そんなこといったら、憲兵に踏みこまれる……」「おれは、つかまったってええ。軍国の母なんかあがめられんでもええ。なあ、薫。よう聞け。おれが思うに、どう考えても、この戦は勝ち目がない。むざむざ大事なおまえを犬死にさせとうない」祖母は泣いた。祖父が病死したとき三十三歳であった祖母は女手一つで四人の子を育て上げた。気丈な人であった。

明くる年の七月、祖母は畑から帰ったところであった。おじの戦死公報が入った。祖母はかぶっていた日本手拭をとり、「暑いなかお役目御苦労様でございます」と平然と言った。あれほど「死ぬな」と泣いた祖母、毎日陰膳を供えて息子の生存を祈った祖母なのに……と意外であった。ところが役場の人がまだ十メートルも行かぬうちから、祖母は泥のついた足のまま座敷にかけあがり、仏壇の前に身を投げだして、紙片を握りしめたまま、子どものように声をあげて泣きふした。手で畳をたたきながら身をよじって泣いた。しぼりだすようなあの日の祖母の泣き声は、四十年を経たいまでも私の耳の底にこびりついている。

前述の母親と同じように、この祖母も外の顔と内の顔を使い分け、外の顔では建前通りの軍国の母の態度をとる。しかし内の顔では、息子に生きて帰れと懇願し、不幸にしてその息子が戦死すると、仏壇の前でよよと泣き崩れる。この祖母だけでなく、戦時体制の下にほとんどの息子を戦地に送った母親は、外の顔と内の顔を区別することを余儀なくさせられる。憲兵が来るという言葉が象徴しているように、軍や警察の統制がきわめて厳しかったにしても、内の顔を外にも出せないで苦しみ抜いた当時の母親はまことに悲惨であったし、いまさらながら戦争の残酷さを呪わずにはいられない。

もう一つ、この戦争には別の意味での親とのいたいけな子の別れがあった。名古屋の当時小学校五年生の松下元子さんは集団疎開し、次のように体験を語る(12)。

一九四四年八月、学童集団疎開、遠足に出かけるような気分で、門出のお祝いに天皇から賜ったとかで、全生徒が一個ずつ貰ったアイスクリーム(もうこんなお菓子は口へ入らない時代だった)と、出征兵士のように日の丸の旗で下級生に見送られるのが嬉しくて、父母の沈痛な表情は気になりながらはしゃぎまわっていた。しかし、ひと月一回のはずの面会がふた月に一回となり、やがて「あなたたちは大日本の次代をになう子どもたちです。お父さんやお母さんに会えなくても悲しんだりいたしませんね」という言葉で納得させられるようになると、面会日はいつも別れの水盃を交わすための恐ろしい日になった。別れ際の母の眼差しは、今も忘れることができない。万感の思いをこめて、とはあのことをいうのだろうと思う。

戦地と内地だけでなく、内地の内部においても、戦争のために悲しい別れをすることが、戦争末期の都合でなされた。まさしく「万感の思いをこめて」親子の別れをすることで、親子それぞれが別々に暮らして明日どうなるかわからないお互いの身を察して、別れが惜しまれたのである。

（1）鶴見和子「家族における婦人の役割変化（上）―戦中、戦後の比較」『思想』五二三号、一九六八年、四〇六頁。山田昌弘『結婚の社会学』丸善ライブラリー、一九九六年、一〇二頁。
（2）菊池敬一、大牟羅良編『あの人は帰ってこなかった』岩波新書、一九六四年、一六二―一六三頁。
（3）岩手県農村文化懇談会編『戦没農民兵士の手紙』岩波新書、一九六一年、九八―九九頁。
（4）土谷誠子「三日間の新婚生活」新潮45＋編集部編『子供たちに残す戦争体験』新潮社、一九八四年、二四三―二四六頁。
（5）小倉朗『自伝　北風と太陽』新潮社、一九七四年、一五七―一七五頁。
（6）伊藤まつを「村の婦人会」もろさわようこ編集解説『女と権力』「ドキュメント女の百年5」平凡社、一九七八年、一九九―二〇五頁。
（7）菊池敬一・大牟羅良編、前掲『あの人は帰ってこなかった』八三―八四頁。
（8）向坂淑子「駅頭の別れ」暮しの手帖編『戦争中の暮しの記録』暮しの手帖社、一九七三年、一五八―一五九頁。
（9）森下和代「息子を返せ」全国地域婦人団体連絡協議会編『母たちの昭和史』読売新聞社、一九七六年、一七八―一八〇頁。

(10)「機銃掃射で眼前の父親を殺された少女」山中恒『戦中教育の裏窓』朝日新聞社、一九七九年、二九〇―二九一、三〇〇―三〇一頁。

(11)田中寿子「赤いスカートよ、永遠に」『わが子に伝えたい昭和の体験記録』上、小学館、一九八九年、九四―九六頁。

(12)松下元子「集団疎開」いずみの会編『主婦の戦争体験―この声を子らに』風媒社、一九六五年、一〇四―一〇五頁。

そして現代

植木とみ子

2008（平成20）年の福岡市天神交差点の風景。農村の「いえ」はなくなり、都会で暮らす私たち。男性も女性も親も子も職場や、学校などそれぞれの活動の場を持ち忙しい。一方、夫婦、親子など家族のきずなはますます細くなっている。

「いえ」崩壊の五十年

これまで見てきたのは明治の終わり、一九一二（大正元）年から第二次世界大戦終戦の一九四五（昭和二十）年までの結婚と家族の変化です。こうしてたどってみると五十年間にも満たないのですが、家族にとってても激動の時代だったことが分かります。

明治政府は、欽定憲法下で国家を支えるために、それまで武士の社会や農村社会に広く存在していた「いえ」に着目し、「教育勅語」の煥発と明治民法典の制定により、「家制度」を確立しました。「家制度」は、家長の家族に対する権力を皇室の臣民に対する権力になぞらえて、「忠孝一本の思想」で統治することにより広く国家主義を浸透させようとするものです。このような体制のもと、日本は驚くほどのスピードで諸々の法律や制度を整備し、殖産興業を押し進め、日清、日露の戦争に勝利して欧米列強の仲間入りをし、近代資本主義国家へと突き進んでいったのです。

しかしこれは同時に、定着したかに見えた「いえ」を崩壊させる過程でもありました。産業化、都市化の進展により、農村に貨幣経済がもたらされ、従来の村社会での共同作業は必要でなくなって、これまで強かった連帯意識は薄れてきます。個々の「いえ」からは都会に働きに行く労働者を排出することにより、家長の権限の及ばない家族員が出てきます。この共同体意識、家意識のゆるみは、明治時代の終わりにはもう止めることのできない勢いで、全国的に広がっていきました。その中で、若者の結婚を村の自治の力で統制していた〝よばい〟の慣習や、子どもの村落共同体の中でのしつけの機能も失われていきました。

いっぽう明治の中頃に、家族感情の中にこれまでわが国では一般的に知られていなかった、〝恋愛〟という感情が西欧からもたらされました。まず文化人がその鮮烈さに飛びつき、これも徐々に若い人たちの間にあこがれという形で浸透します。しかし大正の初めにはまだまだ恋愛は一般の人たちの手には届かない、高値の花だったようです。

以上のような流れの中で大正の初めには、「いえ」から自由になりたいとか、親の勧めで気に染まない結婚をしたけれど後悔しているという人たちも出てきました。「家制度」の縛りがゆるくなってきたことの現れです。このころ恋愛結婚、見合い結婚の是非論や貞操論争が展開されますが、これに関してはまだ見合い結婚がだんぜん優勢で、さらに女性だけにきちんと貞操を守ることが強く求められていました。しかしそんな中でも、愛という感情はじわじわと家庭生活に影響を及ぼし始め、互いに愛情や理解に基づいた夫婦関係を求める人たちも登場します。

一九一八年、第一次世界大戦の終了で、国際協調において一定の地位を獲得した日本は、政治・社会・文化のあらゆる方面で民主主義的、自由主義的思想の花を開かせました。これを大正デモクラシーといいます。

大正デモクラシーの下では、家庭に関しても夫婦親子の自由な人間関係が求められはじめ、新しい家族のあり方が問われるようになりました。結婚に際しては、親に対して自分の意見をハッキリ述べて、自分の好きな人と結婚したいという娘も登場します。一般的には親が一方的に押しつけるのではなく、ある程度選択をしてやって本人に見合いをさせるというやり方に進みました。夫婦の間では夫も妻も互いに相手に貞操を求めることができるという、男女平等の貞操観が受け入れられるようになり、裁判所の判決でもこのことが認められました。また夫の非道に対して離婚を求める妻も多くなっています。もっとも現実的には生活上の問題で我慢をする妻の方がずっと多くはありましたが。

親との同居に関しても、可能なら別居して自由な生活を送った方が良いという考え方も現れます。さらに、家庭の中心は子どもであるから、子ども本位の家庭を作れと、これまでの親に対する無条件の服従を求めてきた親子関係からの転換が叫ばれました。そこでこれまでは親のひどい仕打ちに対してじっと耐えていた子どもたちからも、声が出されるようになります。さらに長子単独相続における次三男の窮乏や、私生子の惨めな地位に関しても救済の声が上がり、法律の改正が試みられた時期でもありました。

しかしこのような新しい自由な空気は、一九三一年九月、関東軍の柳条湖爆破から始まる満州事変により、一変しました。日本は建国した満州国を認めない国際連盟を脱退し、世界から孤立する道を選びます。それとともに国粋主義が幅をきかすようになり、これまでの大正デモクラシーで開花した自由平等の思想は大きく後退しました。これ以後、軍国主義、全体主義的体制に転換していきます。

国民はこのような社会転換にさしたる抵抗もせずに、むしろ当然であるかのように自らも変身したと、当時の状況を詩人の金子光晴は報告しています。もちろん個々人としては迷いもあり、反発もあったでしょうが、すべてはあきらめの中で我慢して、世の中の流れに従うほかなかったのでしょう。

まず、あれほど恋愛を賛美していた知識人の中に、自由な恋愛をすることに対する批判の声が上がるようになりました。それとともに家庭の役割は、国防のためであり民族の形成につながるものだとの家族論も登場しました。また国家総力戦体制を強固にするために、文部省は『国体の本義』『臣民の道』『戦時家庭教育指導要綱』などを次々に刊行し、「忠孝一本の思想」の再確立を図りました。このなかでは、子の親に対する孝行がたいへん重要な徳目として説かれ、裁判所でも、「子が親を訴えることは家族制度の精神に反し許されない」とする判決も現れました。

この戦時体制下、いつどうなるかわからないという悲しい別れの場面で、家族はふだんには見られない情愛を交わすこともありました。しかし、この中でも多くの男性、夫、父親はあくまでもたてまえを通し、ほんとうに戦場に送られる命を嘆いたのは女性、妻、母親、それに残された子どもたちでした。

近代家族の登場

さて、わが国は一九四五年、敗戦を迎え、戦後改革として新憲法の制定、民法の改正、教育基本法の制定など一連の民主化が行われました。民法中の家族法の改正では、「家制度」が廃止され、夫婦、親子は対等な関係となり、相続も均分相続となりました。結婚は互いの自由な合意によってのみ成立し、子の福祉が第一の目的となる、大正デモクラシー下で理想とされた、いわゆる近代家族の登場です。

それから現在まで、戦後もすでに六十年を経て、この間ベビーブームの到来、マイホーム主義、家庭内暴力、母性喪失、熟年離婚、少子高齢社会など、家族をめぐってはさまざまな局面が現れました。一時期、親孝行論や長子単独相続制の復活を主張する論者も出てきましたし、さらにその対局の立場からは夫婦別姓の声も高く上げられましたが、今日まで戦後家族法はさしたる大きな改正もなく、モデルとしての近代家族像を掲げ続けています。では今の家庭はほんとうに理想とされた人間関係によって成立しているのでしょうか?

ここで、二〇〇八年の「読売新聞」紙上の「人生の進路」に登場した身の上相談を見てみましょう。まず結婚前の当事者の意思についてです

一月五日「『結婚は我慢すること』と彼氏」

三十代の女性会社員。結婚を考えている彼氏のことで相談に乗ってください。彼とは女性関係や金銭がらみでけんかすることが多く、正直に「つらい」と言うと、「おれは悪くない」「男をつくればおれの気持ちが分かるだろう」などと言います。何度、別れようと思ったかわかりません。でも優しいところもあるので今もつき合っています。結婚について話すたびに、価値観の違いが浮き彫りになります。彼は「おれの両親とすぐに同居して面倒をみてほしい」。私は同居する前に、二人だけで生活する時間も必要だと思っています。結婚とは何ですか？　彼は「結婚とは我慢すること。相手を許す気持ちが必要だよ」と言います。あなたにだけは言われたくない、と思っていました。このまま結婚したら利用されるだけだと、つい考えてしまいそうです。ひどい女です。ご助言をお願いします。

（神奈川・Y子）

回答者は元マラソンランナーで現在はスポーツ解説者の増田明美さん。「彼はとても自己中心的な人」とズバリ指摘します。「亭主関白といわれるような男性が、外でバリバリ働きながら、家では奥さんに我慢を強いるということもあるでしょう。でも、そこには妻を守る、家族を守るという強い思いと、夫婦間の信頼関係が不可欠です。彼にはそんな強さ、優しさが感じられません」。増田さんは結婚を自分の足とシューズにたとえて、人生という長い道のりを走り続けるためには、違和感のないシューズと呼吸が楽であることが必要です、と言い切ります。

私には、なぜY子さんがこの人と結婚したいのかまるで分かりません。増田さんの言うとおり、こんな自己中心的な人と結婚すれば不幸になるのは目に見えています。それなのにそう考える自分を「ひどい女」と責めている。何がここまで自分をおとしめさせるのでしょうか。戦前の多くの男女関係と同じように、男性は幼児の甘えの心を持ったまま大人になり、また女性はこの男性を母のように受け止めて甘えさせることが愛だと錯覚しているようです。本当の意味の大人の恋愛ができていないのではないでしょうか。

結婚しても相手男性の暴力に耐えられないということで、すぐに離婚を考えるケースはたくさんあります。三歳の子どもがいる三十代の主婦は、子どもが生まれても何もかかわろうとせずゲームばかりをして、夜の生活ばかりしつこく迫り、断ると大声でどなり暴力を振るう夫と離婚したいという相談をしています（一月七日）。結婚して四カ月、妊娠中の二十代の主婦は、夫が給料を渡してくれず、けんかになると暴力を振るうので、離婚を考えるようになったと訴えています（一月二十七日）。どちらのケースも回答者は、離婚して自立したいという妻の考えを積極的に支持しています。当たり前ですよね。

この相談者たちは、恋愛して相手のどんなところを見ていたのでしょうか。この頃よくテレビで「できちゃった婚による離婚」の話が取り上げられていますね。芸能人の間で子どもができて結婚したけれど、数年で離婚するケースが相次いでいるという話題です。結婚という永いスパンで一緒にやっていけるかどうかを熟慮することなく、恋による性的衝動に駆られ、子どもができたから入籍するということが、案外簡単に行われています。

いまだ恋愛に関しては未熟な、日本の男女であるようです。大正デモクラシーの頃、アメリカでは結婚してからしばらくは子どもを持たないようにするべきだという「友愛結婚」が提唱され、わが国ではまだ恋愛するには日本の子女は未熟だから、結婚相手は親や信頼できる人に選んでもらったほうがよいといった議論があったことを思い起こさせます。

ではもう少し永い結婚生活をした夫婦の関係はどうでしょうか。

一月三日「家庭を顧みず暴言はく夫」

五十代主婦。あと二年で定年を迎える夫のことで相談です。子どもが大学を卒業し、仕送りもなくなりました。夫婦で旅行を楽しみたいと思っていたのですが、夫は「仕事が忙しくて休めない」と言います。私が家で一人で待っていても、夫は会社の部下と外で食べてきます。「少しは自由にさせてくれ」と言うのです。私だってパートで働き、欲しいものも買わず我慢してきました。たまの休日にもラーメン店ぐらいで、高級レストランに連れて行ってもらったことはありません。そのうえ、「お前のような女は好みではなかったが、親に見合いを勧められ、好きな人もいなかったので結婚した」と言われました。暴力を振るわれたことはありませんが、言葉の暴力だと思います。子どもたちが結婚するまでは離婚したくはありません。それまで、どのように過ごしたらいいでしょうか。

（栃木・A子）

回答者は、定年退職後自立していない夫のことを「濡れ落ち葉」と命名した評論家の樋口恵子さんです。「これは立派に言葉の暴力です。離婚するとしたら、こういう言葉をきちんと日時とともにメモしておきましょう」としたうえで、離婚したくないのであれば「定年は夫婦関係のこれからを結び直す絶好のチャンス」と、親密なコミュニケーションの取り方をアドバイスします。この回答は納得できますが、しかし、この夫婦はこれまでどんな関係だったのか、見合いをして愛情もなく結婚し、結婚してからも夫婦の親しみもないというのでは、まるで戦前の「家制度」下での夫婦と同じではありませんか。

つぎもまた五十代の女性の訴えです。

一月十四日「夫の浮気で心がもやもや」

五十歳代の会社役員女性。夫の女性問題で悩んでいます。心のもやもやを消す方法を教えて下さい。最初の浮気は結婚三年目。私が二人目の子を妊娠している時でした。会社の倒産で浮気は終わりました。借金を乗り越え、夫婦で新しい会社を始めました。血を吐く思いで働き、従業員一〇〇人以上の規模にまでしました。ところが会社に余裕が出てくると、夫の外泊がまた増えました。先日、浮気内容を詳細に書いた差出人不明の手紙が自宅に届きましたが、夫は謝りません。息子は「病気だから仕方がない。ナンバー1、2の離婚は会社に響くよ」と私に言います。会社のため、子どものために我慢して来ました。ストレスからか生理不順にも苦しみました。仕事以外の新しいことにも挑戦していますが、一人になるといつも心がもやもやしています。

（埼玉・M子）

回答者はやはり樋口恵子さんです。「健康に留意し、体を鍛え、長生きして下さい。夫の浮気に耐えて添い遂げるにせよ、もう我慢ならぬと離婚するにせよ、命あってこそ。ここは体力勝負です。絶対に夫より長く健やかに生き延びることです」「できればハラを据え、腕を磨き、子どもを味方につけ、経営の実権も握ってしまって下さい」。なんとも力強いアドバイスです。

これも夫の不貞に悩まされながらも、離婚できない妻のケースです。ただ、戦前の女性と決定的に違うのは、妻も経済力を持っているので、離婚しても良いのだけれども、どちらが得か比較考量した上で、自分で選択できる立場にいることです。女性の経済力の向上は、女性の選択できる範囲を格段に拡げました。ただし、結婚生活において夫の不貞や暴力に苦しめられるという男性優位の状況は、戦前の家族とちっとも変わらないし、そこには平等な夫と妻の相互理解と愛情に支えられた近代家族というイメージはありません。

いまだに夫の家にとついだ嫁という立場に苦しんでいる女性もいます

一月十五日「里帰りしてくる迷惑な義姉」

六十代の農家の嫁。たびたび里帰りしてくる義姉のことで相談します。新婚時代には姑に徹底的にいじめられました。夫はかばってくれませんでした。それでも子宝に恵まれ、必死に生きてきました。先日、家を新築することができ、涙が出るほどうれしかった。ところがです。実家を出てもう四十年にもなる義姉が、いまだに、しょっちゅう里帰りしてくるのです。最近は孫を連れてきます。その孫が、新築したばかりの家で暴れ回ります。義姉は笑って見ているだけ。もう悔しくて悔しくて……。姑が他界して二十年近くになるのに、いつまでも里帰りを続けるなんて……。嫁の立場も考えてほしいのです。どのように伝えたらいいでしょうか。

（滋賀・S子）

義姉は他家に嫁に行って、たぶんそこでは相手の「いえ」でしゅうとめなどに気を使わなければならない不自由な生活をしているのでしょう。それで、実家に入り浸る。そこではこじゅうととして嫁に無遠慮に振る舞う。「いえ」というのはなんと女性同士をも分断するのでしょう。戦前の家族法では女性は男性の「いえ」に嫁に行くことが原則でしたが、戦後の改正で名字も住むところも夫婦の協議で決めることになっています。それにもかかわらず、名字は圧倒的に男性の姓を名乗ることが多いし、住むところは二人で決めたとしても、「いえ」という亡霊はまだ強く人の心を支配し、女性は嫁に行くという感覚は捨てきれていません。これは若い人たちの間でも同じで、改正民法施行後六十年経った現代でも、これに疑問を感じる女性はとても生きにくい状況があります。

一月十八日「嫁は夫の家族に従うべき」

結婚三年目の三十代主婦。「嫁は夫の家族に従い、尽くす」という考え方についていけず悩んでいます。義母からは、義姉がこれまでに嫁ぎ先でしてきたことを聞かされ、「うちもやり方は同じだから」と念を押されました。反抗するつもりはありませんが、自分の意見を言うと、必ず義母に「違う」「常識がない」と否定されます。親類の葬式で夫が誤ったことをした時は「奥さんのあなたが気をつけないと」と注意されました。夫も「お前が気をつけるべきだった」と言います。何かあると「嫁が悪い」ことになり、義姉と比較されるので落ち込みます。つらくなり夫に相談しましたが、「嫁なんだから当たり前、姉ちゃんはもっとつらい目にあっているんだ。自分の立場を考えろ」と言われました。このままでは、やっていく自信がありません。離婚も考えてしまいます。

（広島・N美）

つぎは嫁としゅうとめの問題です。これも「家制度」がなくなった現在でも、まだいろいろな形で双方を悩ましているのです。

二月二十二日「うそつきな嫁　どう付き合う」

五十歳代女性。うそをつく嫁とどうつきあえばいいのか相談します。息子夫婦は三十歳代。車で一時間の所に住んでいます。うそに初めて気付いたのは半年前。一緒に出かけた飲食店の場所を、嫁は知らないかのように装っていましたが、孫のひと言をきっかけにうそがばれました。理由があって隠していたのではと尋ねました。息子が「いちいち聞く方がおかしい」と抗議するので言い方には気を付けねばと思いました。でも嫁の様子で分かります。思わず出るうそと計画的なうそがあるようです。嫁は最近本音を見せなくなり、冷たさまで感じます。頼まれて孫の子守りをすることもありますが嫁の対応は儀礼的。反面、自分の実家にはいつも連絡を取っています。うそに気付かない息子にも問題があると思います。二人を応援してやろうと思っていたのに。大きな問題が起きないかと心配です。

（兵庫・T子）

嫁が夫の「いえ」に入らなくても、婚家との付き合いはたいへん気を使います。実父が入院中でその看病もたいへんな中、夫の実家には月二回行き、週に一度は電話をかけて近況報告をしているのに、それでは不満だと愚痴を言われる嫁（二月十七日）。夫の実家の敷地に別棟を建てて住んでいるけれど、カーテンや鍵の開閉、年賀状の枚数など細かい所まで干渉されて辟易している嫁（二月二十六日）。夫の親の方はどうしても嫁をもらったという感覚で、たとえ一緒に住んでいなくても、いろいろ注文を付けてくるようです。

嫁としゅうとめとのなさぬ仲の関係とともに、しゅうとめと夫、つまり母親とその息子との関係は、密着しすぎているという意味で、ここにもまだ問題が残っています。

二月六日「息子と二人だけで暮らしたい」

八十代女性。夫とは離婚しています。間もなく定年を迎える優しい息子と二人で暮らしたいと思っています。息子は高校を卒業後に上京、知り合った女性と結婚しました。私は反対し、嫁には「どんな風に育ったかわからない人とは話したくない」と言いました。嫁は「わかりました」と答え、以来必要なこと以外は話していません。息子が結婚した年から冬の間、私は東京の息子の家で家事などせずゆっくりと体を休めることにしており、三十年以上続いています。最初の十年は六畳一間きりの生活。嫁は子どもを次々に産み、貧乏を絵に描いたような生活でした。今は小さい一軒家。ただ、私の部屋はありません。孫たちは自立し、息子はもう定年。そうしたら息子と二人、私の家で暮らしたい。嫁の世話にはなりたくないのです。知人に相談したら「今さら何を言っているの。これまで嫁さんに何もかもさせてきて」と言われました。そういうものでしょうか。

（栃木・N子）

作家の立松和平さんは「妻子を差し置いて自分と暮らそうなどとわがままを言って息子を苦しめたりせず、あなたも一歩引いて、優しい気持ちになって下さい」と、たしなめています。私は、冬の間だけとはいえ六畳一間きりの生活に家事もせず居候を決め込むしゅうとめに、嫁の方がいままでよく我慢してきたものだと思います。息子はとても優しいということですが、母親に日頃からいったいどんなことを言ってなだめているのでしょうか。母親は息子にも家族があることを、どの程度理解し尊重しているのか、理解に苦しみます。母親はいつまでも息子を独り占めしたい、その気持ちを八十歳になるまで持ち続けていることに、一種の凄さを感じます。

母親と息子との関係では、大人になりきれない息子に関する悩みも深刻です。いまニートという仕事に就かない若者の増加が問題になっていますが、ある母親は就職がうまく行かない息子のことを、口べたで肥満していることが影響しているのではないかと心配し、助言を求めています（一月三十一日）。回答者は、コミュニケーション能力が不足している、根気がない、親と同居しているので、甘えている部分が多いなどいくつかの原因を推測しています。その上で、両親がいつまでもサポートできるわけではないということを自覚させる必要性を説きます。具体的には家事やアルバイトを通して体を動かすことを覚えさせて、早く自立させるようにアドバイスします。しかし、そもそも母親が成人を過ぎた子どものことをこのように心配して、人に相談しなければならないという事実こそ、母子密着、そのことによる子どもの自立の遅れを端的に示しているのではないでしょうか。

さらに、自立しきれない男性の対極として、わがまま放題の女性にもまた問題があります。つぎはそのようなカップルの相談です。

二月九日「俳優の追っかけ――遊び回る妻」

五十歳代の会社員男性。家のことを一切しないで遊び回る妻のことでアドバイスをお願いします。妻も五十歳代の会社員で、月に二十万円ほどの手取り収入があります。遊び始めたのは二十年ほど前から。初めは旅行、カラオケ、スナック通いでした。今は韓国のイケメン俳優にのめり込んでいます。その俳優のことしか頭にないようで、わざわざ韓国で開かれたコンサートにまで出かけていく始末です。同じ趣味を持った友達がいて、いつも一緒に行動しています。家のことは一切しません。文句を言うと、「ぐずぐず言うなら別れてあげる。友達とは一生付き合っていくけど、夫婦は別れたら他人」と言います。自分の給料はすべて遊びに使っているようです。子どもたちは結婚しており、今は夫婦二人暮らし。この先、どうすればいいか、悩んでいます。

（大阪・R男）

回答者は大学教授の大日向雅美さんです。「家庭を顧みずにスターにうつつを抜かす妻など、世が世なら即『離婚』となるところでしょうが、昨今は男女の力関係も変わって、夫が耐え忍ぶケースも少なくありません。定年後の人生設計を尋ねた調査で『第二の人生は妻と……』と答える夫に対し、『夫と一緒に行動するのだけは嫌』と妻が答える時代なのです」と言います。さらに、妻がこのような気持ちになったのは、これまで夫が家庭を顧みなかったからで、妻の心を取り戻したいと思うならば、妻のその間の寂しさを想像することだとアドバイスしています。

夫の定年を機に、離婚を切り出す妻が増えているそうです。熟年離婚とか定年離婚とか言われ、世の夫族を不安にさせています。男は仕事、女は家庭といった役割分担が、夫婦の関係を分断し、相互理解や愛情が育まれる余地のないものとしています。むしろ互いに自分はこんなに頑張っているのに、相手はちっとも分かってくれないと、恨みさえ持つような関係になっています。これは甘えの裏返しで、やはり精神的に自立していない人たちの間のコミュニケーション不足から生じる結果です。

最後に母親と娘との関係をみましょう。

二月一日の相談は四十代の主婦からで、自分が子育てをしてみて自分の母親に母性が欠けていたということに気付き、母親が憎くなったというものです。二月十六日の相談は二十歳代の女性からで、実父と離婚した母は自分勝手な性格で家事は一切しないのに、再婚相手の前では一変してかいがいしくするので、不愉快に思うというものです。いずれも自分の持つ理想的な母親像に実際の母親が合致しないということで、不満を持っているのです。そしてどちらも母親の役割を家事育児をするものと決めてかかっています。娘というのは母親に厳しいのでしょうか？　どちらの相談者ももう立派な大人になっているのですから、母親も長所も短所もある一人の人間と考えて、許す余裕を持ちたいものです。つまり娘も母親から自立する必要があると思います。

以上は二〇〇八年の一月、二月の二カ月間に「読売新聞」紙上に掲載された身の上相談の事例です。まず、家族問題に関する相談がたくさんあることに驚きます。つぎに一見してこの百年間に、女性が経済力を持ったからでしょうか、かなり自由に発言し、行動するようになったことが分かります。しかしよく見ると、結婚の際の双方の意思、夫婦の愛情、家意識、嫁としゅうとめ、母と息子の関係など、今の人たちも戦前の人たちとまるで同じような問題を抱えたままであることに、気が付きます。

現代は誰でも自由に恋愛ができるようになりました。いま恋愛結婚は九割を超えていますが、その多くがほんとうに相手のことをきちんと知って、真摯な愛情を育んで結婚を決めたとはどうも思えない状況にあります。それが現在の離婚率の上昇につながっているのでしょう。性関係が限りなく解放され、女性の処女性もあまり強要されなくなりました。今は恋愛とセックスとの一致は当然のこととなっています。男女が知り合うと抵抗なく早いうちにセックスをして、子どもができたから結婚を決心したという夫婦は多いようです。

しかしその中には、実際に一緒に生活してみると互いの生活習慣、価値観などの違いが露呈してこんなはずではなかったと思うことが多々あり、ほどなく結婚生活は破綻してしまったというものがあります。またずっと我慢して結婚生活を続けていても、夫婦の愛情関係は密なものにならず、夫の定年などをきっかけとして離婚したいという妻もいます。いずれも夫と妻の人間関係がうまくいっていない、つまり双方のコミュニケーションがちゃんととれていなかったということが原因でしょう。コミュニケーションが十分にとれなくて、どうやって夫婦の愛情を育むことができますか?

つぎに指摘しなければならないことは、「家制度」は六十年も前に廃止されたのに、いまだに「いえ」の亡霊に取り付かれた男性とその親がたくさんいらっしゃるということです。「嫁」「婚家」という言葉がそのまま今でも普通に使われていますが、この言葉自体の中に「相手方の家に入る」というニュアンスが含まれています。それは結婚して自分の姓を棄て相手方の姓を名乗るときの感覚と、共通するものではないかとも思われます。一時期、夫婦別姓論がかなり優勢だった頃は、「嫁に行く」という概念そのものも否定されていました。しかし別姓論も法改正を目前にして、世の中全体の保守化の流れの中でやや下火となってしまったようです。

現在は、若い女性たちの中にはあまり深くは考えず、ただ花嫁になる事へのあこがれだけを持っている人たちが多くなっているように思われます。その裏返しとして、夫の「いえ」は心理的にも実質的にも影響を持ち続けます。しゅうとめと嫁の問題も以前のまま残っていますし、その中で大人になれない男の子の問題も解決されていません。対照的に、「嫁」という立場を離れたとき、かなり自由奔放すぎるような行動をとる女性も登場しています。

自立的な家族形成に向けて

さて、ここらで再度戻って、本書が取り上げている時代から家族を振り返ってみましょう。そうすると今の家族の形がほんとうに私たちにとって好ましいのか、またなぜもっと自立的な判断行動ができる日本人が現れないのか、少し回答が見えてくるかもしれません。

家族の歴史を振り返ると、いま家族の中や個人で解決することを期待されている事柄でも、以前は地域との密接な共同関係のもとで達成されていたことがたくさんあったことが分かります。たとえば子どものしつけですね。昔は父親の権威があったとか、子どものしつけは厳しかったとよく言われますが、明治、大正の時代でも、子どものしつけについては母親が担当し、父親はあまり関与していませんでした。父親は子どもにとってはこわい存在であったかもしれませんが、実際には家にはあまりいませんし、子どもの教育に直接タッチすることもまれでした。その代わりに祖父母が家庭教育で一定の役割を担っていましたし、社会的な教育に関しては奉公先の家庭や村落共同体の大人がその役割を果たしていました。さらに、結婚に関する様々なお膳立てやしきりも、つまり若い男女の出会いから性関係の統制まで、地域の若者宿、娘宿に集う仲間が中心に行っていました。

しかし都市化産業化の進展や国の中央集権化の機構整備の過程で、このような地域による人間関係に関する統制や援助システムは排除されて、直接に国が法や組織の力でコントロールするようになります。それを支えるための一つの理論的支柱として、「家制度」や「良妻賢母主義」が登場したわけです。

「家制度」は、天皇の臣民に対する権限にも値するような権力を、すべての家長が家族員に対して持つという力を与えました。これを家長権と言います。しかし考えても見てください、すべての家の父親がそんな権力を立派に使いこなすことができるほど、すばらしい人間であったかを。ほんとうに能力がないのに権力を与えられると、その力を妙なことに使って下の者はとても迷惑をし、ひいてはその組織も駄目になっていく事例はいくらでもありますよね。多くの家長が「いえ」の内にだけ強くて、外部に向かってはきわめて従順だったということは、簡単に想像できることです。

「良妻賢母主義」は、家庭におけるすべての仕事を女性に任せ、男性は何の心配もなく外の世界で活動できるという、性別役割分担を支える重要な女子教育の柱です。子どもの養育はとうぜん母親の役割です。また家庭内のことには男は口を出さないとすれば、嫁としゅうとめの争いには仲介役がいません。まわりは他人ばかり、頼りとすべき夫とは親密な関係になっていない。かくして、妻＝嫁は自分の子どもだけを自分の味方、自分の分身として、ひたすら一生懸命育て、妻としての欲求不満を解消するということも容易に想像できます。

そしてそうやって育てられた子どもは多くの場合、母親から独立することができない、つまり成熟しないまま大人になるわけです。さらに、その成熟していない男性がまた次の世代の家長になる……。このようにして、成熟できない人たちの連鎖がずっと続いていくわけです。

さて、戦後の家族法はこのような国家による家族への介入を基本的に廃止しました。家族はプライベート、私事として国の統制からは自由になりましたが、地域による援助システムも壊れたままでしたので、反対から言えば寄る辺がなくなったとも言えるかもしれません。そして、そこに残された家族は成熟していない家長を中心とする、成熟していない家族員の集団でした。

戦後の家族は、何の寄る辺もないまま産業の発展にリードされた社会変化にもろにさらされ、それにより形作られた家族と言えるでしょう。形は核家族ですが、現在ではそれも細分化されて一人暮らしが増加し、さらに家庭の中でも個人個人がバラバラの原子家族だと言われています。高度経済成長時代にはそれを支えるために「男は仕事、女は家庭」という性別役割分担が戦前と同じように強調され、そのために街づくりも働く場を中心として、周りにベッドタウンを配置しそこに妻子が生活をするというように整備されたのです。現在では、男女共同参画社会の流れの中で、性別役割分担の考え方も変化しつつあります。それとともに職住近接の住まい方や保育所の整備などの要望も増加しています。

しかし、これらの変化は国民が主体となって意識的に変えてきたというよりも、多くは社会が女性の補助的な労働力を必要としているという現状から、変化を余儀なくされてきたものです。それで、いまだ職場における男女の徹底的な平等と家庭における家事育児の平等の分担が達成されているわけではなく、「主として男は仕事、女は家庭が望ましい」というくらいのところにあるといっても誤りではないでしょう。で、働いている女性は自分より地位も収入もある男性を求め、その上に家事育児も手伝ってほしいと思っています。男性は女性が働くのはおおいに結構だけれど、家事も育児も女性が中心で自分はお手伝い程度と考えている人が多いのではないでしょうか？　ここにはまだ性別役割分担の考え方が十分に残っており、むしろ互いに相手にこれまで以上に要求する構造ができているようです。

ところで、それでは夫婦が相手にどの程度自分の考えを述べ、どの程度相手の考えを理解していると考えられるでしょうか？　以前私たちは「家族の機能障害に関する研究」で、夫婦関係に関する調査をしましたが、夫婦の会話時間が長いほど、結婚生活に対する満足度が高いということが明らかになりました。反対に、会話時間が短いと不満が増すわけです。また、離婚した人はそうでない人たちより相手に対する役割の期待値が高いという傾向もありました。つまり夫婦のどちらも相手に対して一定の役割を期待しているのですが、会話もあまりないために話し合いの中で互いにその考えを修正するということもないまま、一方的な不満はふくれあがり、ついには修正不可能な所まで行ってしまうというものです。

同じく少年非行に関する調査もしました。非行少年の多くは「家庭を冷たい」と感じており、親子で一緒に時間を過ごしたり会話をしたりといったことが、一般の少年群と比べて少ないことが分かりました。このような家族内での相互の関係性が少ないという傾向は、家族内の個人化現象の中でますます高まっていると思われます。家族は人間関係教育の土台の場所です。家族の人間関係が希薄化するとともに社会全体の人間関係もとても希薄になっていることが、たとえば結婚率の低さとか、近隣トラブルの増加、ひいては、無差別犯罪の多発などの一因などになっているようです。文部科学省もこれらを重大事と捉え今般、人間関係構築の基盤である子どもたちのコミュニケーション能力の育成に関しては、学習指導要領を改正するなどして真剣に取り組むべく検討をはじめています

先に述べました若い人たちの〝恋愛下手〟も、このコミュニケーション能力の問題からきているのだと考えられます。日本人の共通の大きな課題としてその克服に取り組まなければならないと思います。

さて、最後にもう一度簡単におさらいをします。

私たちはいまや自立的な家族――外圧によってばかり動くのではなく、自分たちのために自分たちで考え、社会との調和を図りながら責任を持って行動する個人を育むことのできる家族の形成を目指して、意図的に行動しなければなりません。そのためにはまずは、個々人が母子密着の「甘えの構造」から脱却すること、そして男性、女性がそれぞれに成熟することが必要であると思います。

母子密着の原因となっている妻＝母の疎外感を取り除くこと、これは愛情に支えられた夫婦関係を築くこと、

つまり夫婦のコミュニケーションの活性化以外にはありません。妻が「自分には子どもしかいない」、あるいは「子どもはすべて私一人で育てたの」という状況をなくすこと。つまり「男は仕事、女は家庭」という固定的な役割分担意識を排除し、互いに相手を理解し合い、平等で、双方の親から独立して、二人で共同して家庭を作り上げる努力をすることです。そうすれば、子どもは母親からの一方的な慈愛に包みこまれるのではなく、父親と母親と双方からその遺伝子を受け継ぐのと同じように、行動の仕方や考え方を学ぶことができるようになるでしょう。これが子どもの社会化、成熟への第一歩です。

つぎに、家族が社会から孤立した状態であることを反省し、これを支える国や自治体の施策も必要です。以前は家族は地域共同体の様々な機能によって守られていました。家族はまったくのプライベートなものであるとして、放置されるべきものではないのです。家族はさまざまな機能を果たしていますが、これは社会との共同、社会の支えによってはじめて十分に達成されるのです。そしてこの機能を十分に果たす事こそが、さらに次の社会を作る基礎となるのです。その意味で、家族は決して私事ではありません。きわめて公的な役割を果たすものなのです。子どものしつけもそうです。お年寄りの介護もそうでしょう。もちろん地域を以前のまま再生することは不可能ですし、賢明なことでもありません。現代的な課題に対応した地域づくりを考えていかなければなりません。男性も女性も余裕を持って働き、家庭生活を楽しんで営むための職住近接の街づくりや、子どものしつけやお年寄りの世話に関しては家族にだけ責任を負わせるのではなく、地域で十分に見守り、援助することができるシステムなども作らなければなりません。

いま、法的、経済的、その他諸々の社会的な束縛から解放されて、ようやくみなさんは自由に恋愛ができ、好きな人と結婚ができるという時代になったのです。しかし実際には、結婚率は低下し、子どもの出生数も少なくなってきています。ほんとうはみんな結婚したいし、子どもも欲しいんだと思います。昔の人たちは不自由ながら、いろいろな事に耐えながらも家族の中に幸せを求めてきたのに、なにか現代の若い人たちを見ていると、人間の一番大切な所であきらめがあるような気がしてなりません。

結婚するのにもある程度力がいるようです。人を好きになる力、結婚を決心する力など。その力は、現代では自己の自立心と、社会の結婚生活をフォローする態勢によって生まれるのではないかと考えます。これを今はやりの造語で「結婚力」とでも申しましょうか。

「結婚力」は真に恋愛する力を持った男女から生まれます。真の恋愛は、平等で、互いのコミュニケーション能力を持った男女の関係があって、はじめて可能になります。そして、このようにして結ばれた夫婦の関係を育み、継続させる様々な援助システムがあって、ようやく次の世代を安心して産み育てる第一次の場、家庭が形成されるのです。

私たちがこの世に存在する意義、それは私たちが受け継いできた文明をより良い状態で次の世代に引き渡すことです。そのためには引き渡すべき次の世代をきちんと育てなければなりません。しかしいま、その第一歩としての結婚、家族の形成が危うくなっています。

なぜこのようになったのかを家族の歴史から学び、原因となる諸要素を改善し、その後の家庭生活をバックアップする公的システムを構築することで「結婚力」は回復します。私たちはいま一度「恋愛と結婚」ということをまじめに考えなければならない時期にきています。

■有地亨略歴・主要業績目録

□略歴

一九二八年八月九日、鳥取市に生まれる。岡山県立岡山第一中学校卒業
一九五〇年三月、旧制第六高等学校文科丙類卒業
一九五三年三月、九州大学法学部（旧制）卒業。四月、九州大学大学院奨学生
一九五七年三月、九州大学大学院中退。四月、九州大学法学部助教授に就任
一九六一年四月、九州大学大学院法学研究科授業担当
一九六二年三月、法学博士の学位授与（九州大学）
一九六五年二月、福岡家庭裁判所調停委員
一九六七年七月、九州大学法学部教授に就任。九月、九州大学大学院法学研究科指導教官
一九六八年十二月、九州地方鉱業協議会裁定委員
一九七〇年十二月、熊本大学法学部非常勤講師（一九七一年三月まで）
一九七三年四月、九州大学評議員（一九七五年三月まで）
一九七四年四月、日本法社会学会理事
一九七六年十月、西南学院大学法学部非常勤講師（一九七八年三月まで）
一九七七年六月、国立民族学博物館研究協力者
一九七八年一月、大阪大学大学院人間科学研究科非常勤（同年三月まで）
一九七九年一月、福岡家庭裁判所参与員。二月、文部省在外研究員としてパリ、ロンドンへ出張（同九年十二月まで）
一九八〇年四月、鹿児島大学法文学部非常勤講師（一九八一年三月まで）
一九八一年四月、福岡大学法学部非常勤講師（一九八二年三月まで）。六月、福岡国税局土地評価審議委員会委員、九月、福岡女子大学非常勤講師（一九八四年六月まで）
一九八二年十一月、比較家族史研究会設立に際し発起人、幹事（後に比較家族史学会となり規約改正により理事）
一九八四年四月、日本民族学会評議員。七月、九州大学法学部長、九州大学大学院法学研究科長（ともに一九八六年六月まで）
一九八五年四月、家族〈社会と法〉学会理事
一九八六年十月、西南学院大学大学院法学研究科非常勤講師（一九九二年三月まで）。十一月、比較家族学会副会長
一九八七年十二月、熊本大学法学部非常勤講師（一九八八

年三月まで）。四月、ＲＫＢ毎日放送番組審議会委員、同委員長
一九八九年四月、愛媛大学法文学部非常勤講師（一九九〇年三月まで）
一九九〇年三月、九州大学法学部教授を辞職。四月、聖心女子大学教授に就任
一九九一年十月、弁護士資格を取得し、安部光壱弁護士と安部有地法律事務所開設
一九九七年三月、聖心女子大学定年退職
一九九〇年七月、東京家庭裁判所調停委員、同参与員
一九九五年十月、比較家族史学会顧問
二〇〇六年七月二十二日、逝去

□編著書

『家族制度研究序説―フランスの家族観念と史的展開―』法律文化社、一九六六年
『婦人の地位と現代社会』法律文化社、一九七一年
『近代日本の家族観（明治編）』弘文堂、一九七七年
『フランスの親子・日本の親子』（ＮＨＫブックス）日本放送出版協会、一九八一年
『婦人問題に関する調査―家庭・地域・法制・財産問題を中心として』（平田昌と共著）福岡県、一九八二年
『家族法の判決・審判案内』弘文堂、一九八二年
『日本の親子二百年』（新潮選書）新潮社、一九八六年
『離婚!?　―する幸せ・できない不幸せ』有斐閣選書、一九八七年
『家事紛争ハンドブック』（安部光壱、村上利範と共著）弘文堂、一九八八年
『家族法概論』法律文化社、一九九〇年（一九九三年改訂版、二〇〇三年新版、二〇〇五年補訂版）
『家族は変わったか』有斐閣選書、一九九三年
『新家族法の判決・審判案内』弘文堂、一九九五年
『日本人のしつけ』法律文化社、二〇〇〇年
『講座家族』全八巻（青山道夫・竹田旦・江守五夫・松原治郎と共編）弘文堂、一九七三―七四年
『民法学』全七巻（共編）有斐閣、一九七六年
『家族関係学講義』弘文堂、一九七八年
『現代家族の機能障害とその対策―少年非行・離婚・老人問題の実態調査と分析』ミネルヴァ書房、一九八九年
『現代家族法の諸問題』弘文堂、一九九〇年
『離婚の比較社会史』（共編）三省堂、一九九二年

1956（昭和31）年、紀美子夫人とともに

□翻訳
マリノウスキー『未開家族の論理と心理』（青山道夫と共訳）法律文化社、一九六〇年
「ポーランド家族法典」（青山道夫と共訳）「家庭裁判月報」一三巻六号、一九六〇年
マルセル＝モース『贈与論』勁草書房、一九六二年
フレデリック＝ジュオン・ロンブレイ「フランス家族の成立過程」「法政研究」第三四巻一号、一九六七年
マルセル＝モース『社会学と人類学（Ⅰ）（Ⅱ）』（伊藤昌司・山口俊夫と共訳）弘文堂、一九七三、一九七六年
ミレイユ・デルマ＝マルティ『結婚と離婚—フランス婚姻法入門』（クセジュ文庫）白水社、一九七四年
アンドレ＝ミシェル『家族と婚姻の社会学』法律文化社、一九七八年

□論説
「婚姻と社会統制」（執行嵐と共著）川島武宜ほか編『家族問題と家族法』第二巻「結婚」、酒井書店、一九五七年
「フランスにおける代襲相続権についての一考察」（1）（2）「法政研究」第二四巻第一号・第四号、一九五七年
「特別受益者の持戻義務」（1）（2）「民商法雑誌」第四〇巻第一号・第三号、一九五九年
「クロス・カズン婚の意義—レヴィ・ストロースの親族構造論を中心として—」「法政研究」第二五巻第二・三・四合併号、一九五九年

「近親婚」『家族法大系』第二巻、有斐閣、一九五九年
「代襲相続」『民法演習』第五巻、有斐閣、一九五九年
「夫婦間の義務のreciprocity―婚姻の身分上の効果の実効性と限界」「私法」第二二号、一九六〇年
「ユーゴスラヴィアの家族法と家族構造―その社会変動との関連において」「家庭裁判月報」第一三巻第五号、一九六一年
「ポーランド家族法の素描」（青山道夫と共著）「法政研究」第二七巻第二・三・四合併号、一九六一年
「B・マリノウスキーの法理論の再評価―民族法学の法社会学的方法論にたいする喜与をめぐる諸問題の覚書」「法政研究」第二八巻第四号、一九六二年
「未成熟子に対する監護教育義務」「民商法雑誌」第四六巻第二号、一九六二年
「包括受遺書の地位の系譜」「法政研究」第二九巻一・二・三合併号、一九六三年
「福岡県浮羽郡田主丸町川会地区の相続の実態」農政調査委員会『農家相続と農地調査報告』東京大学出版会、一九六三年
「扶養契約」『契約法大系V』有斐閣、一九六三年
「未開社会における家族発展の過程」「法政研究」第三一巻一号、一九六三年
「共同相続関係の法的構造（1）（2）」「民商法雑誌」第五〇巻六号、第五一巻一号、一九六四年
「西欧中世前期の家族構造」青山道夫教授還暦記念『家族の法社会学』法律文化社、一九六五年
「夫婦財産制に関する一考察」「法政研究」第三二巻第二・三・四・五・六合併号、一九六六年
「親族関係の公示と紛争処理」、「近代的婚姻の成立と特質」、「夫婦財産制序説」、「法定財産制」（第七六〇―七六二条）『注釈民法（20）』有斐閣、一九六六年
「家族法秩序における論理構成」「法政研究」第三三巻三・四・五・六号、一九六七年
「相続分」（第九〇〇―九〇五条）『注釈民法（25）』有斐閣、一九七〇年
「現代家族をめぐる社会的状況」「法政研究」第三六巻第二・三・四・五・六合併号、一九七〇年
「近代化とジョイント・ファミリー」（伊藤昌司と共著）「九州大学比較教育文化研究施設紀要」第二〇号、一九七〇年
「明治民法起草の方針などに関する若干の資料とその検討」「法政研究」第三七巻一・二合併号、一九七一年

「フランス人類学―ダヴィ、モース」川島武宜編『法社会学講座』第一巻、岩波書店、一九七二年
「相殺」別冊法学セミナー『基本法コンメンタール民法Ⅱ』日本評論社、一九七二年
「旧民法の編纂過程にあらわれた諸草稿―旧民法とフランス民法との比較検討の準備作業として」「法政研究」第三九巻二・三・四合併号、一九七三年
「近代の家族―西洋」青山道夫他編『講座・家族』第一巻、弘文堂、一九七三年

自宅書斎にて

「民事婚」青山道夫他編『講座・家族』第三巻、弘文堂、一九七三年
「未開社会における実体法規範の特質」(青山道夫と共著)川島武宜編『法社会学講座』第九巻、岩波書店、一九七三年
「親権と教育権」「季刊教育法」第一二号、一九七四年
「原始社会における相続と継承」青山道夫他編『講座家族』第五巻、弘文堂、一九七四年
「明治民法と『家』の再構成」青山道夫他編『講座家族』第八巻、弘文堂、一九七四年
「近代日本における民衆の家族観―明治初年から日清戦争頃まで」福島正夫編『家族　政策と法』第七巻、東京大学出版会、一九七六年
「『家』の崩壊と妻の地位―現代主婦論」ジュリスト増刊総合特集三『現代の女性―状況と展望』有斐閣、一九七六年
「ヨーロッパの家族」伊東俊太郎他編『講座比較文化』第三巻、研究社出版、一九七六年
「アフリカにおける親族制度・出自・祖先崇拝―フォティスのタレンシ族に関する分析を中心にして」(生野正剛と共著)「アジア経済」第一七巻第二号
「夫婦の財産関係」ジュリスト増刊総合特集六「現代の家

族」有斐閣、一九七七）
「主婦の社会的・法的地位」日本法社会学会編『婦人の法的地位』有斐閣、一九七七年
「親の懲戒権と教師の懲戒権」「季刊教育法」第二七号、一九七八年
「近親相姦禁止の社会的意義」「現代思想」臨時増刊五号、一九七八年
「父母の監護教育権と公教育」『現代家族法大系』第三巻、有斐閣、一九七九年
「フランスにおける最近の家族の歴史的再構成の試み」有地亨他編、『青山道夫博士追悼論集　家族の法と歴史』法律文化社、一九八一年
「現代家族と子ども―歴史の流れのなかで考える」「教育」第三一巻第一四号、一九八一年
「現今の相続の機能の変化とその考え方の再検討」『家族史研究』第四集、大月書店、一九八一年
「『父親なき家庭』が子どもに与えるもの」「愛育」第四七巻第一号、一九八二年
「いえの思想」九州大学公開講座委員会編『日本人―その思想と行動』九州大学出版会、一九八二年
「われわれはフランスの親子からなにを得るか」「家庭科教育」第五六巻第二号、一九八二年
「家族」芦辺信喜他編『岩波講座基本法学2　団体』岩波書店、一九八三年
「教育を受ける権利と親の責任」「季刊教育法」第五〇号、一九八四年
「家族にとっての法」『講座現代・女の一生』4「夫婦・家庭」岩波書店、一九八五年
「アナール学派の家族史研究（学界展望）」「比較家族史研究」創刊号、一九八六年
「婚姻関係の破綻と婚姻費用の分担」沼辺愛一他編『家事審判事件の研究1』一粒社、一九八八年
「婚姻費用の算定」（松嶋道夫と共著）沼辺愛一他編『家事審判事件の研究1』一粒社、一九八八年
「相続分（第九〇〇～第九〇五条）」谷口知平他編『新版注釈民法（27）』有斐閣、一九八九年
「親族法の意義」、「近代的婚姻の成立と特質」、「夫婦財産制（前注）」、「法定夫婦財産制（第七六二条）」谷口知平他編『新版注釈民法（21）』有斐閣、一九八九年
「揺らぐ家族と家族関係諸法」「家族社会学研究」第一号、一九八九年
「現代家族と家族関係に関する諸法」有地亨編『現代家族

法の諸問題』弘文堂、一九九〇年
「現代家族の機能障害―実態調査からの提言」「家族心理学年報」第八号、一九九〇年
「親子の利益相反行為の成否の判断基準」川井健他編『講座・現代家族法　島津一郎教授古稀記念　第四巻親権・後見・扶養』日本評論社、一九九二年
「高齢者の社会的実像」『現代法社会学の諸問題　黒木三郎先生古稀記念』上　民事法研究会、一九九二年
「家族の機能障害除去の諸施設の研究―英仏の実態調査から」（生野正剛・小野義美と共著）「学術月報」第四五巻第六号、一九九二年
「離婚原因　その2」「家族〈社会と法〉」第八号、一九九二年
「法人類学の地平」「法社会学」第四五号、一九九三年
「フランスにおける家族史の発見」有地亨他編『社会の発見』神奈川大学評論叢書第四巻、御茶の水書房、一九九四年
「不倫をめぐる損害賠償請求の諸問題」「ケース研究」第二四二号、一九九五年
「現代家族の変容と婚姻・離婚などの民法の改正」『日本をみつめるために』日本女子大学、一九九六年

その他、判例評釈、書評、エッセーは省略した。
（「比較家族史研究」第二一号、比較家族学会、二〇〇六年をもとに作成した）

2002（平成14）年、娘の愛犬と散歩する

感謝のことば

夫が、長年慣れ親しんできた書斎で最期を迎えてから、早や二年が経とうとしております。質素ながら夫の手できちんと整理されたこの書斎の品々には、鉛筆一本までどれも夫の思い出が詰まっており、主亡き後も片づけがたく、いまだにほとんど手がつけられない状態です。そのなかに、晩年書斎に据えたベッドの脇に残された一連の原稿がありました。

夫は『近代日本の家族観　明治編』（弘文堂）という本を執筆し、一九七七年に出版しました。それに続く「大正・昭和編」を将来執筆したいと思いつつ、長年多忙を極める日々が続き、かなりの年月が経ってしまいました。晩年は、膠原病と闘いながらも、いよいよ念願の「大正・昭和編」を執筆すべく、準備をして原稿を書き集めておりました。亡くなる直前まで、その原稿を気にしており、これを出版できずに逝ったことは、さぞ無念だっただろうと、私は原稿を目にするたびに胸が痛んでおりました。しかし、力不足の私には成す術もなく、考えあぐねているうちに、ただ月日だけが流れていました。

そんな折、かつてのゼミ生で、夫のお弟子さんのひとりである植木とみ子さんにお目にかかり、なにげなくその話をしたところ、ぜひ原稿を読ませてほしいとおっしゃられ、お渡しすることになりました。植木さんは、大学の教職を辞して、アカデミアから行政の分野に移られ、福岡市の要職を歴任してこられた方です。

多忙を極めるなかで、植木さんは、夫がまだたくさん手直しをしたかったであろう、未完成でとても読みづらい原稿に目を通してくださり、しかも、それに手を加えて出版しましょうとおっしゃってくださいました。植木さんの多大なご尽力がなければ、この原稿は陽の目を見ることはなかったでしょう。心より感謝と御礼を申しあげます。亡夫も、まさか出版できるなどとは思っていなかったのではないでしょうか。驚きと喜びの声が聞こえてきそうです。

最後に、快く出版を引き受けてくださった海鳥社の西俊明社長に、深くお礼申し上げたく存じます。ありがとうございました。

有地紀美子

本書で引用した新聞記事などの肩書は紙上ないし当時のもの。
また、引用中、旧漢字、歴史かな遣いは、新字、現代かな遣いに改めた。

あとがき

有地亨九州大学名誉教授が亡くなられてちょうど二年になります。奥様から遺稿のお話をお聞きしていましたが、大勢いる弟子たちもみな大学で要職に就いてそれぞれに忙しく、そのままになっていました。

私自身は、とくに女性が法学部で研究者として職を得ることが困難であった時代に、先生の幅広い研究活動にご一緒させていただき、特別に様々な周辺の学問への目を開かせていただき、また国内はおろかヨーロッパ諸国との比較研究の際にも重要な役割を与えていただきました。そんなに鍛えられ、あこがれの国立大学に職を得ていたにもかかわらず、私は中途で行政への道に転身し、そのことを先生には申し訳ないと、ずっと心の中でお詫びしておりました。

奥様に遺稿をお借りして読ませていただきますと、日頃から私が関心を持っていた内容であり、また先生がほとんど全体を書いておられたので、残りは何とか私の力でできるのではないかと、無謀にも出版に取り組んでみることにしました。

それから一年、遺稿を読み解き清書していく過程で、自分なりに解釈をし、意味付けをし、その方向でまとめさせていただいた部分もあります。先生が最後までお書きになっておられたら、全く別の筋道を立てられ、立派な学術書になっていたでしょう。たいへん僭越なことをしてしまったと、今になって身のすくむ思いをしています。

でもその思いとは別に、本書の内容はとても面白く、何よりもいまの家族混迷の時代に一定の方向性を示すことができるものだと確信しています。ですから、少しでも多くの方に読んでいただきたいというのが本音です。そのために、できるだけ読みやすいように工夫しました。海鳥社の西俊明社長には貴重なアドバイスと多大なご協力を賜り、心から感謝申し上げます。

ただ、なにぶんにも先生が長時間かけて、福岡だけでなく東京などでも執筆しておられたので、引用や注などの文献はできるだけ原典に当たりましたが、探しきれない物がいくつかありました。すべては私の責任です。改めてお詫び申し上げます。

この本をまとめ上げていく過程で、先生のご家族への深い愛情を読み取ることができました。すばらしい体験でした。ありがとうございました。

二〇〇八年七月三日

植木とみ子

有地　亨（ありち・とおる）本文に記載
植木とみ子（うえき・とみこ）九州大学法学部、同大学大学院修士、博士課程をへて、長崎大学教育学部講師、助教授に。1991（平成３）年、福岡市に初の女性部長として招かれ、以後、中央区長、市民局長、財団法人福岡市文化芸術振興財団副理事長、環境局長、教育長などを歴任する。現在は、福岡市総合図書館館長。著書に『現代家族図鑑』、共著に『高齢化社会と家庭生活』（九州大学出版会）『福岡市の婦人の意識と生活』（福岡市）『現代家族法の諸問題』（弘文堂）『歴史を開く愛と結婚』（ドメス出版）『講座・現代家族法・夫婦』（日本評論社）『離婚の比較社会史』（三省堂）『経営人類学ことはじめ　会社とサラリーマン』（東方出版）などがある。

日本《にほん》の家族《かぞく》
身《み》の上相談《うえそうだん》に見《み》る夫婦《ふうふ》、百年の変遷《へんせん》

■

2008年7月26日　第１刷発行
2009年2月16日　第２刷発行

■

著者　有地亨　植木とみ子
発行者　西　俊明
発行所　有限会社海鳥社
〒810-0074　福岡市中央区大手門３丁目６番13号
電話092(771)0132　FAX092(771)2546
印刷・製本　有限会社九州コンピュータ印刷
ISBN 978-4-87415-688-9
http://www.kaichosha-f.co.jp
［定価は表紙カバーに表示］